普通高等教育"十一五"国家级规划教材

教育部 2007 年度普通高等教育精品教材

普通高等教育应用型本科"十三五"教材

汽车构造与原理实训

（第 4 版）

丛 书 主 编　蔡兴旺

丛书副主编　王海林　刘仁鑫　吴伟斌

本 册 主 编　蔡兴旺

本册副主编　王海林　刘仁鑫　吴伟斌

本 册 参 编　王　斌　余志兵　廖一峰　李　锦　李晓珍

　　　　　　　龙江启　黄大星　张　毅　谢锐波

资 源 制 作　蔡兴旺　刘　群

机 械 工 业 出 版 社

本书是《汽车构造与原理》上、中、下册配套的实训指导书，分29章54个实训项目，以乘用车为主，系统地介绍了现代汽车发动机、底盘、车身、电气设备及新能源汽车各总成及零部件的正确拆装、使用及检测，突出了现代汽车电子控制装置的新结构和新技术。教材结合国家职业技能考核标准，对每个实训项目提出考核要求和评分标准，使实训与就业、实训与社会需要紧密结合，可有效激发学生的学习积极性，提高学生的实践操作技能。

本书附带实训资源，全程录制了汽车发动机、车身、电气设备及新能源汽车各总成及零部件的正确拆装、使用及检测，内容直观、形象，大大方便了学生实训和教师讲授。

本书汇集了诸多作者长期的教学、生产与科研实践经验，可作为普通高等教育应用型本科汽车工程类专业的实训教材，也可作为高职高专、职大、成教等汽车工程类专业实训指导书，还可作为汽车应用、维修考证培训及中专技校参考教材，各校可根据需要和条件灵活使用本教材。

图书在版编目（CIP）数据

汽车构造与原理实训/蔡兴旺主编 . —4 版 . —北京：机械工业出版社，2019.1（2023.7重印）

普通高等教育"十一五"国家级规划教材　普通高等教育应用型本科"十三五"教材

ISBN 978-7-111-62050-1

Ⅰ. ①汽…　Ⅱ. ①蔡…　Ⅲ. ①汽车—构造—高等学校—教材　Ⅳ. ①U463

中国版本图书馆 CIP 数据核字（2019）第 032093 号

机械工业出版社（北京市百万庄大街22号　邮政编码100037）
策划编辑：葛晓慧　责任编辑：葛晓慧　谢熠萌
责任校对：佟瑞鑫　封面设计：陈　沛
责任印制：李　昂
北京捷迅佳彩印刷有限公司印刷
2023 年 7 月第 4 版第 3 次印刷
184mm×260mm · 17.25 印张 · 423 千字
标准书号：ISBN 978-7-111-62050-1
定价：52.00 元

电话服务	网络服务
客服电话：010-88361066	机 工 官 网：www.cmpbook.com
010-88379833	机 工 官 博：weibo.com/cmp1952
010-68326294	金 书 网：www.golden-book.com
封底无防伪标均为盗版	机工教育服务网：www.cmpedu.com

前　言

由机械工业出版社出版，蔡兴旺、王海林、刘仁鑫、吴伟斌等教授主编的《汽车构造与原理》（上、中、下册）和《汽车构造与原理实训》教材从 2004 年出版到现在，均已修订 2 次，连续印刷 20 余次，受到全国广大师生的认可和好评，其中《汽车构造与原理实训》《汽车构造与原理》（上册）都被教育部评为普通高等教育"十一"五国家级规划教材，《汽车构造与原理实训》还被评为国家精品教材和"十二五"规划教材。

近年来，随着汽车专业教学改革不断深入，汽车新技术和新结构不断涌现，大量本科院校转型应用型本科，着力加强技术技能的培养，为了适应新形势下汽车相关专业教学改革的需要，我们对原教材进行了第 3 次修订，形成了本丛书。

本丛书将汽车的构造与原理有机融合，以乘用车为主，全面地介绍了现代汽车的结构、工作原理、拆装、日常使用维护与主要检查调整等内容，突出了现代汽车电子控制技术等新结构、新技术。教材编写突出以下主要理念：

1）以社会需求为目标，技术应用能力为主线，着力提高学生实践技能、应用水平、创新能力和综合素质。

2）以学生学习为主体，老师教学为主导。

3）理论与实践紧密结合，汽车结构、原理与实践有机融合。

4）精简或删除陈旧内容，及时补充学科、行业的新标准、新知识、新技术、新成果。

5）按照学生认识规律，进行教材设计，由感性至理性，实用性、实践性、科学性、先进性、思想性、趣味性、人文交融性相结合。

6）教材风格新颖、活泼、通俗、精练，多采用图表。教材配套教师参考资料，方便教学和学生自学。

本丛书分《汽车构造与原理》（上册 发动机）《汽车构造与原理》（中册 底盘 车身）和《汽车构造与原理》（下册 电气设备 新能源汽车）3 册共 29 章以及《汽车构造与原理实训》配套实训教材。由蔡兴旺教授担任丛书主编，王海林、刘仁鑫、吴伟斌 3 位教授担任丛书副主编。

本丛书的《汽车构造与原理》（上册 发动机）由王海林教授和蔡兴旺教授担任主编。编写分工为：王海林（第 4 章）、蔡兴旺（总论、第 1 章、第 2 章、第 5 章、第 10 章的 10.1 节、10.2 节）、王斌（第 3 章）、余志兵（第 6 章）、李晓珍（第 7 章）、黄大星（第 10 章的 10.3 节）、张毅（第 8 章、第 9 章）。

本丛书的《汽车构造与原理》（中册 底盘 车身），由刘仁鑫教授和蔡兴旺教授担任主编。编写分工为：刘仁鑫（第 11 章的 11.2~11.5 节）、蔡兴旺（第 14 章）、廖一峰（第 12 章）、李锦（第 13 章）、龙江启（第 15 章、第 16 章、第 17 章）、谢锐波（第 11 章的 11.1 节、11.6 节、11.7 节）。

本丛书《汽车构造与原理》（下册 电气设备 新能源汽车），由吴伟斌教授和蔡兴旺教授担任主编。编写分工为：吴伟斌（第 22 章、第 23 章、第 24 章）、蔡兴旺（第 19 章、第 21

章、第25章、第27章、第28章、第29章）、王斌（第18章）、李晓珍（第20章）、黄大星（第26章）。

本丛书的《汽车构造与原理实训》由蔡兴旺教授担任主编。编写分工为：蔡兴旺（总论、第1章、第2章、第5章、第10章的10.1节、第14章、第19章、第21章、第25章、第27章、第28章、第29章）、王海林（第4章）、刘仁鑫（第11章的11.2~11.5节）、吴伟斌（第22章、第23章、第24章）、王斌（第3章、第18章）、余志兵（第6章）、廖一峰（第12章）、李锦（第13章）、李晓珍（第7章、第20章）、龙江启（第15章、第16章、第17章）、张毅（第8章、第9章）、黄大星（第10章的10.2节、第26章）、谢锐波（第11章的11.1节、11.6节）。

本丛书附带教师参考资料，内含PPT、视频资料、图库和习题解答，生动、形象地展示了现代汽车各总成与零部件的构造、工作原理、拆装与部分检查调整，极大地方便了教师备课、授课和学生课外学习。

本书编写及资源制作过程中，得到广东省教育厅、广州汽车工业集团、机械工业出版社、清华大学、华南理工大学、华南农业大学、江西农业大学、韶关学院、温州大学、顺德东升汽车修理厂、广州智维电子科技有限公司等单位和个人的大力支持与帮助，在此深表感谢。本书引用了国内外一些工厂、研究所、大专院校的产品图样和试验研究资料，引用了百度、搜狐、优酷等网站的资料，在此谨致深切的谢意。

本书涉及面广，编者才疏学浅，故疏忽谬误之处在所难免，敬请同行专家和广大读者批评指正。

《汽车构造与原理实训》编写组

本书常用缩略语

ABS——防抱死制动系统

A/F——空燃比

ASR——驱动防滑系统

AT——自动变速器

BLIS——盲点信息系统

BSG——传动带驱动起动-发电一体电机

CA——曲轴转角（°）

CAN——控制器局域网

CCS——巡航控制系统

CISS——集成性安全核心系统

CNGV——压缩天然气汽车

CO——一氧化碳

DIS——无分电器点火系统

DLI——无分电器电子点火（系统）

DOD——可变排量技术

DOHC——双顶置凸轮轴

DSC——动态稳定控制（系统）

EBD——电子控制制动力分配（系统）

ECD——电控柴油机

ECU——电子控制单元

EDS——电子差速锁

EFI——电控燃油喷射

EGR——废气再循环

EI——电子点火

ESC——电子稳定控制（系统）

ESP——电子稳定程序

ETS——电子牵引力调节系统

EV——电动汽车

FCEV——燃料电池电动汽车

FFV——可变燃料汽车

FSI——燃料分层喷射

GDI——汽油机（缸内）直接喷射

GPS——全球定位系统

HC——碳氢化合物

HCCI——均质充量压缩点燃

HEV——混合动力电动汽车

ISC——怠速控制

KS——爆燃传感器

LPGV——液化石油气汽车

MCE——多循环发动机

MPI——多点（汽油）喷射（系统）

NO_x——氮氧化物

OBD-Ⅱ——第二代车载自诊断系统

RFID——无线射频识别

SOHC——单顶置凸轮轴

SPI——单点（汽油）喷射（系统）

SRS——辅助约束系统（安全气囊）

SSS——速度感应式转向系统

SVC——可变压缩比

TCS——牵引力控制系统

TPMS——轮胎压力监视系统

VCM——可变气缸管理技术

VIN——车辆识别代码

VSA——汽车稳定性辅助（系统）

VSC——汽车稳定性控制（系统）

VTEC——可变气门正时和升程电子控制系统

VVT——可变气门正时

VDIM——车辆动态集成管理

4WD——四轮驱动

目 录

汽车总论

汽车总体组成与行驶原理实训

项目0.1 实训准备

0.1.1 实训内容、要求与安排（表0-1）

表0-1 实训内容、要求与安排

实训内容与要求	主要实训条件	实训安排
1. 学习实验室管理规程，熟悉实验室环境 2. 熟悉汽车实训安全知识 3. 学会汽车拆装工具的正确使用 4. 学会常用量具的正确使用 5. 学会数字万用表和汽车故障诊断仪的正确使用 6. 熟悉汽车拆装举升设备的正确使用	1. 汽车实训室及其管理规程 2. 汽车拆装工具1套/组 3. 常用量具1套/组 4. 汽车举升机、小吊车、清洗机等各2台 5. 汽车1辆/组 6. 汽车故障诊断仪1台/组，数字万用表1个/组 7. 用具盘、洗件盘、毛刷、抹布1套/组 8. 多媒体教室及相关的教具、录像片和教学挂图	1. 实训课时：2学时 2. 组织安排：每3~5人/组，老师指导，学生动手

0.1.2 实训方法步骤【视频见配套资源项目0.1】

1. 学习实验室管理规程（图0-1）

1）树立安全第一的理念，避免产生人身和设备事故。

2）学习现场管理的5S理念。

①整理（Seiri）。将工作场所的任何物品区分为必要的和不必要的，必要的留下，不必要的清除掉。

②整顿（Seiton）。把留下的依照规定的合理位置放置，并明确标示。

③清扫（Seiso）。将工作场所清扫干净。

④清洁（Seiketsu）。维持上述成果。

⑤素养（Shitsuke）。每位学生养成良好习惯，遵守规则做事。

 注　意

下班前要全面整理、清洁场地和工具，关闭油、水、电开关。

3）参观熟悉实验室环境　熟悉人行道和工作区（图0-2），熟悉油、水、电开关。

4）检查自己人身安全保护。

①按要求穿戴合身的工作服、工作鞋和安全防护用品（图0-3），避免穿光滑底的运动鞋。

②禁止在实验室抽烟。

2. 汽车常用拆装工具的使用

（1）普通扳手选用　普通扳手常见的有呆扳手、梅花扳手、套筒扳手、活动扳手、内六角扳手和扭力扳手等。

1）呆扳手。呆扳手也称为开口扳手（图0-4）。按其开口的宽度 S 大小分有 8～10、12～14、17～19 等规格（单位为 mm），通常以成套装备，有 8 件一套、10 件一套等。国外有些呆扳手采用英制单位，适用于英制螺钉拆卸。使用呆扳手时应根据螺钉或螺母的尺寸，选择相应的开口尺寸。

图 0-1　实验室管理规程

图 0-2　汽车技术实验室

图 0-3　汽车工作服

注　意

为了防止扳手损坏和滑脱，应使拉力作用在开口较厚的一边，如图0-5所示，顺时针扳动呆扳手为正确，逆时针使用为错误。

2）梅花扳手（图0-6）。梅花扳手两端内孔为正六边形，按其闭口尺寸 S 大小分有 8～10、12～14、17～19 等（单位为 mm）。通常是成套装备，有 8 件一套，10 件一套等。

使用时根据螺钉或螺母的尺寸，选择相应闭口尺寸的梅花扳手。与呆扳手相比，由于梅

花扳手扳动 30° 后，即可换位再套，适用于狭窄场合，而且强度高，使用时不易滑脱，应优先选用。

为方便操作，有的扳手一头是呆扳手，另外一头是梅花扳手（图 0-7），被称为两用扳手。

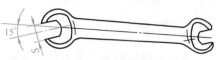

图 0-4　呆扳手

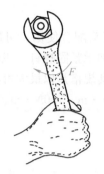

图 0-5　呆扳手使用

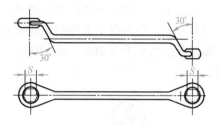

图 0-6　梅花扳手

图 0-7　两用扳手

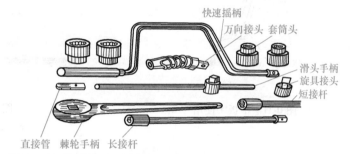

快速摇柄
万向接头　套筒头
滑头手柄
旋具接头
短接杆
直接管　棘轮手柄　长接杆

图 0-8　套筒扳手

3）套筒扳手（图 0-8）。套筒扳手的内孔形状与梅花扳手相同，也是正六边形，按其闭口尺寸大小也分有 8、10、12、14、17、19 等规格（单位为 mm），通常也是成套装备，并且配有滑头手柄、棘轮手柄、快速摇柄、接头和接杆等，以方便操作和提高效率。

套筒扳手适用于拆装位置狭窄或需要一定转矩拆装的螺栓或螺母。比梅花扳手更方便、快捷，应优先考虑使用。

还有一些专用的 T 形套筒扳手（图 0-9），更方便拆装，也应优先考虑选用。

4）活扳手（图 0-10）。活扳手也称为活动扳手，其开口尺寸能在一定的范围内任意调整，其规格是以最大开口宽度×扳手长度（mm）来表示的。

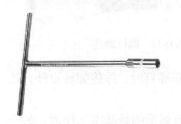

图 0-9　T 形套筒扳手

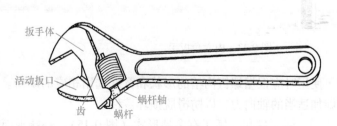

扳手体
活动扳口
蜗杆轴
齿　蜗杆

图 0-10　活扳手

> **注　意**
>
> 　　活扳手操作起来不太方便，需旋转蜗杆才能使活动板口张开及缩小，而且容易从螺钉上滑移，应尽量少用，仅在缺少相应其他扳手（如英制扳手）时使用。使用时也应注意使拉力作用在开口较厚的一边（图0-11）。

　　5）扭力扳手（图0-12）。扭力扳手与套筒扳手中的套筒头配合使用，可以直接读出所施转矩的大小，适用于发动机连杆螺母、缸盖螺钉、曲轴主轴承紧固螺钉、飞轮螺钉等重要螺钉的紧固上。扭力扳手常用的形式有刻度盘式和预置式，其规格是以最大可测转矩来划分的，如预置扭力扳手有20N·m、100N·m、250N·m、300N·m、760N·m、2000N·m等规格。

图0-11　活扳手使用

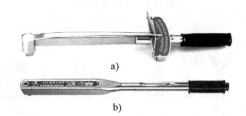

图0-12　扭力扳手
a）刻度盘式　b）预置式

　　6）内六角扳手（图0-13）。内六角扳手用来拆装内六角圆柱头螺栓（螺塞），以六角形对边尺寸 S 表示，有3~27mm尺寸13种。

　　（2）螺钉旋具选用　螺钉旋具又称为螺丝刀、起子、改锥，用来拆装小螺钉，分一字槽和十字槽两种。

　　螺钉旋具由手柄、刀体和刃口组成（图0-14），其规格以刀体部分的长度来表示，常用的规格有100mm、150mm、200mm和300mm等几种。

图0-13　内六角扳手

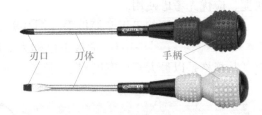

刃口　刀体　手柄

图0-14　螺钉旋具

　　使用时应根据螺钉沟槽的形状和宽度选用相应的规格。旋松螺钉时，除施加转矩外，还应施加适当的轴向力，以防滑脱损坏零件。

　　（3）锤子选用　锤子有多种形式（图0-15），一端平面略有弧形的是基本工作面，另一端是球面，用来敲击凹凸形状的工件。锤子规格以锤头质量来表示，0.5~0.75kg规格最为

常用。

　　使用锤子时，应握住锤把后部（图0-16）；挥锤的方法有手腕挥、小臂挥和大臂挥三种，手腕挥锤只有手腕动，锤击力小，但准、快、省力，大臂挥锤是大臂和小臂一起运动，锤击力最大。

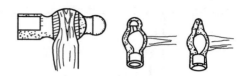

图 0-15　锤子

注　意

　　使用锤子时，首先要仔细检查锤头和锤把是否连接牢固，以防止锤头脱出伤人。

　　（4）手钳选用　常见的手钳有钢丝钳、尖嘴钳、鲤鱼钳和卡簧钳等。

　　1）钢丝钳（图0-17）。按其钳长分150mm、175mm、200mm三种。钢丝钳主要用于夹持圆柱形零件，也可以代替扳手旋转小螺栓、小螺母，钳口后部的刃口可剪切金属丝。

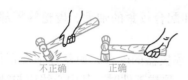

不正确　　　正确

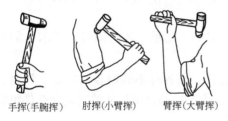

手挥(手腕挥)　　肘挥(小臂挥)　　臂挥(大臂挥)

图 0-16　锤子正确使用

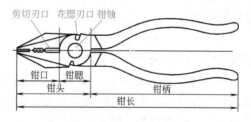

剪切刃口　花腮刃口　钳轴

钳口　钳腮

钳头　　　　　　钳柄

钳长

图 0-17　钢丝钳

　　2）鲤鱼钳（图0-18）。鲤鱼钳的作用与钢丝钳相同，其中部凹口粗长，便于夹持圆柱形零件，由于一片钳体上有两个互相贯通的孔，可以方便地改变钳口大小（两档调节），以适应夹持不同大小的零件，是汽车维修中使用较多的手钳。其规格以钳长来表示，一般有165mm、200mm两种。

图 0-18　鲤鱼钳

　　3）尖嘴钳（图0-19）。尖嘴钳因其头部细长而得名，能在较小的空间使用，其刃口也能剪切细小金属丝，使用时不能用力太大，否则钳口头部会变形或断裂，规格以钳长来表示，汽车拆装常用的规格是160mm。

注　意

　　使用上述手钳时，应注意不要用手钳代替扳手松紧M5以上的螺纹连接件，以免损坏螺母或螺栓。

　　4）挡圈钳。挡圈钳也称为卡簧钳，有多种结构形式（图0-20），用于拆装发动机中的

各种卡簧（挡圈）。使用时根据卡簧（挡圈）结构形式，选择相应的挡圈钳。

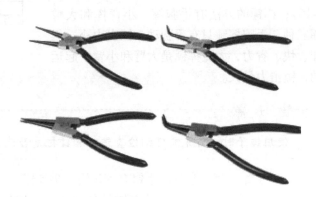

图 0-19　尖嘴钳　　　　　　　　　　　　　　　图 0-20　挡圈钳

　　（5）顶拔器使用　顶拔器也称为拉器，用来拆卸配合较紧的轴承、齿轮等零部件，它由拉爪、座架、丝杆和手柄等组成（图 0-21）。

　　顶拔器使用时，根据轴端与被拉工件的距离转动顶拔器的丝杆，使丝杆顶端顶住轴端，拉爪钩住工件的边缘，然后慢慢转动丝杆将工件拉出。顶拔工件时，其中心线应与被拉工件轴线保持同轴，以免损坏顶拔器。

　　（6）衬套、轴承、密封圈安装器的使用　安装衬套、轴承、密封圈时，要求它们必须正确定位，应该采用专用安装器。

　　如图 0-22 所示是衬套、轴承、密封圈安装器套件，由各种不同内径的衬套、压盘、手柄和隔板等组成。安装时应根据衬套、轴承或密封圈大小选择合适尺寸的安装器部件组装成驱动工具，再将衬套、轴承或密封圈压入（图 0-23）。

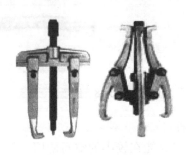

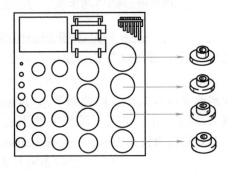

图 0-21　顶拔器　　　　　　　　　　　图 0-22　衬套、轴承、密封圈安装器套件

3. 汽车拆装常用量具的使用

（1）简单量具

1）钢直尺。钢直尺是一种简单的测量长度（直接读数）量具，用薄钢板制成，常用它粗测工件长度、宽度和厚度，常见钢直尺的规格有 150mm、300mm、500mm、1000mm等。

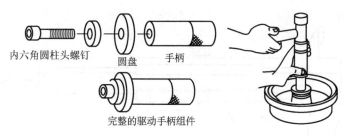

内六角圆柱头螺钉　　圆盘　　手柄

完整的驱动手柄组件

图 0-23　衬套、轴承、密封圈安装器使用

 注　意

测量时眼睛要正对钢直尺的刻度线，以免产生视读误差。

2）卡钳。它是一种间接读数量具，必须与钢板尺或其他刻线量具配合测量，常见的有内、外卡钳两种（图 0-24），内卡钳用来测量内径、凹槽等，外卡钳用来测量外径和平行面等。

（2）游标卡尺　游标卡尺用来较准确地测量物体的长度、厚度、深度或孔距等。其种类和结构较多，

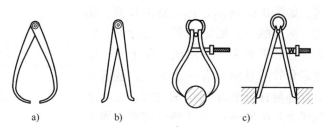

图 0-24　卡钳
a）外卡钳　b）内卡钳　c）用卡钳测量零件

规格常用测量范围和测量精度表示，常用测量范围有 0～125mm 和 0～150mm 两种，常用测量精度有 0.1mm、0.02mm 和 0.05mm 几种。

1）游标卡尺结构。游标卡尺主要由尺身和游标等组成（图 0-25），尺身刻线间距为 1mm。游标上有 n 个分度格将 1mm 误差等分，$n=10$ 时，表明该游标卡尺精度是 0.1mm，$n=20$、50 时，表明该游标卡尺精度分别是 0.05mm、0.02mm。

2）游标卡尺读数方法。先读出游标的零刻度所对主尺左边的毫米整数，如图 0-26 所示为 10mm；再根据游标尺上与主尺对齐的刻度线读出毫米以下的小数部分，如图 0-26 所示为第 17 分度格对齐，乘以游标卡尺测量精度 0.05mm 得 0.85mm（也可直接在游标上读出刻线读数 0.85mm），再加前面的 10mm 就是被测物体的测量值（10.85mm）。

 注　意

游标卡尺测量前应用软布将量爪擦干净，使其并拢，查看游标和主尺的零刻度线是否对齐。如果对齐就可以进行测量，如没有对齐，则要记取零误差，在实测值中加以修正。

（3）千分尺　千分尺又称为螺旋测微器，其测量精度比游标卡尺高，可达 0.01mm。

千分尺按用途一般分为外径千分尺、内径千分尺、杠杆千分尺、深度千分尺、壁厚千分尺、公法线千分尺等。

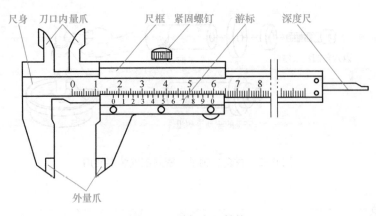

图 0-25　游标卡尺结构

1）千分尺结构。以外径千分尺为例，如图 0-27 所示，它主要由尺架、砧座、测微螺杆、固定套管、微分筒、测力装置和锁紧装置等组成。在千分尺的固定套管的轴向刻有一条基线，基线上下方都刻有间距为 1mm 的刻线，上、下刻线错开 0.50mm。由于测微螺杆和固定套管的螺距都是 0.50mm，所以当微分筒

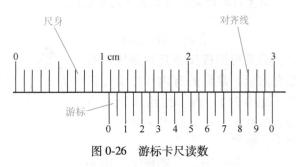

图 0-26　游标卡尺读数

转动一圈时，测微螺杆就移动 0.50mm，同时微分筒就遮住或露出固定套管上的一条刻线；微分筒的圆锥面上刻有 50 个等分格，当微分筒转动一格时，测微螺杆就移动 0.5mm/50 = 0.01mm，即千分尺的测量精度为 0.01mm。

千分尺规格按测量范围分，常用的有 0 ~ 25mm、25 ~ 50mm、50 ~ 75mm、75 ~ 100mm、100 ~ 125mm、125 ~ 150mm 六种。

2）千分尺读数方法。读数时，先从固定套管上读出毫米数与半毫米数，再看基线对准微分筒上哪格及其数值，即多少个 0.01mm，把两次读数相加就是测量的完整数值。如图 0-28 所示，固定套管上露出来的读数为 8+35×0.01 = 8.35（mm）。

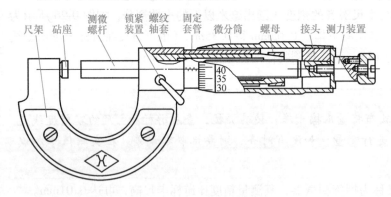

图 0-27　外径千分尺结构

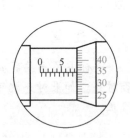

图 0-28　千分尺读数方法

（4）塞尺　塞尺（图 0-29）又名厚薄规，主要用来测量两平面之间的间隙，塞尺片上标有厚度的尺寸值，塞尺的规格以长度和每组片数来表示，长度常见的有 100mm、150mm、200mm、300mm 四种，每组片数有 11～17 片等多种。

使用时根据两平面之间的间隙要求数值，选择相应的塞尺片厚度，塞入两平面之间，用手轻轻来回拉动，感觉略有阻力即可。

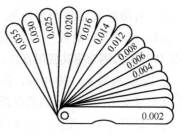

图 0-29　塞尺

（5）百分表　百分表常用来测量机器零件的各种几何形状偏差和表面相互位置偏差，也可以测量零部件的长度尺寸。常见百分表的测量范围有 0～3mm、0～5mm、0～10mm 等。

1）百分表结构。百分表主要由表盘、指针、测量杆和测量头等组成（图 0-30），刻度盘圆周刻成 100 等分，分度值为 0.01mm，当大指针转动一周时，测量杆的位移为 1mm，表盘和表圈是一体的，可任意转动，以便使指针对零位，小指针用以指示大指针的回转圈数。

2）百分表使用。使用前，要检查百分表是否正常，用手轻轻推动和放松测量杆时，测量杆在轴套内的移动应平稳、灵活、无卡住或跳动现象；主指针与表盘应无摩擦现象。

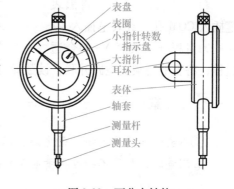

图 0-30　百分表结构

使用时必须将其可靠地固定到表座（万能表座、磁性表座）或其他支架上，如果是采用夹持轴套的方法来固定百分表，夹紧力要适当，以免造成测量杆卡住或移动不灵活的现象。

测量头与被测表面接触时，测量杆应预先有 0.3～1mm 的压缩量，再把百分表紧固住，然后用两指捏住测量杆上端的挡帽提起 1～2mm，再轻轻放下，反复提拉两至三次，观察主指针是否回到原位。为了读数方便，测量前一般都把百分表的大指针指到表盘的零位。

测量时，眼睛的视线要垂直于表盘，正对大指针来读数，大指针每转过一格为 0.01mm。要在大指针停止摆动后再开始读数。

（6）数字万用表使用 万用表被广泛用于测量电压、电流、电阻、电容、电感等基本参数。根据万用表显示方式的不同，分指针式和数字式，目前广泛使用的是数字式万用表。不同数字万用表，其功能和结构有所不同，下面以 VC9801A 型数字万用表（图 0-31）为例介绍其使用方法。

1）测量准备。使用前，应认真阅读使用说明书，熟悉电源开关、量程开关、插孔、特殊插口的作用和使用注意事项。在测量各种参数之前，先将电源开关1打开。

2）直流电压测量。将黑表笔插入 COM 孔，红表笔插入 V/Ω 孔，量程开关拨至 V- 的合适

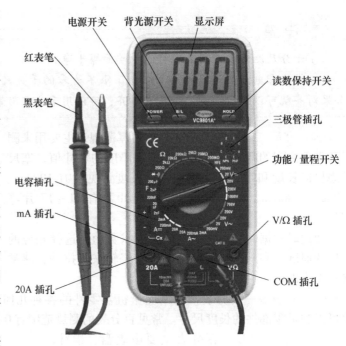

图 0-31　VC9801A 数字万用表结构

量程，将表笔与被测电路并联，读数即可显示，红表笔所接的极性也同时显示。

 注　意

①不要输入高于 1000V 的电压，以免损坏仪表。
②测量时，如果不知道测量电压的范围，应将量程置于最高档，再逐渐调低。

3）交流电压测量。将黑表笔插入 COM 孔，红表笔插入 V/Ω 孔，量程开关拨至 V~ 的合适量程，将表笔与被测电路并联，读数即可显示。

 注　意

①不要输入高于 700V 的电压，以免损坏仪表。
②测量时，如果不知道测量电压的范围，应将量程置于最高档，再逐渐调低。

4）直流电流的测量。将黑表笔插入 COM 孔，当被测电流小于 200mA 时，红表笔插入 mA 孔；当被测电流在 200mA~20A 时，红表笔插入 20A 孔。

将量程开关置于直流"A-"量程范围，测试笔串入被测电路中，读数即可显示，红表笔所接的极性也同时显示。

⭐注 意

①不要接入高于测量值的电流，以免损坏仪表。

②测量时，如果不知道测量电流的范围，应将量程置于最高档，再逐渐调低。

③20A插孔无熔丝，测量时间应小于10s，以免电路发热，影响准确度。

5）交流电流的测量。测量步骤及注意事项与直流测量相似，测量时注意把将量程开关置于交流"A~"量程范围。

6）电阻的测量。将量程开关拨至"Ω"的合适量程，黑表笔插入COM孔，红表笔插入"V/Ω"孔，将测试笔跨接在待测的电阻上，读数即可显示。

⭐注 意

①测量时，务请确认被测电路已经关断电源，同时电容已经放电完毕，方可以测量电阻。

②如果被测电阻值超出所选择量程的最大值，万用表将显示"1"，这时应选择更高的量程。

③测量高电阻时，尽可能将电阻直接插入"COM"孔和"V/Ω"孔，以免干扰。当电阻值大于1MΩ时，仪表需要数秒后才能稳定读数，属于正常现象。

7）电容测量。将量程开关拨至F的合适量程，将被测电容插入"Cx"插口，有必要时注意极性连接。

⭐注 意

①不要把一个外部已充电的电容插入测量。

②测量大电容时，仪表需要数秒后才能稳定读数。

8）二极管测量。将黑表笔插入"COM"孔，红表笔插入"V/Ω"孔（红表笔为+）；将量程开关置于"⊣▷⊢"位置，将测试笔跨接在被测的二极管两端。

⭐注 意

①当输入端开路（或二极管断路）时，仪表显示为过量程状态。

②仪表显示值为正向电压降伏特值，当二极管反接时，显示过量程状态。

9）背光源的使用。在光线较暗时，可按下背光源按钮B/L。背光源耗电大，不宜长期使用。

10）数据保持开关使用。若在测量时要保持数据，可以按下数据保持开关HOLD按钮。

4. 汽车常用举升设备的使用

（1）千斤顶 千斤顶被广泛应用于起重作业，分机械式和液压式两大类，目前普遍使用液压式，其主要技术指标有起重量、最低高度、起重高度和调整高度。下面介绍几种常用千斤顶的使用方法。

1）立式千斤顶。其结构如图 0-32 所示。使用时先把千斤顶手柄的开槽端套入回油阀杆，并将回油阀杆按顺时针方向旋紧，再将手柄插入手柄套孔，用手上下按动手柄，活塞杆即平稳上升顶起重物。

要使活塞下降，只需用手柄开槽端将回油阀按逆时针方向微微旋松，活塞杆即渐渐下降。如有载荷，回油阀杆旋转不能太快，否则会使下降速度过大，产生危险。

①千斤顶起重前必须估计重物重量，切忌超载使用。

②使用时需确定物体重心，选择千斤顶的着力点，放置平稳，同时还必须考虑地面的软硬程度，必要时应垫以坚韧的木板，以防起重时产生歪斜甚至倾倒。

③千斤顶仅供顶升之用，重物顶起以后应立即采用坚韧的物体支承，以防万一千斤顶失灵而造成危险。

④使用时应避免急剧的振动。

2）卧式千斤顶。其结构如图 0-33 所示。使用时先将手柄的末端插入手柄套管中，顺时针旋转手柄套管到回油开关关闭，再用手上下按动手柄，托盘即平稳上升顶起重物。

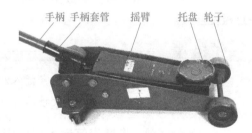

图 0-32　立式千斤顶　　　　　　　　　　　　图 0-33　卧式千斤顶

要使托盘下降，只需用手柄按逆时针方向慢慢转动手柄套管，下降速度取决于回油开关开启的程度，不要使下降速度过大，以免产生危险。

使用注意事项同立式千斤顶。

（2）液压小吊车　液压小吊车被广泛应用于汽车维修装吊作业，其基本结构如图 0-34 所示。

使用时先关闭回油阀杆，将操纵手柄插入按手孔中，上下按动手柄，提升吊臂，将物体吊起。

> **注　意**
>
> ①吊起重物前必须估计重物重量，切忌超载使用。
> ②吊钩应挂接在物体的重心位置，以防起重时产生倾倒。
> ③重物下严禁站人，移动重物时要扶稳。

（3）举升机　举升机用于举升汽车，其种类较多，但基本采用液压举升原理，下面以平台式举升机为例，介绍其结构及使用方法。

1）举升机结构。平台式举升机由举升机平台（图0-35）和举升机控制箱（图0-36）两大部分组成。

2）举升机操作。

①车辆入位前检查举升机工作是否平顺、各保险锁止装置是否起作用、各管路是否泄漏、声音是否正常。

②车辆按规定方向驶入举升机平台中央、熄火、拉起驻车制动手柄，根据需要放好橡胶垫。

③按下操纵台上的上升按钮，车辆被举起至车轮刚离开地面时停止，检查车辆是否水平、支点是否合适以及车辆是否稳定。

④举升车辆至所需位置，进行车辆维修作业（有的举升机此时需要操纵手动安全锁止装置）。

⑤下降前确保举升机下和四周无异物。

⑥先按下上升按钮使举升机上升一小段距离，使锁止卡榫脱离排齿，再按下下降按钮降下举升机。

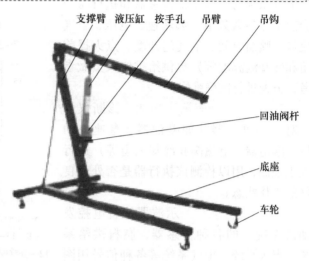

图 0-34　液压小吊车

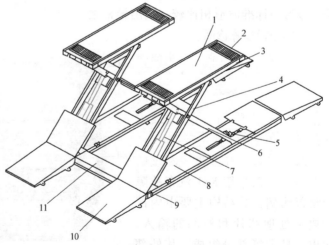

图 0-35　平台式举升机平台
1—平台板　2—止滑垫　3—斑马线或负载能力标签
4—外侧刀臂　5—安全排齿　6—内侧刀臂　7—液压缸
8—底座　9—连杆固定座　10—跑板　11—连杆护盖

> **注　意**
>
> ①未经老师许可不得操作举升机。
> ②确保汽车在举升机上停放平稳、熄火，举升机举升时驾驶室内不得坐人。

5. 汽车故障诊断仪的使用

（1）汽车电控故障诊断仪的基本功能

1）读取与清除汽车故障码。方便驾驶人、修理工迅速判断与排除故障。

2）读取传感器和执行器的数据流。将电控系统的一些主要传感器和执行器的当前工作参数数值（如转速、电压、空气流量、喷油时间、节气门开度、点火提前角和冷却液温度等）提供给维修人员做参考，方便进行准确维修。

3）执行器动态测试功能。诊断仪可以对一些执行器（如喷油器、怠速电动机、继电器、电磁阀和冷却风扇等）进行人工控制，用以检测该执行器是否处于良好的工作状态。

4）示波器功能。示波器能将电控发动机系统内的各种传感器、燃料供给系统、点火系统、电气系统等各种信号用图示波形的方式直观地提供出来，并将所测信号波形与标准波形相比较，找出异常之处，帮助进行故障诊断。

5）其他一些功能。汽车故障诊断仪还有资料更新与升级、维修档案管理、互联网远程汽车故障诊断、汽车英语词典、修改内部程序等功能。

（2）汽车电控故障诊断仪的基本结构　以金德 K81 汽车故障诊断仪为例，其结构主要由内部的数字处理芯片和外部的输入、输出、显示等部分组成，其外部结构如图 0-37 所示。

（3）汽车电控故障诊断仪的使用方法　以金德 K81 汽车故障诊断仪测试发动机氧传感器波形为例。

1）按照图 0-38 将 K81 的电源延长线连接到车上的蓄电池两极，

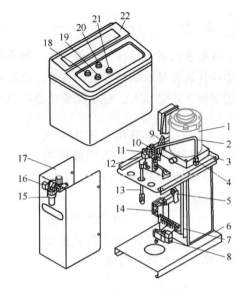

图 0-36　平台式举升机控制箱

1—电动机　2—回油管　3—油路板　4—回油管接头
5—定时器座　6—控制箱底座　7—端子盘　8—电磁阀
9、13—出油管　10—注油口　11—下降速度调节阀
12—升降阀　14—电磁开关　15—二点组合　16—切换开关
17—控制箱侧盖　18—上升按钮　19—下降按钮
20—紧急停止按钮　21—电源灯　22—控制箱上盖

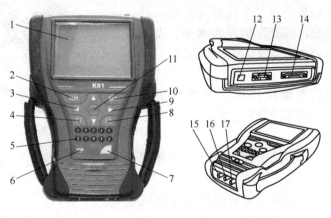

图 0-37　金德 K81 汽车故障诊断仪的外部结构

1—显示屏　2、11—EXIT（退出、返回上级菜单）键
3、9—方向键（4个）　4—F1辅助键　5—数字键　6—电源键
7—亮度键　8—F2辅助键　10—ENTER（确认）键
12—电源接口（12V）　13—RS-232串口　14—诊断测试口
15—示波通道 1（CH1 端口）　16—触发端口（CH3）
17—示波通道 2（CH2 端口）

将测试探头接入示波通道 1（CH1 端口），将测试探头上的小鳄鱼夹搭铁，用测试探针刺入氧传感器触发信号线。

2）起动发动机，使氧传感器加热到 315℃ 以上，发动机处于闭环控制状态。此时，发动机由怠速开始增加转速。

3）打开 K81 电源开关，显示屏显示主菜单（图 0-39）。

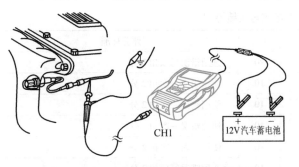

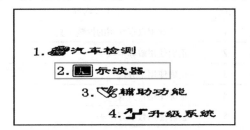

图 0-38　K81 汽车故障诊断仪与发动机连接　　　　图 0-39　主菜单显示屏

4）运用键盘上的方向键，选择"2. 示波器"，再按【ENTER】键确认，这时屏幕出现 5 个选项（图 0-40）。

5）运用键盘上的方向键，选择"传感器"，按【ENTER】键确认，这时屏幕出现传感器选择（图 0-41）。

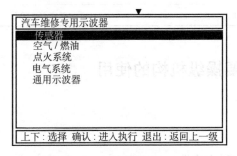

图 0-40　示波器功能选择显示屏　　　　图 0-41　传感器选择显示屏

6）选择"氧传感器 - 锆和钛型"，按【ENTER】键确认，这时屏幕显示出波形（图 0-42）。

7）如波形在屏幕上的显示不合适，可以通过左右方向键选择周期、幅值、电平等参数，然后按上下方向键改变波形，也可以选择按【ENTER】键冻结波形后存储，对所测取的波形进行分析。

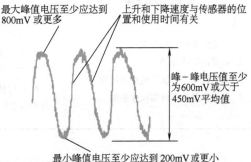

图 0-42　氧传感器波形

0.1.3　实训考核与评分

1. 实训考核题目

1）正确选用汽车常用的拆装工具拆装汽车几个零部件。

2）正确选用钢直尺、卡钳、游标卡尺、千分尺、塞尺、百分表、数字万用表等常用量具检测汽车几个零部件。

3）正确选用举升设备举升汽车。

4）使用一种汽车故障诊断仪检测发动机故障码和数据流。

2. 实训成绩评定（表 0-2）

表 0-2　实训考核与成绩评定

序号	考核内容	配分	评分标准
1	正确选用汽车常用的拆装工具	20	选用错误每项扣 2 分
2	正确使用游标卡尺	10	使用错误一次扣 2 分
3	正确使用千分尺	10	使用错误一次扣 2 分
4	正确使用百分表	10	使用错误一次扣 2 分
5	正确使用数字万用表	10	使用错误一次扣 2 分
6	正确选用立式和卧式千斤顶及液压小吊车	10	选用错误每项扣 2 分
7	正确使用举升机	10	使用错误一次扣 2 分
8	正确使用汽车故障诊断仪检测发动机故障码，读取发动机数据流	15	使用错误一次扣 2 分
9	操作规范、有序、不超时	5	操作欠规范或超时每项扣 2 分
10	遵守安全规范、无人身、设备事故		出现人身、设备事故的，此次实训按 0 分计算
11	分数统计	100	

项目 0.2　汽车总体组成、分类与主要操纵机构的使用

0.2.1　实训内容、要求与安排（表 0-3）

表 0-3　实训内容、要求与安排

实训内容与要求	主要实训条件	实训安排
1. 熟悉汽车的外部组成 2. 熟悉汽车的分类 3. 熟悉汽车主要操作机构的使用 4. 学会测量汽车外部尺寸参数	1. 乘用车 1 辆/组 2. 不同类型汽车 5~6 辆 3. 测量卷尺 1 把/组 4. 多媒体教室及相关的教具、录像片和教学挂图	1. 实训课时：2 学时 2. 组织安排：每 3~5 人/组，老师指导，学生动手

0.2.2　实训方法步骤【视频见配套资源项目 0.2】

1. 汽车总体组成与外部结构认识

围绕 1 辆汽车，介绍其发动机、底盘、车身及汽车外观可以看见的外部结构。上海桑塔纳 2000GSi 汽车外表结构如图 0-43~图 0-45 所示。

前照灯　发动机罩　刮水器　前风窗玻璃　　车顶　后视镜

前保险扛　　前雾灯　　　　转向灯　　车轮　　车门

图 0-43　上海桑塔纳 2000GSi 汽车外表结构

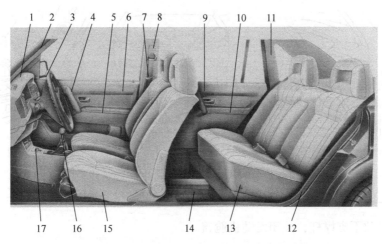

图 0-44　桑塔纳 2000GSi 汽车驾驶室内部结构

1—仪表板　2—前柱内饰板　3—转向盘　4—前车门内门锁手柄　5—前车门拉手　6—前车门内饰板

7—安全带　8—中柱内饰板　9—后车门内饰板　10—后车门拉手　11—后三角窗内饰板

12—门/窗密封条　13—后座　14—地毯　15—前座　16—变速杆　17—车门玻璃升降器控制开关组

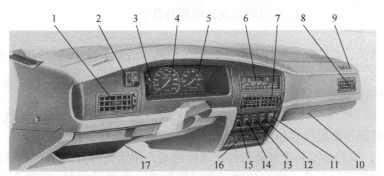

图 0-45　桑塔纳 2000GSi 汽车仪表板

1、7、8—通风口　2—灯光及仪表照明开关　3—燃油表及冷却液温度表等仪表　4—车速表及里程表

5—发动机转速表　6—收放机（收音-磁带播放一体机）　9—除霜风口　10—杂物箱　11—ABS 指示灯

12—防盗器指示灯　13—危险警告灯开关　14—后风窗电加热器开关　15—雾灯开关　16—空调调节开关　17—小杂物箱

2. 汽车分类认识

针对不同汽车，认识其结构特点。在汽车前风窗玻璃下方驾驶台上读取汽车 VIN 码，解读其含义。

3. 汽车外部结构的使用

（1）车门的开闭 车门可用钥匙或遥控器打开，如图 0-46 所示。

（2）发动机舱盖的开闭 以丰田卡罗拉汽车为例。

1）先找到位于仪表台左下方的发动机舱盖锁定释放杆，并将其向外拉动，发动机舱盖将轻微向上弹起（图 0-47a）。

图 0-46 车门的开启工具

2）到车辆前方，将手伸进发动机舱盖的前部，在摸到锁钩的操纵手柄后将其向上扳动，此时发动机舱盖锁完全被打开（图 0-47b）。

3）用力将发动机舱盖掀起，将支撑杆插入指定位置（图 0-47c）。

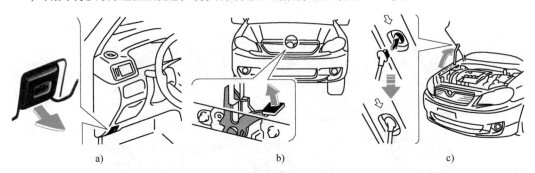

a) b) c)

图 0-47 发动机舱盖开启

a）向外拉动锁定释放杆 b）向上扳动锁钩操纵手柄 c）支撑杆插入指定位置

4）关闭时放下支撑杆，关闭发动机舱盖。

 注 意

发动机舱盖放下时不要夹到周围人的手，检查发动机舱盖关闭是否牢靠。

（3）行李箱盖的开闭 可采用钥匙或遥控器打开。

4. 测量汽车外部参数

测量汽车总长、总宽、总高、轴距、轮距、前悬、后悬、最小离地间隙、接近角、离去角、纵向通过角。

5. 汽车外部主要操纵机构的使用（以上海桑塔纳 2000GSi 汽车为例）

（1）汽车离合器踏板、制动踏板及加速踏板操作 上海桑塔纳 2000GSi 汽车的离合器踏板、制动踏板及加速踏板位置如图 0-48 所示。

1）离合器。离合器安装于发动机与变速器之间，用于暂时分离和平顺结合发动机的动力传递，保证汽车平稳起步，使换档时工作平顺和防止传动系过载。离合器踏板由左脚控制，要求踩离合器时要踩到底，起步放离合器时要缓慢，以免汽车起步冲击。对于配置自动变速器的汽车，则没有离合器踏板。

2）制动踏板。制动踏板用来进行汽车制动，由右脚控制，非紧急情况下，不要进行紧

急制动。

3）加速踏板。加速踏板俗称"油门"，用来控制发动机节气门（发动机转速）开度，由右脚控制，右脚掌轻放于加速踏板 2/3 处，根据道路、车载及环境情况确定节气门开度。

（2）汽车转向盘的操作　转向盘用于转向，就像驾驶人的指挥棒。

使用时左手轻握转向盘左上方，右手轻握转向盘右上方，左手和右手大拇指自然伸直靠于转向盘轮缘上部，其余四指应由外向内轻握（图 0-49）。

图 0-48　桑塔纳 2000GSi 汽车的离合器、制动及加速踏板

在平直的道路上使用转向盘，应避免不必要的晃动；如果转向盘受路面凸凹的影响，应紧握转向盘，以免转向盘受车辆的猛烈振动而回转，击伤手指或手腕；若车头向左（右）偏斜时，应向右（左）修正方向，待车头接近回到行驶线时，再逐渐将转向盘回正，此时应牢记打回方向的原则："打多少回多少，少打少回，慢打慢回，大打大回，快打快回。"

（3）汽车安全带的使用　汽车安全带（图 0-50）对保护人身安全起重要作用，在驾驶汽车时应始终系好安全带。安全带使用方法如下：

图 0-49　汽车转向盘使用

1）系上安全带。缓慢拉出安全带舌片，将其通过胸部后插入座椅侧的锁止机构中，直至听到啮合声（拉动检查）。

2）取下安全带。按下锁止机构上的橘黄色按钮以取出安全带，舌片会弹出。用手将舌片送向车门侧，使回位器卷起安全带，挡板会将舌片保持在合适的位置。

　注　意

①使用三点式安全带时，应注意使安全带贴靠肩膀中部，不应让安全带勒在颈部。

②身高小于 1.5 米的儿童不可以佩戴常规安全带，而应使用儿童约束系统（儿童座椅），以免在腹部或颈部造成伤害（图 0-51）。

③孕妇佩戴安全带应使上半截安全带穿过胸部中间，下半截安全带拉到大腿上，水平保持在腹部以下，再收紧安全带（图 0-52）。

④安全带应通畅、清洁，不得在锋利边缘上摩擦，安全带出口处不应让纸片或其他东西堵塞。

⑤损坏或因事故而拉长的安全带必须更换。

（4）汽车座椅的调整（图 0-53）

1）座椅的前后调整。调整座椅与踏板的距离，使脚向下踩住制动踏板至最深处时，腿部仍有一定的弯曲，使驾驶人感到自然轻松。

2）座椅的上下调整。上下调整座椅，使驾驶人的目光平视时，视线能够落在前风窗玻

璃的中线上。同时注意头部离车顶部要有一个拳头左右的距离，手握转向盘的高度大约低于肩部10厘米左右为宜。

图 0-50　汽车安全带　　　　图 0-51　婴儿正确使用安全带　　　图 0-52　孕妇正确使用安全带

3）座椅靠背角度调整。调整靠背倾斜度至合适位置，注意不可过于倾斜，否则影响操控汽车。

4）腰部支撑调整。腰部支撑调整的标准是：让座椅支撑住腰部，向后靠时，不要让腰部悬空。这样的位置可以最大程度上减少驾驶人驾驶过程中的疲劳。有些座椅没有腰部支撑的功能，可以自己买个小垫子支在腰后。

5）头枕调整。头枕的最佳位置是头枕的中心线恰好与眼眉在一条线上，尽可能地让后脑和头枕完全接触。

（5）驻车制动的使用　驻车制动器应用于汽车停车时制动。桑塔纳2000GSi汽车驻车制动手柄位于两个前座椅之间（图0-54）。

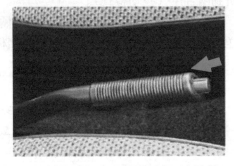

图 0-53　座椅的调整　　　　　　　　　　　　图 0-54　驻车制动器

1）使用驻车制动器。将手柄向上拉，必须紧紧拉足，以防汽车自动滑移。如果在接通点火开关时使用驻车制动器，制动警告信号灯会亮起。

2）放松驻车制动器。将手柄略朝上拉，按下锁钮并将驻车制动杆向下推足。

（6）变速杆的使用　变速器用于改变汽车的行驶速度，分手动变速器和自动变速器两种类型。

1）手动变速器。桑塔纳2000GSi汽车手动变速器的变速杆如图0-55所示，有5个前进档和一个倒档。

手动变速器换档动作依次为：踩离合器踏板同时松加速踏板→从原档位经空档拨入另一

档位→适当加油→松离合器。倒档应在车辆静止时挂入，将变速杆投入空档，再挂入倒档。

> **注　意**
>
> 　　对手动变速器，行驶时不要将手放在变速杆上，否则手上的压力会传到变速器内的换档拨叉上，造成拨叉过早磨损。

　　2）自动变速器。自动变速器一般有6~7个档位，它们从前到后依次排列，分别为：P（驻车档）、R（倒档）、N（空档）、D（前进档），而有的前进档中包括D位、3位、2位、1位（图0-56），有的车型前进档只有3个档位（D位、2位、1位），若装备4档变速器，则另有一个超速选择开关（OD）接通超速档。

图 0-55　桑塔纳 2000GSi 汽车
手动变速器的变速杆

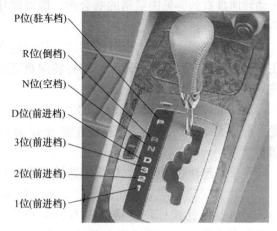

图 0-56　自动变速杆

　　P 位和 N 位都可以使发动机和车轮传动系统脱离，不同的是在发动机停止运转时，挂 N 位可以随意推动车辆，挂 P 位时，机械锁销把传动轴锁固在变速器壳上，起制动车辆的作用，车辆不能被随意推动。车辆只有在 P 位时才能拔出点火开关钥匙。P 位起动是经常使用的模式，N 位起动用于行驶中灭车后起动。

　　前进档的设置规律是：高档位向下兼容，低档位不能自动向上换档。即：若选择 4 档，变速器可在 1 档与 4 档之间根据车辆的速度与使用条件自动选择合理档位，自动升档、降档。若选择 2 档，就只能在 1 档与 2 档间自动变换而不能升到 2 档以上。1 档、2 档有发动机制动功能。

　　自动档汽车正确的驾驶方法是将变速杆放在 P 位后起动发动机，要踩下制动踏板，方可由 P 位转入其他档位，起步时要将变速杆推到较低档位上（即 2 位、1 位或 3 位），待车速提高到一定程度后，再转入 D 位进入正常行驶，这时车辆能自动选择理想档位，无须驾驶者换档。

　　车辆行驶中可以手动从低档向高档换档，但从高档往低档换档则要在一定速度范围内进行。

　　若在高速公路上高速巡航，选用 OD 档可节省燃油。

注 意

①当车辆下长坡时，严禁空档（N位）滑行，应换入2位或1位，借用发动机制动，可避免制动器过热失效，车辆处于2位或1位也容易控制车速，避免事故。

②倒档与前进档的转换一定要在车辆停止的状态下进行，绝对不能在车轮转动时挂入倒档。

（7）点火开关的使用　桑塔纳2000GSi汽车点火开关兼有转向锁功能，有三个位置（图0-57）。

当处于位置1时，点火开关断开，拔出钥匙并转动转向盘直到听见锁紧销的啮合声，即可锁住转向盘。

当处于位置2时，点火开关接通，如钥匙在匙孔内不易转动或根本不能转动，应将转向盘轻轻地往复转动以放开锁紧销。

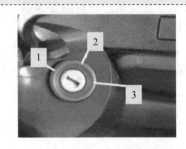

图0-57　桑塔纳2000GSi汽车点火开关使用
1—点火开关断开　2—点火开关接通
3—起动发动机

当处于位置3时，可以起动发动机，在此位置，前照灯、刮水器、风窗加热装置开关均被切断。

在重新起动起动机前，应将钥匙转到位置1。

（8）转向信号灯及变光拨杆的使用　汽车转向信号灯及变光拨杆用于接通左右转向信号灯，指示汽车转弯方向、进行汽车前照灯近光和远光变换、发出变换车道信号、停车信号等，给路上行进人员和车辆提供指示，可以有效避免交通事故的发生。桑塔纳2000GSi汽车转向信号灯及变光拨杆结构如图0-58所示。

1）转向信号灯的使用。在点火开关接通后，当拨杆朝上时右转向灯开启，拨杆朝下时左转向灯开启。转向完成后，转向灯自动熄灭。

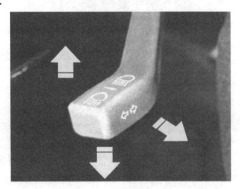

图0-58　桑塔纳2000GSi汽车
转向信号灯及变光拨杆结构

2）前照灯近光和远光的变换。拨杆朝右抬起，可以进行前照灯近光和远光变换。拨杆朝右轻轻抬起，前照灯远光闪烁，当作用力解除后拨杆自动回到零位。

3）变换车道信号。可根据车辆需要变换的车道（向左或向右变道），操作拨杆，操作方法与转向灯操作相同，当变道完成后，应将拨杆回位。

4）停车灯。在点火开关关闭之后，拨杆向上，右停车灯亮；拨杆向下，左停车灯亮。

（9）风窗刮水及洗涤系统的使用　如图0-59

图0-59　风窗刮水及洗涤系统的共用拨杆
0—刮水器停止　1—刮水器点动
2—快速刮水　3—间隙刮水

所示为桑塔纳 2000GSi 汽车风窗刮水及洗涤系统的共用拨杆，用于操纵风窗刮水器运动和洗涤装置。

1）风窗刮水系统的使用。桑塔纳 2000GSi 汽车刮水器设有 0、1、2、3 四个档位，手柄处于"0"档时刮水器停止运动，处于"1"档时，刮水器点动刮水，处于"2"档时，刮水器快速刮水，处于"3"档时，刮水器间隙刮水（每 6 秒钟工作一次）。

2）洗涤系统的使用。朝上抬起刮水器开关的拨杆，刮水器及洗涤器即开始工作。复原拨杆，洗涤器停止而刮水器继续工作约 4 秒。

 注　意

冰冻季节在起动刮水器开关前应检查刮水器刮片是否与玻璃冻在一起了。

（10）暖风、通风装置及空调的使用　现代汽车都安装有暖风、通风装置及空调，用于清洁空气和调节汽车内部温度。如图 0-60 所示为桑塔纳 2000GSi 汽车暖风、通风及空调的控制装置，其使用方法如下：

①打开开关 5，空调开始工作。

②旋转转速调节旋钮 4，可以调节鼓风机转速。

③左右拉动拨杆 1 和 2，可以开闭各出风口，调节空气在车厢里的分布。

④左右拉动拨杆 3，可以进行温度选择，拨杆 3 向右，则温度提高；拨杆 3 向左，则温度降低。

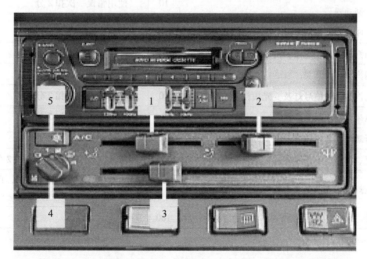

图 0-60　桑塔纳 2000GSi 汽车暖风、通风及空调的控制装置

1、2—调节空气分布拨杆　3—温度选择拨杆　4—鼓风机转速调节旋钮　5—空调（A/C）开关

0.2.3　实训考核与评分

1. 实训考核题目

1）正确开闭汽车车门、发动机罩和行李箱盖。

2）正确读取汽车 VIN 码，解读其含义，判断汽车的基本类型。

3）正确测量汽车总长、总宽、总高、轴距、轮距、前悬、后悬、最小离地间隙、接近角、离去角、纵向通过角。

4）正确操作离合器踏板、制动踏板、加速踏板、转向盘和驻车制动器。

5）正确调整座椅和使用汽车安全带。

6）正确使用汽车手动变速器和自动变速器的变速杆。

7）正确使用汽车点火开关。

8）正确使用汽车转向信号灯及变光拨杆。

9）正确操纵风窗刮水及洗涤系统。

10）正确进行暖风、通风装置及空调的操作。

2. 实训成绩评定（表0-4）

表0-4 实训考核与成绩评定

序号	考核内容	配分	评分标准
1	正确开闭汽车车门、发动机罩和行李箱盖	10	不会操作每项扣2分
2	正确读取汽车VIN码，解读其含义	10	错误一次扣1分
3	正确判断汽车的基本类型	5	错误一次扣2分
4	正确测量汽车总长、总宽、总高、轴距、轮距、前悬、后悬、最小离地间隙、接近角、离去角、纵向通过角	10	选用测量工具错误每项扣1分，测量方法错误一次扣2分，数据错误每项扣1分
5	正确操作离合器踏板、制动踏板、加速踏板、转向盘和驻车制动器	10	使用错误一次扣2分
6	正确调整座椅和使用汽车安全带	10	使用错误一次扣2分
7	正确使用汽车手动变速器和自动变速器的变速杆	10	使用错误一次扣2分
8	正确使用汽车点火开关	5	使用错误一次扣2分
9	正确使用汽车转向信号灯及变光拨杆	10	使用错误一次扣2分
10	正确操纵风窗刮水及洗涤系统	5	使用错误一次扣2分
11	正确进行暖风、通风装置及空调的操作	10	使用错误一次扣2分
12	操作规范、有序、不超时	5	操作欠规范或超时每项扣2分
13	遵守安全规范、无人身、设备事故		出现人身、设备事故的，此次实训按0分计算
14	分数统计	100	

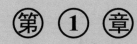

第①章

发动机的基本结构与工作原理实训

项目1 发动机基本拆装

1.1.1 实训内容、要求与安排（表1-1）

表1-1 实训内容、要求与安排

实训内容与要求	主要实训条件	实训安排
1. 学会发动机外部零部件基本拆装 2. 学会发动机机体组件的基本正确拆装 3. 学会发动机曲柄连杆机构的基本拆装 4. 学会发动机配气机构的基本拆装	1. 汽车汽油机 1 台/组，拆装台 1 个/组 2. 解剖的汽车发动机工作原理示教台 1 台（可以运转演示） 3. 汽车发动机拆装工具 1 套/组 4. 清洗机 1 台，零部件盆 1 个，机油壶、润滑油（机油）、棉纱等 5. 多媒体教室及相关的教具、录像片和教学挂图	1. 实训课时：12 学时 2. 组织安排：每 3~5 人/组，老师指导，学生动手

1.1.2 实训方法步骤【视频见配套资源项目1】

1. 发动机外部零部件的拆装

1）将拆卸下来的发动机稳定放置在拆装台架上。

2）发动机外部零部件拆装步骤（图1-1）

①旋松发电机 11 的固定螺钉，拆卸发电机。

②旋松曲轴带轮 5 的固定螺钉，拆卸曲轴带轮。

③抽出油标尺 13。

④拆卸点火线圈组件及其外部连线。

⑤拆卸燃油分配管 14 的各连接油管及其固定螺钉，拆卸燃油分配管和喷油器。

⑥旋松进气歧管 12 的固定螺钉，拆卸进气歧管，取下进气歧管垫片。

⑦旋松排气歧管 12 的固定螺钉，拆卸排气歧管，取下排气歧管垫片。

⑧用专用工具拆卸机油滤清器。

⑨拆卸发动机外部各进出水连接管。

⑩按照与拆卸相反的顺序进行发动机外部零部件的安装。

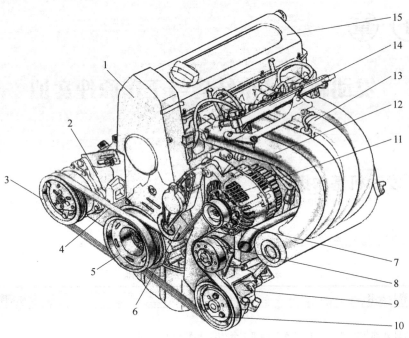

图 1-1　桑塔纳 2000GSi 发动机

1—正时同步带护罩　2—空调压缩机　3—空调压缩机带轮　4—多楔带　5—曲轴带轮
6—张紧轮　7—发电机带轮　8—导向轮　9—动力转向油泵　10—动力转向泵带轮
11—发电机　12—进气歧管　13—油标尺　14—燃油分配管　15—气缸罩

注　意

①安装前应清洗各零部件。
②安装时按要求的力矩拧紧各紧固螺钉。

2. 机体组件、曲柄连杆及配气机构的拆卸

（1）拆卸配气机构传动组件

1）旋松正时同步带护罩 1（图 1-1）的固定螺钉，拆卸正时同步带护罩，观察凸轮轴正时同步带轮 17（图 1-2）的标记，以备以后正确安装。

2）旋松气缸罩 15（图 1-1）的固定螺钉，拆卸气缸罩。

3）用专用工具旋转张紧轮 36（图 1-3），拆卸发动机的正时同步带 16。

4）拆卸曲轴正时同步带轮 19、机油泵链 20（图 1-2）、水泵同步带轮 18、张紧轮 36 和凸轮轴正时同步带轮 17，拆下同步带后防护罩。

5）旋松凸轮轴 30 的凸轮轴轴承座盖 37（图 1-4）的固定螺钉，拆卸凸轮轴轴承座盖，取下凸轮轴和气门挺柱 29。

（2）拆卸机体组件

1）拆下气缸盖 28（图 1-2）的固定螺钉，抬下气缸盖，取下气缸垫。

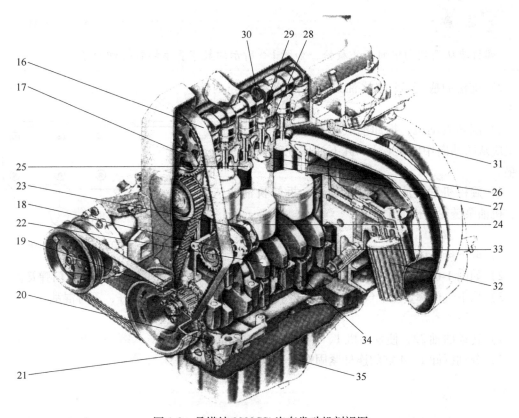

图 1-2 桑塔纳 2000GSi 汽车发动机剖视图

16—正时同步带 17—凸轮轴正时同步带轮 18—水泵同步带轮 19—曲轴正时同步带轮
20—机油泵链 21—机油泵 22—曲轴 23—水泵 24—活塞 25—排气门 26—进气门
27—气缸体 28—气缸盖 29—气门挺柱 30—凸轮轴 31—喷油器 32—机油滤清器
33—限压阀 34—连杆 35—油底壳

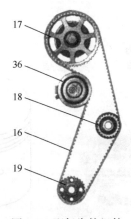

图 1-3 配气齿轮组件

16—正时同步带 17—凸轮轴正时同步带轮
18—水泵同步带轮 19—曲轴正时同步带轮
36—张紧轮

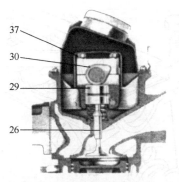

图 1-4 凸轮轴与气门组件

26—进气门 29—气门挺柱
30—凸轮轴 37—凸轮轴轴承座盖

⭐ **注 意**

螺钉应从两端向中间交叉旋松，如图1-5所示的数字表示螺钉拆卸顺序。

2）旋松油底壳35的放油螺钉，放出油底壳内机油。

3）翻转发动机，拆卸油底壳固定螺钉（注意螺钉也应从两端向中间旋松）。拆下油底壳和油底壳密封垫。

4）旋松机油粗滤清器固定螺钉，拆卸机油滤清器、机油泵链轮和机油泵21。

（3）气门组件的拆卸

1）取下挺杆体，按顺序放好。

2）如图1-6所示，用专用工具将气门弹簧座压下，取下气门锁片，拆出气门弹簧。

3）取下气门弹簧座、气门弹簧、气门油封和气门，并按顺序放好，不可混乱。

（4）拆卸发动机活塞连杆组（图1-2）

1）转动曲轴22，使发动机1、4缸活塞处于下止点。

2）分别拆卸1、4缸的连杆紧固螺母，取下连杆轴承盖。

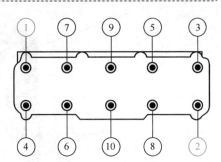

图1-5 气缸盖螺钉拆卸顺序

 注 意

连杆轴承盖与连杆体侧面有配对标记（图1-7），应配对放好，各缸连杆也应按顺序放好。

3）用橡胶锤或锤子木柄分别推出1、4缸的活塞连杆组件，用手在气缸出口接住并取出活塞连杆组件，注意活塞安装方向（图1-8）。

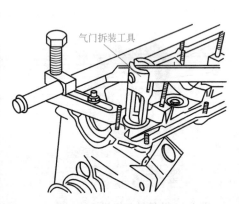

图1-6 用专用工具拆卸气门

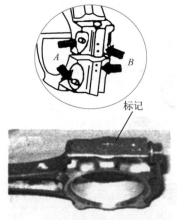

图1-7 连杆标记

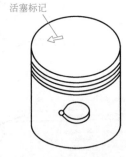

图1-8 活塞标记

4）将连杆轴承盖、连杆螺栓、螺母按原位置装回，不同缸的连杆也不能互相调换。

5）用同样方法拆卸2、3缸的活塞连杆组。

6）采用专用的活塞环拆装钳拆装各缸活塞环（图1-9）。

7）采用卡簧钳拆卸活塞销卡环（图1-10），半浮式则没有活塞销卡环。

8）在油压机上进行活塞销的拆卸。如无油压机，也可以将活塞连杆组浸入60℃的热水或机油中加热，然后用专用工具进行拆卸。

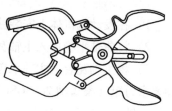

a)　　　　　　　　　　　b)

图1-9　拆装活塞环

a）活塞环拆装钳　b）拆装活塞环

（5）拆卸发动机曲轴飞轮组

1）旋松飞轮紧固螺钉，拆卸飞轮（飞轮较重，拆卸时注意安全）。

2）拆卸曲轴前端及后端密封凸缘及油封。

3）按图1-11所示螺钉序号从两端到中间旋松曲轴主轴承盖紧固螺钉，取下主轴承盖。

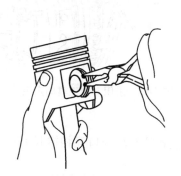

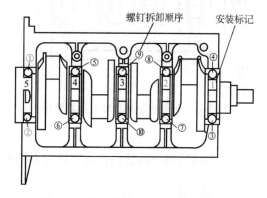

图1-10　拆卸活塞销卡环

图1-11　曲轴主轴承盖螺钉拆卸顺序

 注　意

各缸主轴承盖有装配标记，不同缸的主轴承盖及轴瓦不能互相调换。

3. 机体组件、曲柄连杆及配气机构安装调整

 注　意

①安装前应全面清洗发动机零部件，尤其是相互配合的运动件表面应保持清洁，并应涂抹机油。

②安装顺序一般与拆卸顺序相反，由内向外进行。

③各配对的零部件不能互相调换，安装方向也应该正确。各零部件相对装配关系应保持正确。

④各紧固螺钉应按规定力矩和方法拧紧。

⑤发动机正式修理时，所有的油封、密封垫等一次性的零部件都应该更换。

（1）曲轴飞轮组件的安装

1）在发动机机体上安装曲轴主轴瓦和推力轴承，并在轴瓦表面涂抹机油。

2）将曲轴平稳放入主轴瓦上，注意推力轴承不要脱落或阻卡。

3）将主轴瓦装入主轴承盖中，再把主轴承盖固定于发动机机体上，按图1-12所示顺序和要求力矩（桑塔纳2000GSi发动机拧紧力矩为65N·m+90°）紧固螺钉。装配完毕，用手摇转曲轴，应该感觉轻松自如，无阻卡，否则应检查原因重新安装。

4）安装曲轴前、后油封。

5）安装飞轮部件。采用专用工具固定飞轮（图1-13），按要求拧紧飞轮固定螺栓（桑塔纳2000GSi发动机拧紧力矩为60N·m+90°）。

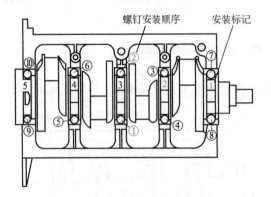

图1-12 曲轴主轴承盖螺钉安装顺序

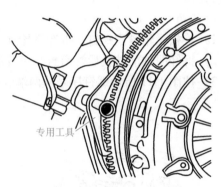

图1-13 采用专用工具固定飞轮

（2）活塞连杆组件安装

1）采用活塞环拆装钳将活塞环装入活塞环槽内，使各活塞环开口互相错开120°。

 注　意

活塞环标记"TOP"朝向活塞顶。

2）将连杆瓦装入连杆，在连杆瓦表面、曲轴连杆轴颈表面、活塞表面、气缸壁表面涂抹机油。

3）采用专用工具（图1-14）夹紧活塞环，从气缸顶端装入活塞连杆组件，用锤子木柄将活塞组件推入气缸。

图1-14 活塞环夹紧工具

4）安装连杆轴承盖，拧紧连杆轴承盖螺母，拧紧力矩为45N·m+90°（M9×1螺母）30N·m+90°（M8×1螺母），并且每缸的两个螺母应交替拧紧。

（3）气门组件与配气凸轮轴的安装

1）采用如图1-6所示的专用工具，将气门、气门弹簧等组件装入气缸盖，再装入挺杆体。

2）润滑配气凸轮轴承表面，安装凸轮轴和轴承盖，先交替对角拧紧第 2、4 号轴承盖，拧紧力矩为 20N·m；然后安装 1、3、5 轴承盖，拧紧力矩为 20N·m。

注　意

①安装凸轮轴时，第一缸的凸轮必须朝上；安装凸轮轴轴承时，要保证孔的上下部分对准。

②有的发动机有两根凸轮轴，其相对位置要安装正确。

3）将半月键安装到凸轮轴上，安装凸轮轴同步带轮，并拧紧到 100N·m。

（4）机体组件安装

1）安装机油粗滤清器、机油泵链轮和机油泵，装回油底壳密封垫和油底壳。注意油底壳紧固螺钉应从中间向两端旋紧。

2）翻转发动机，安装气缸垫（注意气缸垫的安装朝向）和气缸盖，按规定力矩紧固螺钉，如桑塔纳 2000GSi 发动机气缸盖螺钉先初步拧紧，再拧紧到 40N·m，第三次再将螺钉旋紧 180°。

注　意

气缸盖螺钉应从中间向两端交叉旋紧，如图 1-15 所示的数字表示螺钉拧紧顺序。

（5）安装配气齿轮组件（如图 1-3 所示，调整配气相位）

1）安装曲轴正时同步带轮，并转动使其与机体标记对齐（图 1-16）。

2）转动凸轮轴正时同步带轮，使其标记与正时同步带护罩标记对齐（图 1-17）。

3）安装正时同步带。

4）转动张紧轮，调整正时同步带的张紧度，可以用拇指和食指捏住凸轮轴齿轮和中间轴中间的同步带刚好可以扭转 90° 为宜。

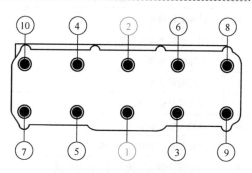

图 1-15　气缸盖螺钉拧紧顺序

图 1-16　曲轴正时同步带轮标记

图 1-17　凸轮轴正时同步带轮标记

注 意

①配气齿轮组件安装完成后，应小心地转动曲轴至少两圈，以防止活塞撞击气门，如有卡阻现象，应检查并重新安装调整。

②装有液力挺杆的发动机，安装凸轮轴后，发动机约在30min之内不得起动，以使液力挺杆的补偿元件进入状态，否则气门将敲击活塞。

③有些汽车发动机没有采用液力挺杆，必须先调整好气门间隙，才能安装和调整配气相位。

5）最后安装发动机气缸罩垫、气缸罩、正时同步带护罩、进排气歧管和空气滤清器等外部零部件。

1.1.3　实训考核与评分

1. 实训考核题目

1）正确拆装发动机机体组件、曲柄连杆机构和配气机构。

2）正确进行发动机机体组件、曲柄连杆机构与配气机构主要零部件的检查。

2. 实训成绩评定（表1-2）

表 1-2　实训考核与成绩评定

序号	考核内容	配分	评分标准
1	拆装工具选用	10	错误每项扣2分
2	配气机构传动组件拆装	15	错误每项扣2分
3	机体组件拆装	10	错误每项扣2分
4	气门组件拆装	15	错误每项扣2分
5	活塞连杆组件拆装	25	错误每项扣2分
6	曲轴飞轮组拆装	20	错误每项扣2分
7	操作规范、有序、不超时	5	操作欠规范或超时每项扣2分
8	遵守安全规范、无人身、设备事故		出现人身、设备事故的，此次实训按0分计算
9	分数统计	100	

第 ② 章

曲柄连杆机构实训

项目 2.1 机体组件结构认识与检测

2.1.1 实训内容、要求与安排（表 2-1）

表 2-1 实训内容、要求与安排

实训内容与要求	主要实训条件	实训安排
1. 学会机体组件的拆装 2. 熟悉机体组件的结构原理 3. 学会机体上平面与气缸盖下平面翘曲的检测 4. 学会气缸磨损量、圆度和圆柱度的检测	1. 汽车发动机 1 台/组，拆装台 1 个/组 2. 解剖的汽车发动机工作原理示教台 1 台（可以运转演示） 3. 汽车拆装工具 1 套/组 4. 机体检测平尺 1 套/组；量缸表 1 套/组 5. 用具盘、洗件盘、毛刷、抹布 1 套/组 6. 多媒体教室及相关的教具、录像片和教学挂图	1. 实训课时：2 学时 2. 组织安排：每 3～5 人/组，老师指导，学生动手

2.1.2 实训方法步骤

1. 发动机机体组件拆装

见本书第 1 章的项目 1.1。

2. 发动机机体组件结构认识

结合《汽车构造与原理 上册》教材第 2 章相关内容学习。

3. 机体上平面与气缸盖下平面翘曲的检测【视频见配套资源项目 2.1】

1）清除发动机机体上平面与气缸盖下平面的所有油泥和污垢。

2）采用标准直尺沿机体上平面或气缸盖下平面边缘（如图 2-1 所示的 *AB*、*AF*、*BG*、*GF*）和过中心交叉放置（如 *AG*、*BF*），用塞尺测量标准直尺与机体上平面之间的间隙。

3）判断。一般乘用车发动机平面度标准值为 0.07mm，使用极限值为 0.1mm（具体数值应查阅相关的维修手册），超过极限

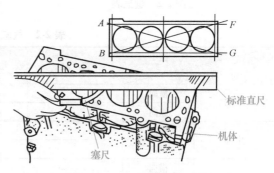

图 2-1 气缸体上平面翘曲度检测

应予以研磨修复或更换。

4. 气缸磨损和变形的检测【视频见配套资源项目2.1】

1）清除发动机气缸里面的积炭和污垢。

2）选取合适量程的量缸表（图2-2）。

3）选择接杆。根据所测量气缸的大小，选择相应量程的接杆插入量缸表的下端。

4）安装百分表。将百分表装入量缸表杆上端的安装孔中（安装后，表针应转动灵活，可用手压缩量缸表的下端测量头）。

5）校对量缸表零位（图2-3）。将外径千分尺调到所量气缸的标准尺寸，然后将量缸表校对到外径千分尺的尺寸（保证量缸表的活动量杆有2mm左右的压缩量），并转动表盘使表针对正零位。

6）测量气缸直径。在气缸中取上（活塞位于上止点时第一道活塞环所对应的位置稍偏下）、中（气缸中部）、下（距气缸下边缘10mm左右）三个断面，在每个断面上沿发动机的圆周方向转动测出气缸的直径，如图2-4所示。将测量值填入表2-2。

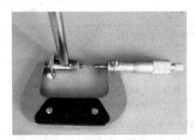

图2-3　量缸表零位校正

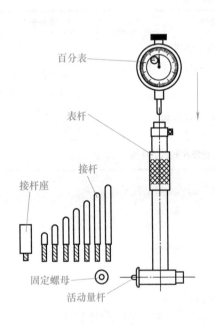

图2-2　量缸表

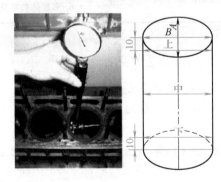

图2-4　测量气缸直径

表2-2　气缸直径测量

气缸 位置		第1缸	第2缸	第3缸	第4缸
上部	横向				
	纵向				
中部	横向				
	纵向				
下部	横向				
	纵向				

> **注　意**
>
> ①使用量缸表时，应一只手拿住隔热套，另一只手托住管子下部靠近本体的地方。
>
> ②量缸表的活动量杆与气缸的轴线应保持垂直。可前后摆动量缸表，指针指示到最小数字时，即表示活动量杆与气缸轴线垂直（图2-5）。
>
> ③若指针顺时针方向离开"0"位，表示气缸直径小于标准尺寸的缸径；若指针逆时针方向离开"0"位。表示气缸直径大于标准尺寸的缸径。

7）气缸磨损量和变形量的计算

①计算气缸的磨损量

　　磨损量＝（实际测量时的最大直径−标准气缸直径）/2

②计算气缸的圆度和圆柱度误差

　　圆度＝（相同断面最大直径−相同断面最小直径）/2

对三个断面所测得的圆度误差进行比较，取其最大值作为该气缸的圆度误差。

　　圆柱度＝（不同断面最大直径−不同断面最小直径）/2

8）判断。一般乘用车发动机气缸圆度标准值为 0.005 ~ 0.01mm，使用极限值为 0.050 ~ 0.063mm；圆柱度标准值为 0.02mm，使用极限值为 0.175 ~ 0.250mm；各缸直径之差不得超过 0.05mm。具体维修数据应根据各车型的维修手册确定。

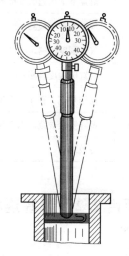

图 2-5　量缸表与气缸垂直

气缸的圆度或圆柱度误差超过标准规定值时，应更换新缸套或送专业修理厂进行镗缸和磨缸，配加大的活塞，如桑塔纳 AJR 型发动机气缸有 3 种加大尺寸（表2-3）。

表 2-3　桑塔纳 AJR 型发动机活塞与气缸配合尺寸

	活塞直径/mm	气缸直径/mm
标准尺寸	80.98	81.01
第 1 次修理尺寸	81.23	81.26
第 2 次修理尺寸	81.48	81.51
第 3 次修理尺寸	81.98	82.01

2.1.3　实训考核与评分

1. 实训考核题目

1）正确检测机体上平面与缸盖下平面翘曲度。

2）正确检测气缸磨损量。

3）正确检测气缸圆度和圆柱度。

2. 实训成绩评定（表2-4）

表2-4 实训考核与成绩评定

序号	考核内容	配分	评分标准
1	仪器设备选用	15	错误每项扣5分
2	检测方法	15	错误每项扣5分
3	机体上平面翘曲度检测	10	错误每项扣5分
4	缸盖下平面翘曲度检测	10	错误每项扣5分
5	气缸磨损量检测	15	错误每项扣5分
6	气缸圆度检测	15	错误每项扣5分
7	气缸圆柱度检测	15	错误每项扣5分
8	操作规范、有序、不超时	5	操作欠规范或超时每项扣2分
9	遵守安全规范、无人身、设备事故		出现人身、设备事故的，此次实训按0分计算
10	分数统计	100	

项目 2.2 活塞连杆组的结构认识与检测

2.2.1 实训内容、要求与安排（表2-5）

表2-5 实训内容、要求与安排

实训内容与要求	主要实训条件	实训安排
1. 学会发动机活塞连杆组的拆装 2. 熟悉活塞连杆组的结构原理 3. 学会活塞环间隙的检测 4. 学会连杆变形的检测	1. 汽车汽油机1台/组，拆装台1个/组 2. 解剖的汽车发动机工作原理示教台1台（可以运转演示） 3. 汽车拆装工具1套/组 4. 塞尺1把/组；连杆校正器1台/组 5. 用具盘、洗件盘、毛刷、抹布1套/组 6. 多媒体教室及相关的教具、录像片和教学挂图	1. 实训课时：2学时 2. 组织安排：每3~5人/组，老师指导，学生动手

2.2.2 实训方法步骤

1. 发动机活塞连杆组的拆装

见本书第1章的项目1.1。

2. 发动机活塞连杆组的结构认识

结合《汽车构造与原理 上册》教材第2章相关内容学习。

3. 活塞环间隙的检测【视频见配套资源项目2.2】

1）清除活塞、活塞环和气缸积炭和污垢。

2）活塞环侧间隙测量。活塞环与活塞环槽之间的间隙称为侧间隙，一般乘用车发动机此间隙值在 0.02~0.05mm，可采用塞尺按如图 2-6 所示方法测量。侧间隙过小时，可在平面细砂纸上研磨活塞环；侧间隙过大时，应更换活塞环或活塞。

3）活塞环开口间隙的检查。活塞环装入气缸后的开口距离称为开口间隙，各道环不一样，一般乘用车发动机第 1 道气环此间隙值在 0.3~0.45mm，第 2 道气环此间隙值在 0.25~0.40mm，油环此间隙值在 0.25~0.50mm。测量时应将活塞环放入气缸（图 2-7），用塞尺测量。开口间隙过小，可用细锉刀修磨；开口间隙过大，应更换活塞环。

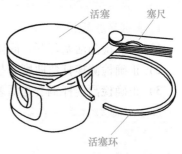

图 2-6　活塞环侧间隙的测量

4. 连杆弯曲和扭曲的检测【视频见配套资源项目 2.2】

该项检测应在连杆校正器上进行（图 2-8）。检验时，首先将连杆大端的轴承盖装好，不装连杆瓦，并按规定的扭力将连杆螺栓拧紧，同时将心轴装入连杆小端衬套孔中。然后将连杆大端套装在连杆校正器支承轴上，通过调整螺钉使支承轴扩张将连杆固定在校验台上。

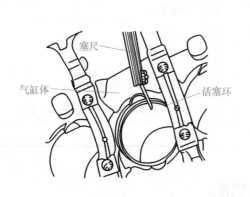

图 2-7　活塞环开口间隙的测量

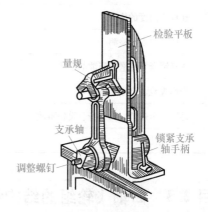

图 2-8　连杆检测

连杆校正器的测量工具是一个有 V 形槽的量规（三点规）。三点规上的三点构成的平面与 V 形槽的对称平面垂直。测量时，将三点规的 V 形槽靠在心轴上并推向检验平板。如三点规的三个点都与校验平板接触，说明连杆不变形。若上测点与平板接触，两个下测点不接触且与平板的间隙一致，或两个下测点与平板接触，而上测点不接触，表明连杆弯曲，可用塞尺测出测点与平板之间的间隙，此间隙值即为连杆在 100mm 长度上的弯曲量。若只有一个下测点与平板接触，另一下测点与平板不接触，且间隙为上测点与平板间隙值的两倍，这时下测点与平板的间隙值即为在连杆 100mm 长度上的扭曲度。

一般要求连杆的弯曲度及扭曲度在 100mm 长度上不大于 0.03mm。若超过，应进行校正。

5. 连杆铜套与活塞销间隙的检查【视频见配套资源项目 2.2】

乘用车发动机连杆铜套与活塞销配合间隙一般是 0.005~0.014mm，可用小型内径千分

尺测量。经验检验方法是用大拇指可将活塞销缓缓
推入连杆铜套内为合适（图2-9）。

2.2.3 实训考核与评分

1. 实训考核题目

1）正确检测活塞环开口间隙和侧间隙。

2）正确检测连杆弯曲度和扭曲度。

3）正确检测连杆铜套与活塞销的间隙。

2. 实训成绩评定（表2-6）

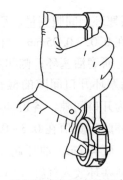

图2-9　连杆铜套与活塞销配合的检查

表2-6　实训考核与成绩评定

序号	考核内容	配分	评分标准
1	仪器设备选用	10	错误每项扣5分
2	检测方法	20	错误每项扣5分
3	活塞环开口间隙的检测	10	错误每项扣5分
4	活塞环侧间隙的检测	10	错误每项扣5分
5	连杆弯曲度的检测	15	错误每项扣5分
6	连杆扭曲度的检测	15	错误每项扣5分
7	连杆铜套与活塞销间隙的检测	15	错误每项扣5分
8	操作规范、有序、不超时	5	操作欠规范或超时每项扣2分
9	遵守安全规范、无人身、设备事故		出现人身、设备事故的，此次实训按0分计算
10	分数统计	100	

项目2.3　曲轴飞轮组的结构认识与检测

2.3.1　实训内容、要求与安排（表2-7）

表2-7　实训内容、要求与安排

实训内容与要求	主要实训条件	实训安排
1. 学会曲轴飞轮组的拆装 2. 熟悉活塞连杆组的结构原理 3. 学会曲轴磨损和变形的检测 4. 学会曲轴安装间隙的检测	1. 汽车汽油机1台/组，拆装台1个/组 2. 解剖的汽车发动机工作原理示教台1台（可以运转演示） 3. 汽车拆装工具1套/组 4. 曲轴检测台（含百分表）1台/组 5. 用具盘、洗件盘、毛刷、抹布1套/组 6. 多媒体教室及相关的教具、录像片和教学挂图	1. 实训课时：2学时 2. 组织安排：每3~5人/组，老师指导，学生动手

2.3.2 实训方法步骤

1. 发动机曲轴飞轮组的拆装

见本书第 1 章的项目 1.1。

2. 发动机曲轴飞轮组的结构认识

结合《汽车构造与原理 上册》教材第 2 章相关内容学习。

3. 曲轴磨损及变形的检测【视频见配套资源项目 2.3】

1）曲轴轴颈磨损量、圆度与圆柱度的检测。采用千分尺（图 2-10）分别测量每道曲轴的主轴颈与连杆轴颈的最大与最小尺寸，即可以计算出曲轴磨损量、圆度与圆柱度。一般要求曲轴圆度与圆柱度不大于 0.025mm，磨损量不大于 0.15mm，超过要求应进行磨修或更换。磨修后的曲轴应配加大的主轴承。

2）曲轴主轴颈径向圆跳动量的测量。如图 2-11 所示，将曲轴支承于支架上，将百分表触于待测量的曲轴轴颈上，转动曲轴，观察百分表跳动的情况，一般乘用车发动机标准值为 0.05mm，使用极限值为 0.1mm。

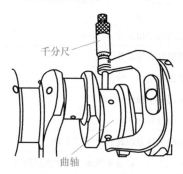

图 2-10 曲轴磨损测量

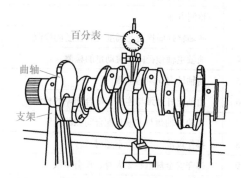

图 2-11 曲轴主轴颈径向圆跳动量的测量

4. 曲轴安装间隙的检测【视频见配套资源项目 2.3】

1）曲轴轴向间隙的测量。如图 2-12 所示，将百分表头触及曲轴一端，轴向推动曲轴，观察百分表摆动情况，一般乘用车发动机此间隙标准值为 0.07~0.23mm，使用极限值为 0.3mm，超过极限值应更换曲轴止推垫片。

2）曲轴连杆轴颈与连杆瓦配合间隙的测量。可采用内径千分尺和外径千分尺分别测量连杆大端（已装配连杆瓦）内径和曲轴连杆轴颈外径，得到曲轴连杆轴颈与连杆互配合间隙，也可以采用塑料间隙塞尺塞入曲轴连杆轴颈与连杆瓦之间进行测量。一般乘用车发动机此间隙标准值为 0.012 ~

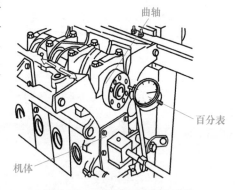

图 2-12 曲轴轴向间隙的测量

0.052mm，使用极限值为 0.12mm，超过极限值应进行磨修曲轴，并配加厚的连杆瓦。

3）曲轴主轴颈与主轴瓦配合间隙的测量。测量方法同上。一般乘用车发动机此间隙标准值为 0.02～0.06mm，使用极限值为 0.15mm，超过极限值应进行磨修曲轴，并配加厚的主轴瓦。

2.3.3 实训考核与评分

1. 实训考核题目

1）正确检测曲轴轴颈磨损量、圆度与圆柱度。

2）正确检测曲轴主轴颈径向圆跳动量。

3）正确检测曲轴轴向间隙。

4）正确检测曲轴连杆轴颈与连杆瓦配合间隙。

5）正确检测曲轴主轴颈与主轴瓦配合间隙。

2. 实训成绩评定（表 2-8）

表 2-8　实训考核与成绩评定

序号	考核内容	配分	评分标准
1	仪器设备选用	10	错误每项扣 5 分
2	检测方法	15	错误每项扣 5 分
3	曲轴轴颈磨损量、圆度与圆柱度的检测	20	错误每项扣 5 分
4	曲轴主轴颈径向圆跳动量的检测	15	错误每项扣 5 分
5	曲轴轴向间隙的检测	15	错误每项扣 5 分
6	曲轴连杆轴颈与连杆瓦配合间隙的检测	10	错误每项扣 5 分
7	曲轴主轴颈与主轴瓦配合间隙的检测	10	错误每项扣 5 分
8	操作规范、有序、不超时	5	操作欠规范或超时每项扣 2 分
9	遵守安全规范、无人身、设备事故		出现人身、设备事故的，此次实训按 0 分计算
10	分数统计	100	

第 ③ 章

发动机换气系统实训

项目 3.1　换气系统的拆装与结构认识

3.1.1　实训内容、要求与安排（表 3-1）

表 3-1　实训内容、要求与安排

实训内容与要求	主要实训条件	实训安排
1. 学会换气系统的基本拆装 2. 学会本田 VTEC 系统的拆装 3. 学会发动机废气涡轮增压器的拆装 4. 熟悉换气系统的结构原理	1. 本田雅阁 F23A3 型发动机 1 台/组 2. 带涡轮增压发动机 1 台/组 3. 汽车拆装工具 1 套/组 4. 用具盘、洗件盘、毛刷、抹布 1 套/组 5. 多媒体教室及相关的教具、录像片和教学挂图	1. 实训课时：2 学时 2. 实训组织：每组 3~5 位学生，老师指导，学生动手

3.1.2　实训方法步骤

1. 换气系统拆装

（1）换气系统的基本拆装　见本书第 1 章的项目 1.1 相关内容和配套资源。

（2）本田 VTEC 系统的拆装【视频见配套资源项目 3.1】

1）拆卸火花塞高压线和气缸盖外接气管。

2）拆卸气缸盖罩紧固螺钉，取下气缸盖罩，观察摇臂机构。

3）拆卸正时齿轮盖，取下正时同步带。

4）拆卸摇臂机构。

5）拆卸 VTEC 电磁阀固定螺钉，分解 VTEC 电磁阀。

6）按照拆卸相反顺序安装 VTEC 系统。

（3）发动机废气涡轮增压器的拆装（图 3-1）【视频见配套资源项目 3.1】

1）拆卸前先做好压气机壳与涡轮壳之间、涡轮壳与轴承体之间相互对应位置的标记。

2）松开压气机壳压板螺钉，并拆下壳体，拆卸时允许用木槌、铜棒均匀敲打壳体四周，拆下壳体后检查压气机叶轮是否损坏。

3）在涡轮转轴顶端与压气机叶轮、轴端螺母之间做好相对应位置标记。在清洗时不得擦掉标记，以免装配时标记不清，破坏动平衡。

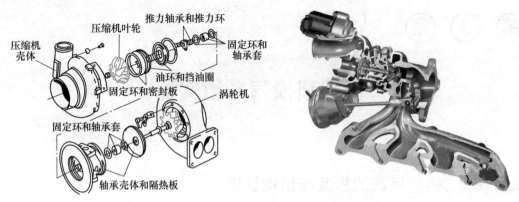

图 3-1　废气涡轮增压器的拆装

4）松开涡轮壳压板螺栓，拆下涡轮壳（允许用铜棒敲打壳体四周），拆开后，检查壳体表面有无裂纹，涡轮叶片是否损坏。

5）用扳手夹紧涡轮端头部后，再用另一支扳手松开轴端螺母。

6）手握叶轮并左右扭动向上提取，取下压气机叶轮（不允许用螺钉旋具从叶轮背部撬起）。

7）用木槌轻轻敲打压气机轴端，取出涡轮转轴，拆卸后检查轴颈有无烧蚀与磨损状况，以及密封环在环槽内的相互位置（正确位置是两环开口错位180°）。

8）组装时按拆卸相反顺序进行。

> ⭐ **注　意**
>
> 组装时仔细清洗油污，清除积炭和零部件上的毛刺；对准拆卸时所做的复原装配标记，装配复原；两个密封环开口应错开180°；装配后各运动件应转动灵活，不允许有丝毫卡滞，装配间隙应符合规定要求。

2. 换气系统的结构认识（结合《汽车构造与原理上册》教材第3章相关内容学习）。

3.1.3　实训考核与评分

1. 实训考核题目

1）正确进行本田 VTEC 系统的拆装。

2）正确进行发动机废气涡轮增压器的拆装。

2. 实训成绩评定（表3-2）

表 3-2　实训考核与成绩评定

序号	考核内容	配分	评分标准
1	工具选用	10	错误每项扣2分
2	工具使用方法	10	错误每项扣2分
3	本田 VTEC 系统的拆装	40	错误每项扣5分
4	废气涡轮增压器的拆装	35	错误每项扣5分

（续）

序号	考核内容	配分	评分标准
5	操作规范、有序、不超时	5	操作欠规范或超时每项扣 2 分
6	遵守安全规范、无人身、设备事故		出现人身、设备事故的，此次实训按 0 分计算
7	分数统计	100	

项目 3.2　气门间隙和配气相位的检查调整

3.2.1　实训内容、要求与安排（表 3-3）

表 3-3　实训内容、要求与安排

实训内容与要求	主要实训条件	实训安排
1. 学会气门间隙的检查与调整 2. 学会配气相位的检查与调整	1. 汽车发动机 1 台/组 2. 汽车常用拆装工具 1 套/组 3. 百分表 1 个/组，塞尺 1 把/组 4. 用具盘、洗件盘、毛刷、抹布 1 套/组 5. 多媒体教室及相关的教具、录像片和教学挂图	1. 实训课时：2 学时 2. 实训组织：每组 3~5 位学生，老师指导，学生动手

3.2.2　实训方法步骤

1. 气门间隙的检查与调整【视频见配套资源项目 3.2】

一般在冷态时，发动机进气门的间隙值为 0.25~0.3mm，发动机排气门的间隙为 0.30~0.35mm（具体车型以维修手册为准）。

气门间隙的调整可采用单缸调法，也可以采用二次调法，但都必须在气门完全关闭的状态下进行。

调整时首先旋松气门间隙调整螺钉（图 3-2），用一定厚度的塞尺插入气门杆尾端与摇臂之间，来回拉动塞尺，以感到轻微阻力为宜，再将螺母紧固。最后进行复查，如果气门间隙不符，须重新进行调整。

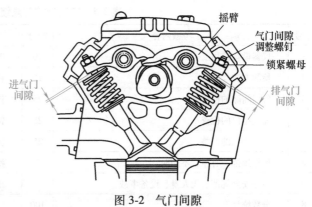

图 3-2　气门间隙

2. 配气相位的检查与调整【视频见配套资源项目 3.2】

配气相位检测调整一般步骤如下：

1）在曲轴前端装上有刻线的分度盘，在发动机前盖板上安装一根可调节的指针（图 3-3）。

2）找出第一缸压缩上止点（可以通过飞轮上的上止点标记等方法找出第一缸压缩上止点）。

3）调整发动机前盖板上的指针，使其对准分度盘上的"0"度线并将它固定。

4）在气缸盖上安装一只百分表，使百分表的测头与第一缸进气门的弹簧上座垂直接触，并使百分表有一定的预压缩量。

5）按曲轴的旋转方向摇转曲轴，当百分表指针开始摆动的瞬时，即表示进气门开启，这时分度盘上被指针所指的刻线到"0"线的夹角即为进气提前角。

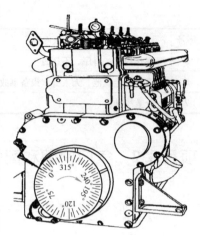

图 3-3　配气相位的检查

6）如果百分表的量程足够大，可继续摇转曲轴，当百分表指针摆动到某一最大值（即气门升程）后再回到原位时，表示气门关闭，这时分度盘上被指针所指的角度与180°的差值即为进气迟闭角。从气门开启到气门关闭，曲轴所转过的角度即为进气持续角。

配气相位不符合要求值，应分析原因，酌情重新安装、调整或更换零部件。

3.2.3　实训考核与评分

1. 实训考核题目

1）正确进行气门间隙的检查与调整。

2）正确进行配气相位检查的检查与调整。

2. 实训成绩评定（表 3-4）

表 3-4　实训考核与成绩评定

序号	考核内容	配分	评分标准
1	仪器设备选用	10	错误每项扣 2 分
2	检测方法	10	错误每项扣 2 分
3	气门间隙的检查	25	错误每项扣 5 分
4	配气相位的检查	25	错误每项扣 5 分
5	配气相位的调整	25	错误每项扣 5 分
6	操作规范、有序、不超时	5	操作欠规范或超时每项扣 2 分
7	遵守安全规范、无人身、设备事故		出现人身、设备事故的，此次实训按 0 分计算
8	分数统计	100	

汽油机的燃料供给系统实训

项目 4.1 汽油机燃油系统结构认识与总体拆装

4.1.1 实训内容、要求与安排（表4-1）

表4-1 实训内容、要求与安排

实训内容与要求	主要实训条件	实训安排
1. 熟悉汽油机燃油系统的结构和原理 2. 掌握电控汽油机燃油系统的总体拆装 3. 掌握燃油箱、燃油滤清器的正确拆装 4. 掌握燃油压力调节器的正确拆装	1. 电喷汽油汽车发动机 1 台/组 2. 解剖的汽车发动机工作原理示教台 1 台（可以运转演示） 3. 汽车拆装工具 1 套/组 4. 用具盘、洗件盘、毛刷、抹布 1 套/组 5. 多媒体教室及相关的教具、录像片和教学挂图	1. 实训课时：2 学时 2. 组织安排：每 3~5 人/组，老师指导，学生动手

4.1.2 实训方法步骤【视频见配套资源项目4.1】

1. 汽油机燃油系统总体组成认识

结合《汽车构造与原理 上册》教材第 4 章相关内容学习，电控汽油机燃油供给系统的基本组成如图 4-1 所示。

2. 电控汽油机燃油系统的总体拆装

以上海桑塔纳 2000GSi 型汽车发动机的电控燃油供给系统为例（图 4-2），其拆装步骤如下：

1）拆下蓄电池搭铁线，放出燃油箱中的汽油。

2）放掉发动机的冷却液，并将冷却液存放在适当的容器中，以备再用。

3）释放燃油系统的压力。

4）拆下怠速调节器组件 1，并进行分解。

5）拆下燃油分配管组件 39，并进行分解。

6）拆下节气门组件 30，并进行分解。

图4-1　桑塔纳2000GSi型汽车发动机燃油供给系统

1—活性炭罐　2—活性炭罐电磁阀　3—燃油压力调节器　4—燃油分配管　5—喷油器　6—燃油滤清器
7—燃油箱　8—电动燃油泵　9—加燃油口　10—回油管　11—供油管　12—燃油箱油气排放管

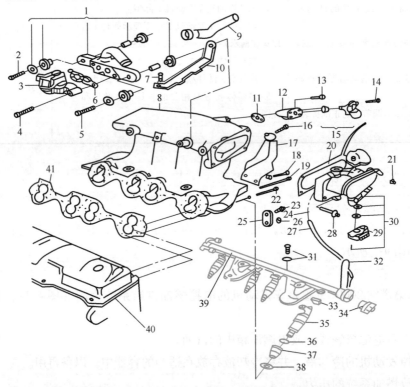

图4-2　桑塔纳2000GSi型汽车发动机燃油供给系统分解图

1—怠速调节器组件　2、4、5、7、13、14、16、18、19、21、22、23、28、31—螺栓　3—怠速调节器
6—怠速调节器密封垫　8—进气歧管　9—软管　10—支架　11—法兰垫片　12—法兰
15—进气温度传感器　17—隔热板　20—节气门垫　24、27—真空管　25—进排气管支架　26、38—垫圈
29—节气门传感器　30—节气门组件　32—夹紧器　33—喷油器夹紧器　34—燃油压力调节器　35—喷油器
36、38—O形圈　37—喷油器插入件　39—燃油分配管组件　40—气缸盖　41—进气管垫

①为了安全起见，进行燃油供给系统的拆装前，应先拆下蓄电池搭铁线。

②燃油供给系统有一定的压力，在打开系统之前先在开口处放置抹布，然后小心地松开插头以释放压力。

③将拆下的零件放置在干净的地方并覆盖，不要使用带纤维的布。

④安装时一定要更换新的O形密封圈。

3. 燃油箱的拆装

如图4-3所示是桑塔纳2000GSi汽车燃油箱及其附件的分解图，其拆装步骤如下：

1）在点火开关断开的情况下，拔下蓄电池的搭铁线。

2）使用专用设备抽取燃油箱内的燃油，使燃油箱内燃油的容量不能超过它的2/3。

3）旋下位于行李箱内地毯下的燃油箱密封凸缘7。

4）拔下导线插头，如图4-4所示。

5）打开加油口盖板，撬出环绕在加油口颈部的橡胶件系统的夹环。

6）将橡胶件推入。

7）旋下在车底部的加油颈口固定螺栓。

8）拔下位于车辆底部的进油管、回油管和通气管，如图4-5所示。

9）将托架放置在燃油箱下。

10）松开燃油箱夹带（图4-6），放下燃油箱。

11）按拆卸的相反顺序装配燃油箱。

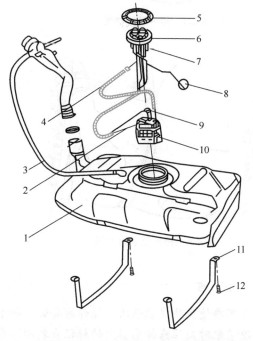

图4-3 桑塔纳2000GSi汽车燃油箱及其附件的分解图

1—燃油箱 2—燃油泵导线 3—加注燃油透气管

4—进油管（接到燃油分配器） 5—塑料紧固螺母

6—透气管（连接到活性炭罐） 7—密封凸缘

8—浮子（用于燃油表传感器）

9—回油管（来自燃油分配器）

10—燃油泵总成 11—燃油箱夹带 12—夹带螺栓

4. 燃油表传感器的拆装（图4-7）

1）拆下燃油箱盖板（在行李箱地毯下）。

2）拔出吸油管、回油管和通气管。

3）拆卸燃油表导线插头。

4）旋开环形大螺母，取下燃油表传感器。

5）按拆卸相反顺序进行安装。

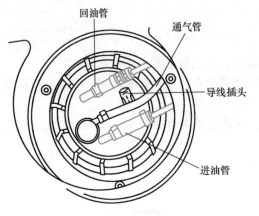

图 4-4　拔下导线插头

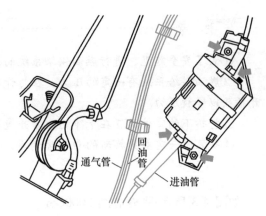

图 4-5　拔下进、回油管和通气管

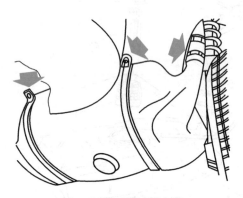

图 4-6　松开燃油箱夹带

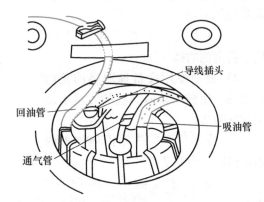

图 4-7　燃油表传感器的拆装

　注　意

①不要使皮肤接触燃油，操作时要带防护手套。

②装配时应注意传感器上的标记应朝向汽车行驶方向。

5. 燃油滤清器的拆装

现代乘用车上一般使用不可拆式燃油滤清器（图 4-8），桑塔纳 2000GSi 汽车燃油滤清器更换的步骤如下：

1）松开车辆底部燃油滤清器托架紧固螺栓，取下燃油滤清器托架。

2）松开夹箍，拔下燃油滤清器的油管。

3）取下燃油滤清器。

4）安装上新的燃油滤清器。

　注　意

①在拔下燃油滤清器的油管时，应注意使用一块抹布，防止剩余的燃油滴落。

②在安装新的燃油滤清器时，应注意燃油滤清器上箭头应该指向燃油的流动方向。

③更换燃油滤清器后一般应更换新的 O 形密封圈。

6. 燃油压力调节器的拆装

以桑塔纳 2000GSi 汽车燃油压力调节器为例，其拆装步骤如下（图 4-9）：

1）按要求拆下节气门体。

2）卸下燃油分配管 1 上的发动机线束固定螺栓，把线束与燃油分配管脱开。

3）拔下四个喷油器 2 的导线插接器。

4）拆下燃油压力调节器 3 上的真空软管和燃油回流软管。

5）卸下燃油分配管固定螺栓，并拆下燃油分配管。

6）卸下燃油压力调节器的卡簧 6，然后拆下调节器，并从调节器上拆下 O 形圈。

7）按拆卸的相反顺序进行燃油压力调节器的安装。

图 4-8　不可拆式燃油滤清器

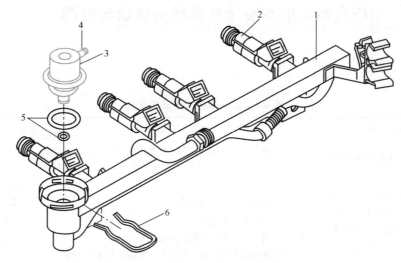

图 4-9　燃油压力调节器的拆装
1—燃油分配管　2—喷油器　3—燃油压力调节器
4—与进气歧管相连　5—O 形圈　6—卡簧

注　意

①在安装时，要在新 O 形圈上涂一层机油。

②应对所有拆卸零件进行清洗，避免污染燃油。

4.1.3　实训考核与评分

1. 实训考核题目

1）在汽车上正确进行燃油系统总体拆装。

2）正确拆装燃油箱、燃油表传感器和燃油滤清器。

3）正确拆装电喷发动机燃油压力调节器。

2. 实训成绩评定（表4-2）

表4-2 实训考核与成绩评定

序号	考核内容	配分	评分标准
1	正确使用工具、设备	10	工具或设备使用错误每次扣2分
2	燃油系统的总体拆装	20	拆装错误每项扣2分
3	燃油箱的拆装	20	拆装错误每项扣2分
4	燃油滤清器的拆装	20	拆装错误每项扣2分
5	燃油压力调节器的拆装	20	拆装错误每项扣2分
6	操作规范、有序、不超时	10	操作欠规范或超时每项扣2分
7	遵守安全规范，无人身、设备事故		出现人身、设备事故的，此次实训按0分计算
8	分数统计	100	

项目4.2 电控汽油喷射系统传感器结构认识与检测

4.2.1 实训内容、要求与安排（表4-3）

表4-3 实训内容、要求与安排

实训内容与要求	主要实训条件	实训安排
1. 熟悉传感器的基本结构原理 2. 学会空气流量计、进气温度传感器、冷却液温度传感器、节气门位置传感器、氧传感器和霍尔传感器的基本检测	1. 桑塔纳2000GSi型汽车AJR型发动机1台/组 2. 解剖的汽车发动机工作原理示教台1台（可以运转演示） 3. 数字万用表1个，探针若干 4. 汽车拆装工具1套/组 5. 用具盘、洗件盘、毛刷、抹布1套/组 6. 多媒体教室1间，相关的教具、录像片和教学挂图	1. 实训课时：2学时 2. 组织安排：每3～5人/组，老师指导，学生动手

4.2.2 实训方法步骤【视频见配套资源项目4.2】

1. 空气流量计的结构认知与检测

桑塔纳2000GSi空气流量计的结构认知与检测如下。

桑塔纳2000GSi空气流量计采用热膜式流量计，其结构如图4-10所示，流量计各接线端子与ECU的连接如图4-11所示，端子2接12V电源、端子4的参考电压为5V、端子5和3分别为空气流量信号端与接地端。

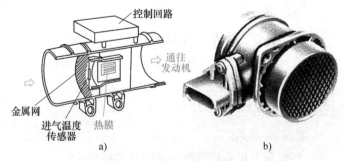

图4-10 桑塔纳2000GSi热膜式空气流量计
a）结构图 b）外观图

空气流量计的检测过程如下：

1）点火开关在 ON 位时，用万用电表测量端子 2 的电压，此电压应为 12V，否则应检查电源电路及附加熔丝 S。

2）点火开关在 ON 位时，用万用电表测量端子 4 与搭铁之间的电压应为 5V，否则应检查 ECU 提供参考电压的端子电位及其控制回路。

3）点火开关在 ON 位时，用万用电表测量端子 5 和端子 3 之间的输出电压，此电压应为 0~5V，可用压缩空气向管内吹气测量：不吹气时端子 5 和 3 之间的电压为 0.8~1V；吹气时应随着吹气口距离的变化，其输出电压也应变化，否则就应更换热膜式空气流量计。

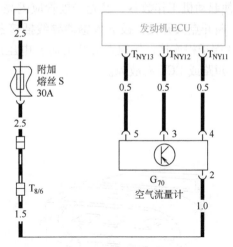

图 4-11　桑塔纳 2000GSi 热膜式空气流量计各接线端子与 ECU 的连接

注　意

①为了避免损坏电子元件，要注意万用表量程必须符合测量条件。

②不要在点火开关 ON 位置，拔掉空气流量计的接线插头，以免烧坏电子元件。

③不同车型上空气流量计的功能和参数标准有差异，检测时应参照维修手册指示的方法进行。

④不要用测试灯去测试任何和 ECU 相连的电气装置，防止 ECU 或传感器受损；除非另有说明，一般应使用高阻抗数字测试表。

2. 曲轴位置传感器的结构认知与检测

以桑塔纳 2000GSi 型汽车 AJR 型发动机的电磁感应式转速传感器为例，它安装在气缸体左侧、发动机后端靠近飞轮处（图 4-12）。

检测发动机转速传感器的好坏的方法是：在点火开关 OFF 位时，拔下转速传感器的导线插头（灰色），用万用电表测量插座端子 2 与 3 之间的电阻（图 4-13），电阻值应为 480~1000Ω。如果电阻值不符合要求，则说明转速传感器已损坏，应进行更换。

3. 凸轮轴位置传感器的结构认知与检测

如图 4-14 所示为桑塔纳 2000GSi 凸轮轴位置传感器，它安装在发动机进气凸轮的一端，主要由霍尔传感器和信号转子组成。传感器与 ECU 连接如图 4-15、图 4-16 所示，检测方法和步骤如下：

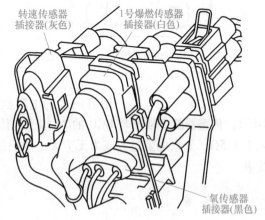

图 4-12　发动机转速传感器的安装位置

（1）检测传感器电源电压、信号电压　用发光二极管从传感器插头背面连接端子 1 和

2，使起动机工作数秒，发光二极管应闪亮（发动机每2转闪一次）。如果发光二极管不闪亮，断开点火开关，拔下传感器导线插接器插头，用万用电表的正、负表笔分别与插接器1、3端子相连接，接通点火开关时，电压应为4.5V以上。如果电压为零，说明线束存在断、短路或ECU有故障。

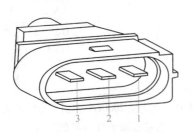

图4-13　发动机转速传感器插座

1~3—插接器端子

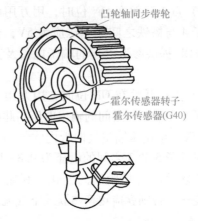

图4-14　桑塔纳2000GSi凸轮轴位置传感器

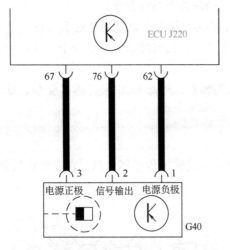

图4-15　凸轮轴位置传感器与ECU的连接

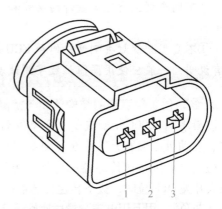

图4-16　凸轮轴位置传感器接线端子

1~3—插接器端子

（2）检测导线电阻　用万用表的电阻档检测传感器的1端子与ECU的62端子（图4-15），传感器的2端子与ECU的76端子，传感器的3端子与ECU的67端子的电阻值应不大于1.5Ω。如果电阻过大或为无穷大，说明线束接触不良或导线断路，应进行维修或更换线束。

注　意

　　没有霍尔传感器给发动机电子控制单元提供信号，发动机仍能运转或起动，只是点火或喷射的精度稍微变差。

4. 氧传感器的结构认知与检测

桑塔纳2000GSi汽车氧传感器安装在排气总管上，如图4-17所示。检测步骤如下：

（1）测量氧传感器加热装置 在室温状态下，用万用表测量氧传感器插座端子1和4之间的电阻（图4-18a），电阻值应为1~5Ω（电阻随温度升高而升高）。

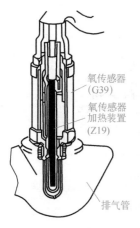

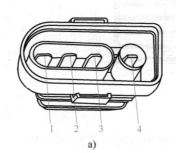

图4-17 氧传感器

图4-18 氧传感器插接器
a）插座 b）插头
1~4—插接器端子

用发光二极管连接插座端子1和发动机搭铁点，起动发动机时，发光二极管应亮。如果发光二极管不亮，检查熔丝或端子的电路是否有故障，如无故障，则应检查燃油泵继电器。

（2）测量氧传感器信号（输出）电压 氧传感器发送给发动机ECU的是一种波动的电压信号，可用万用表测量氧传感器插座端子3和4之间的电压得到。当混合气较浓时，电压在0.7~1.0V间波动，当混合气较稀时，电压在0.1~0.3V间波动。

注 意

①氧传感器的信号反馈电压应在0.45V上下不断变化，10秒内反馈电压的变化次数应不少于8次。

②使用氧传感器的车辆不要使用含铅汽油。

（3）测量氧传感器供电电压 接通点火开关时，用万用表测量氧传感器插头端子1和2之间的电压（图4-18b），电压值约为12V（接近蓄电池电压），如无电压，则检查熔丝及电路。

（4）氧传感器的拆卸检查 从排气管上拆下氧传感器，检查氧传感器外壳上的通气孔有无堵塞，陶瓷心有无破损，如有损坏，应更换氧传感器。

（5）检查氧传感器的颜色

①淡灰色顶尖，这是氧传感器的正常颜色。

②白色顶尖，由硅污染造成的，此时必须更换氧传感器。

③棕色顶尖，由铅污染所致，此时必须更换氧传感器，并换用无铅汽油。

④黑色顶尖，由积炭造成，在排除发动机积炭故障后，一般可以自动清除氧传感器上的

积炭。

5. 节气门位置传感器的结构认知与检测

节气门位置传感器安装在节流阀体上，线性输出型节气门位置传感器的结构与工作原理如图4-19所示。

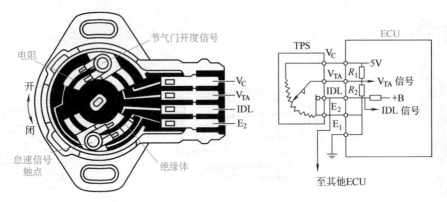

图4-19　线性输出型节气门位置传感器的结构与工作原理

节气门位置传感器的检测步骤如下：

（1）怠速触点导通性的检测　点火开关置于OFF位，用万用表的电阻档检测IDL与E_2之间的电阻，在节气门全闭时，应小于2.3kΩ；在节气门全开时，应为无穷大。

（2）线性电位计电阻的检测　用万用表的电阻档检测端子V_{TA}与端子E_2之间、端子V_C与端子E_2之间的电阻。在节气门全闭时，端子V_{TA}与端子E_2之间的电阻值为0.21～0.36kΩ；在节气门全开时为4.8～6.3kΩ；端子V_C与端子E_2之间的电阻在任意状态下均为3.1～7.2kΩ。

（3）线束导通性的检测　用万用表的电阻档测量节气门位置传感器各端子与各ECU连接端子V_C-V_C、V_{TA}-V_{TA}、IDL-IDL、E_2-E_2之间的电阻值，应小于0.5Ω，否则应更换线束。

（4）基准电压的检测　用万用表测量节气门位置传感器端子V_C和端子E_2在点火开关ON或发动机起动过程中的电压，应为4.0～5.5V。否则，应检查发动机ECU提供5V的基准电压电路。

（5）怠速触点电压的检测　点火开关置于OFF位，插上节气门传感器插头，点火开关置于ON位，节气门全开时，测量端子IDL和端子E_2间的电压值，应为9～14V；节气门全闭时测量端子IDL和端子E_2间的电压值，应为0～0.3V。否则应更换节气门位置传感器。

（6）信号输出电压的检测　点火开关置于OFF位，插上节气门传感器插头，点火开关置于ON位，节气门全开时测量端子V_{TA}与端子E_2之间的电压值，应为3.2～4.9V；节气门全闭时测量端子V_{TA}与端子E_2之间的电压值，应为0.3～0.8V。否则应更换节气门位置传感器。

4.2.3　实训考核与评分

1. 实训考核题目

1）正确拆装发动机电控汽油喷射系统的各种传感器。

2）正确检测乘用车发动机电控汽油喷射系统的各传感器。

2. 实训成绩评定（表4-4）

表4-4　实训考核与成绩评定

序号	考核内容	配分	评分标准
1	正确使用工具、设备	10	工具或设备使用错误每次扣2分
2	空气流量计的结构认知与检测	15	检测错误每项扣2分
3	发动机转速传感器的结构认知与检测	15	检测错误每项扣2分
4	霍尔传感器的结构认知与检测	20	检测错误每项扣2分
5	氧传感器的结构认知与检测	10	检测错误每项扣2分
6	节气门位置传感器的结构认知与检测	20	检测与调整错误每项扣5分
7	操作规范、有序、不超时	10	操作欠规范或超时每项扣2分
8	遵守安全规范，无人身、设备事故		出现人身、设备事故的，此次实训按0分计算
9	分数统计	100	

项目4.3　电控汽油喷射系统执行器结构认识与检测

4.3.1　实训内容、要求与安排（表4-5）

表4-5　实训内容、要求与安排

实训内容与要求	主要实训条件	实训安排
1. 熟悉执行器的基本结构原理 2. 学会正确拆装电磁喷油器、电动燃油泵、怠速控制阀等执行器 3. 学会正确检测电动燃油泵、电磁喷油器、怠速控制阀等执行器	1. 桑塔纳2000GSi型汽车AJR型发动机1台/组 2. 解剖的汽车发动机工作原理示教台1台（可以运转演示） 3. 数字万用表1个，探针若干 4. 汽车拆装工具1套/组 5. 用具盘、洗件盘、毛刷、抹布1套/组 6. 多媒体教室及相关的教具、录像片和教学挂图	1. 实训课时：4学时 2. 组织安排：每3～5人/组，老师指导，学生动手

4.3.2　实训方法步骤【视频见配套资源项目4.3】

1. 电动燃油泵的拆装与检测

（1）电动燃油泵的拆装　以桑塔纳2000GSi汽车电动燃油泵（图4-20）的拆装为例，其拆装步骤如下：

1）在点火开关切断的情况下，拔下蓄电池搭铁线。

2）拆下位于行李箱内地毯下的燃油箱密封凸缘的盖板。

3）从密封凸缘上拔下进油管、回油管和通气管（图4-21），再拔下3个端子的导线插头。

4）用专用工具旋下大螺母，如图4-22所示。

5）从燃油箱开口处拉出密封凸缘和橡胶密封件。

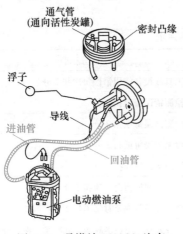

图4-20　桑塔纳2000GSi汽车
电动燃油泵及其附件

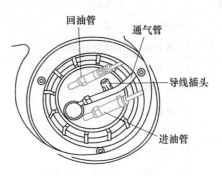

图4-21　拔下导线插头

6）拔下密封凸缘内的燃油表导线插头。

7）将专用工具插入到燃油箱内燃油泵壳体的3个拆装缺口内，旋松燃油泵，如图4-23所示。

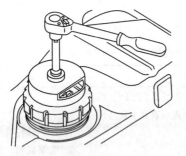

图4-22　用专用工具旋下大螺母

图4-23　拆卸燃油泵

8）从燃油箱中拉出燃油泵。

9）按相反的顺序安装电动燃油泵。

 注　意

①在拆卸前应对连接部位及其周围彻底清洗。

②拆卸时一般应戴上防油手套，避免皮肤与燃油接触。

③密封凸缘上的箭头必须对准燃油箱上的箭头，如图4-24所示。

（2）电动燃油泵的检测

1）电动燃油泵工作状态的检查。将电动燃油泵与蓄电池相连（正负极不能接错），并使电动燃油泵尽量远离蓄电池，每次接通不超过10s（时间过长会烧坏电动燃油泵电动机的线圈）。如果电动燃油泵不转动，则应更换电动燃油泵。

2）电动燃油泵电枢绕组的电阻与电流的检查。用万用表检查电枢绕组的电阻，不同型号的燃油泵电阻值不同，一般在十几欧姆左右。如果经过测量发现电阻过大或过小，说明燃

油泵电枢绕组存在断路、短路或电刷接触不良的故障。

拆下燃油泵电源线，串接电流表，起动发动机，观察电流表的读数，应不大于 7A。如果读数过大，说明燃油泵的电动机存在短路、阻塞、卡滞等现象，这时会使供油压力不足。

3）电动燃油泵燃油压力的检测。

①测量正常情况下的供油压力（图 4-25）。接上油压表，测量发动机怠速时的供油压力，单点喷射系统的供油压力在 69~117kPa 之间，多点喷射系统油压在 242~380kPa 之间，详细的数据应查阅原厂维修手册。

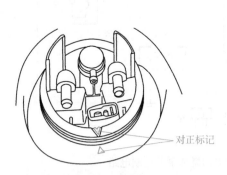

图 4-24　密封凸缘与燃油箱的对正标记

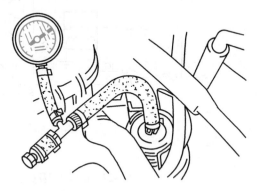

图 4-25　电动燃油泵供油压力的测量

②发动机运转时燃油压力及密封性的检查。如图 4-26 所示，起动发动机，让发动机怠速运转，测量此时的燃油压力，怠速时的燃油压力应为 196~235kPa。缓慢开大节气门，测量在节气门接近全开时的燃油压力，此时压力表的读数应为 265~304kPa。

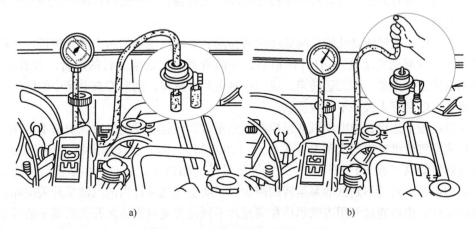

a)　　　　　　　　　　　　　　b)

图 4-26　发动机运转时燃油压力的检查

a）测量怠速及节气门全开时的燃油压力　b）测量拔下压力调节器真空软管后的燃油压力

拔下燃油压力调节器上的真空软管，并用手堵住，让发动机怠速运转，测量此时的燃油压力，应为 265~304kPa，该压力和节气门全开时的燃油压力基本相等。

起动发动机，观察并记录燃油压力，使发动机停机。观察压力表指示，在 5min 之内，燃油压力应保持在 147kPa 以上，否则燃油泵单向阀损坏。

（3）电动燃油泵控制电路的检测

1）油泵开关控制式系统电路的检测。

①系统电路图（图4-27）

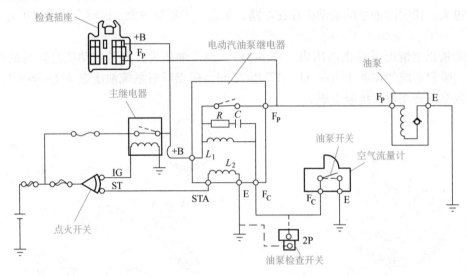

图4-27　博世L型汽油喷射系统的电动燃油泵的控制电路

②检查步骤。

第1步：卸除燃油管路内的油压，拆下分配油管上的进油管接头，将油管插入容器内。

第2步：将点火开关转至起动档，在起动发动机的同时应有汽油从进油管内喷出；若无油喷出，说明电路有故障，就应进一步检查熔丝、继电器、空气流量计内的汽油泵开关、点火开关和电路；

第3步：用一根导线将故障检测插座内需检测的电动汽油泵的两个插孔短接，然后打开点火开关（不要起动发动机），打开油箱盖，并倾听有无汽油泵运转的声音。若有运转声，说明控制电路工作正常；若无运转声，说明控制电路有故障，则应检查电路中的熔丝、继电器有无损坏，电路有无接触不良或折断。

第4步：若上述检查中电动汽油泵控制电路正常，但起动发动机时汽油泵不工作，则应检查叶片式空气流量计内的汽油泵开关触点（图4-28）。拆下空气滤清器，打开点火开关，用手指或螺钉旋具（起子）推动叶片式空气流量计的测量片，此时，在油箱口应能听到汽油泵运转的声音；若听不到汽油泵运转的声音，说明空气流量计内的汽油泵开关损坏，应更换空气流量计；也可通过万用表欧姆档在测量片不同位置测量汽油泵开关两端子的导通性进行判断。

2）ECU控制式系统电路的检测。

①系统电路如图4-29所示。

②检查方法、检查步骤如下：

第1步：打开油箱盖，将点火开关置于"ON"位置（但不要起动发动机），在油箱口处倾听有无电动汽油泵运转的声音。如果在打开点火开关后，能听到电动汽油泵运转3～5s后又停止，说明控制系统各部分工作正常。

第2步：若打开点火开关后听不到电动汽油泵运转的声音，可用一根短导线将故障检测

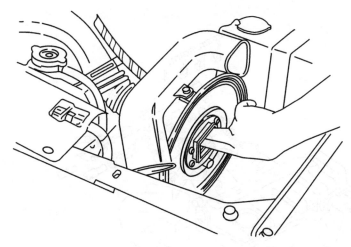

图 4-28　叶片式空气流量计内的汽油泵开关检查

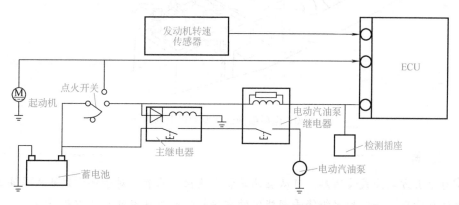

图 4-29　ECU 控制的电动燃油泵控制电路

插座内两个检测电动汽油泵的插孔（如丰田汽车故障检测插座内的 FP 和+B 两插孔）短接。此时，打开点火开关，如果能听到电动汽油泵运转的声音，说明 ECU 外部的电动汽油泵控制电路工作正常，故障在 ECU 内部，应更换 ECU；若仍听不到电动汽油泵运转的声音，则为 ECU 外部的控制电路故障，应检查熔丝、继电器有无损坏，各电路有无断路或接触不良。

2. 电磁喷油器的拆装与检测

（1）电磁喷油器的拆卸　以桑塔纳 2000GSi 汽车 AJR 发动机的电磁喷油器为例，拆卸过程如下（图 4-30）

1）释放燃油系统油压。

2）拆下蓄电池负极搭铁线。

3）拔下各缸喷油器线束插头。

4）拔下连接在燃油总管上的进油管和回油管。

5）拔去燃油压力调节器上的真空软管，拆下燃油压力调节器。

6）拧下燃油总管的固定螺栓，将燃油总管和喷油器一同拆下。

7）从燃油总管取下 4 个喷油器并从喷油器上拆下 O 形密封环及密封胶圈。

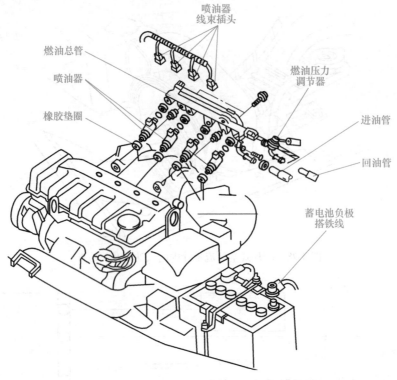

图 4-30　电磁喷油器在发动机上的拆卸

> **注　意**
>
> ①对于上方供油式喷油器，可从燃油总管中拔出喷油器；对于侧方供油式喷油器，在拆下燃油总管后，一般按照维修手册指定的方法将喷油器从燃油总管中拆下。
>
> ②有些车型在拆卸喷油器时，应先拆除发动机上方影响喷油器拆卸的油管零件，如进气管、节气门体等，才能按上述步骤拆卸喷油器。

（2）电磁喷油器的检测　当喷油器发生阻塞、发卡、滴漏时，ECU 不能检测到，必须人工检查和排除。当喷油器控制电路开路或短路时，ECU 能检测到，可以使用专用仪器进行检测。桑塔纳 2000GSi 发动机电磁喷油器检查步骤如下：

1）发动机运转时，用手指接触喷油器，应可察觉到喷油的脉动。

2）检查喷油器电阻值，应符合表 4-6 中规定的标准。

表 4-6　桑塔纳 2000GSi 燃油供给系统的技术参数

急速转速（不能调整）		$(800 \pm 30)\,\text{r/min}$
断油（最高）转速		$6400\,\text{r/min}$
急速时燃油供给系统的压力	不取下油压调节器真空管	$(250 \pm 20)\,\text{kPa}$
	取下油压调节器真空管	$(300 \pm 20)\,\text{kPa}$
熄火 10min 后燃油供给系统的压力		不小于 150kPa
喷油器电阻值（30s 喷油量 78~85mL）	室温时电阻	$13 \sim 18\Omega$
	发动机工作温度时电阻会增加 4~6Ω	

3）喷油器拆下后，通 12V 电压时，可听到接通和断开的声音。此项试验，通电时间应不大于 4s，再次试验应间隔 30s，以防喷油器发热损坏。

4）打开点火开关，用万用表测量喷油器供电电压，即插头端子 1 与搭铁点之间的电压应等于蓄电池电压，如图 4-31 所示。如果电压值符合要求，则应检查插头端子 1 到附加熔丝 S 之间的电路有无断路或接触不良。

5）喷油器的测试（图 4-32）。用专用连接线依次连接各喷油器和蓄电池，使喷油器喷油。用量杯测量一定时间内的喷油量。不同车型的喷油量各不相同，一般为 50～60mL/15s。每个喷油器应测试 2～3 次。如喷油量不符合标准值，应清洗或更换喷油器。同一台发动机各缸喷油器的喷油量之差应小于 10%，否则应清洗或更换喷油器。

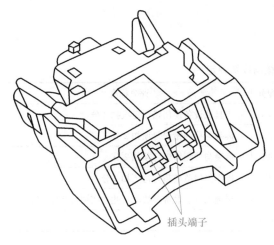

图 4-31　电磁喷油器在发动机上的拆卸

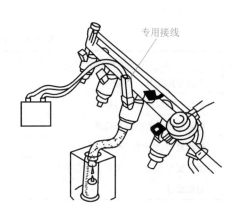

图 4-32　电磁喷油器的测试

注　意

低阻抗型喷油器不可直接与蓄电池连接，以免烧坏电磁线圈。如要进行此项试验，应在连接线上串联一个适当阻抗的降压电阻。

（3）电磁喷油器的安装（图 4-33）

1）喷油器装在燃油总管上。

2）在将喷油器装入燃油总管时，应不断转动喷油器，以免损坏 O 形密封圈。

3）在进气歧管的喷油器孔上安放好橡胶密封圈，将喷油器和燃油总管一同装在发动机上，拧紧燃油总管固定螺栓。

4）用手转动喷油器，检查是否能平顺地转动。

5）安装进油管和回油管，插上燃油压力调节器真空管，插好各喷油器线束插头。

6）按拆卸时相反的顺序安装进气管等其他零件。

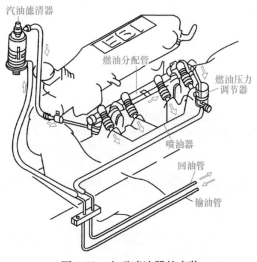

图 4-33　电磁喷油器的安装

7）预置燃油系统压力，检查有无漏油。

> **注　意**
>
> ①安装时应更换所有的O形密封圈，并在O形密封圈上涂少量干净的汽油或机油。
> ②如果喷油器不能用手转动，说明O形密封圈安装不当，应拆下喷油器重新安装。

4.3.3　实训考核与评分

1. 实训考核题目

1）正确拆装、检测电动燃油泵。

2）正确拆装、检测电磁喷油器。

2. 实训成绩评定（表4-7）

表4-7　实训考核与成绩评定

序号	考核内容	配分	评分标准
1	正确使用工具、设备	10	工具或设备使用错误每次扣2分
2	电动燃油泵的拆装与检测	35	拆装与检测错误每项扣2分
3	电磁喷油器的拆装与检测	45	拆装与检测错误每项扣2分
4	操作规范、有序、不超时	10	操作欠规范或超时每项扣2分
5	遵守安全规范，无人身、设备事故		出现人身、设备事故的，此次实训按0分计算
6	分数统计	100	

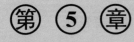

第 ⑤ 章

柴油机的燃料供给系统实训

项目5.1 高压共轨柴油喷射系统总体结构认识与拆装

5.1.1 实训内容、要求与安排（表5-1）

表5-1 实训内容、要求与安排表

实训内容与要求	主要实训条件	实训安排
1. 熟悉高压共轨电控柴油喷射系统的结构原理 2. 学会电控喷油器的拆装 3. 学会电控喷油泵的拆装 4. 学会高压共轨管的拆装	1. 高压共轨电控柴油机1台/组 2. 高压共轨电控柴油系统示教板1台，清洗机1台 3. 用具盘、洗件盘、毛刷、抹布1套/组 4. 汽车拆装工具1套/组 5. 多媒体教室，相关的教具、录像片和教学挂图	1. 实训课时：4学时 2. 组织安排：每3~5人/组，老师指导，学生动手

5.1.2 实训方法步骤【视频见配套资源项目5.1】

1. 高压共轨电控柴油喷射系统的总体结构认识

1）观察电控柴油机，了解高压共轨燃油系统在发动机上的安装位置（图5-1）。

2）起动发动机，观察电控柴油机的工作状况。

2. 高压共轨燃油系统的结构与工作原理认识

1）观察高压共轨燃油系统示教板，了解燃油系统和电子控制系统的结构组成及其工作原理（结合《汽车构造与原理上册》第5章相关内容学习）。

2）起动高压共轨燃油系统，观察电控喷油器的工作状况和各显示仪表数值。

3. 电控喷油器在发动机上的拆装

图5-1 电控柴油机高压共轨燃油系统

1）拆卸喷油器线束插头（图5-2）。

2）用手推挤卡簧封闭端到底，拆卸回油管（图5-3）。

3）拆卸高压油管。

4）拆卸压紧夹块的膨胀螺栓，取下夹块。

5）用手轻微地旋转并推拉喷油器，取出喷油器。

6）将喷油器固定在专用夹具上，拆卸喷油器紧帽，取出针阀偶件，注意轻放。

7）喷油器安装顺序与拆卸相反。

图 5-2 拆卸喷油器线束插头

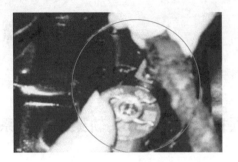
图 5-3 拆卸回油管

 注　意

①安装前要清洁喷油器安装孔。
②夹块压紧螺钉和高压油管紧固螺钉应按规定力矩拧紧。

4. 电控喷油泵的拆装

以博世 CP1 型高压油泵为例，拆装步骤如下：

1）用柴油清洗泵体外部，将其固定在专用拆装架上。

2）拆卸断油电磁阀固定螺钉，取出断油电磁阀（图5-4）。

3）拆卸端盖固定螺钉，取出端盖。

4）拆卸进出油阀、柱塞偶件与弹簧。

5）拆卸喷油泵前盖，取出齿轮油泵。

6）拆卸喷油泵后盖，取出驱动轴和偏心凸轮。

7）按相反次序安装高压油泵各零部件。装配时注意柱塞偶件的配合面应高度清洁，各螺钉的紧固力矩应达到要求。

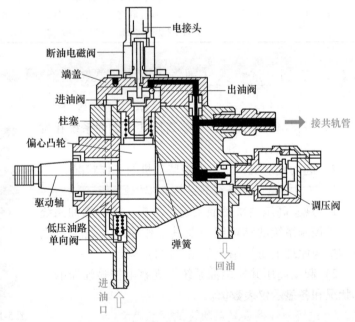
图 5-4 高压油泵拆装

5. 高压共轨管的拆装

1）释放共轨管内压力至环境压力。

2）拆卸进出油管和各缸高压油管。

3）拆卸固定螺钉，取下共轨管。

4）安装次序与上述相反，注意各螺钉、紧帽应按要求力矩拧紧。

5.1.3　实训考核与评分

1. 实训考核题目

1）正确拆装电控喷油器。

2）正确拆装电控高压油泵。

3）正确拆装共轨管。

2. 实训成绩评定（表 5-2）

表 5-2　实训考核与成绩评定

序号	考核内容	配分	评分标准
1	正确使用拆装工具和夹具	10	工具或夹具使用错误每次扣 2 分
2	正确拆装电控喷油器	20	拆装错误每次扣 5 分
3	正确拆装高压油泵	40	拆装错误每次扣 5 分
4	正确拆装共轨管	20	拆装错误每次扣 5 分
5	操作规范、有序、不超时	10	操作欠规范或超时每项扣 2 分
6	遵守安全规范，无人身、设备事故		出现人身、设备事故的，此次实训按 0 分计算
7	分数统计	100	

项目 5.2　电控柴油喷射系统传感器结构认识与检测

5.2.1　实训内容、要求与安排（表 5-3）

表 5-3　实训内容、要求与安排表

实训内容与要求	主要实训条件	实训安排
1. 熟悉传感器的结构和工作原理 2. 学会检测加速踏板位移传感器、油轨压力传感器	1. 高压共轨电控柴油机 1 台/组，零部件存放盆 1 个/组 2. 高压共轨电控柴油系统示教板 1 台 3. 数字万用表 1 个/组 4. 汽车拆装工具 1 套/组 5. 用具盘、洗件盆、毛刷、抹布 1 套/组 6. 多媒体教室 1 间，相关的教具、录像片和教学挂图	1. 实训课时：2 学时 2. 组织安排：每 3~5 人/组，老师指导，学生动手

5.2.2　实训方法步骤【视频见配套资源项目 5.2】

电控柴油机主要传感器有 10 多种，许多传感器结构原理与汽油机类似，如空气流量计、发动机转速与曲轴位置传感器、凸轮轴位置传感器、压力传感器、各种温度传感器、各种开

关信号传感器等，其检测参见本书实训项目4.2，这里主要介绍一些其他的传感器，以康明斯电控柴油机供油系统为例。

1. 加速踏板位移传感器的结构认知与检测

加速踏板位移传感器的结构与外部连线情况如图5-5所示。检测步骤如下：

1）从节气门位置传感器上拆下3针插接器，将专用的3针插接器安装到节气门位置传感器上，如图5-6所示。

2）用万用表的正极表笔与触针C（节气门位置5V电源）相连，负极表笔与触针A（节气门位置回路）相连，测量电阻，如图5-7所示。释放加速踏板时，电阻值为1500～3000Ω；踩下加速踏板时，电阻值为250～1500Ω。若电阻值不在规定范围内，则应更换节气门位置传感器。

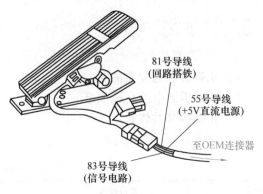

81号导线
（回路搭铁）

55号导线
（+5V直流电源）

至OEM连接器

83号导线
（信号电路）

图5-5　加速踏板位移传感器的
结构与外部连线情况

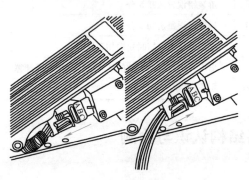

图5-6　3针插接器的拆卸与安装

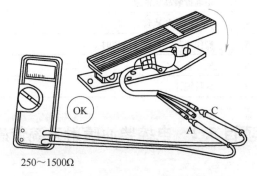

250～1500Ω

图5-7　踩下加速踏板测量触针A
与触针C间的电阻值

3）用万用表测量3针插接器的触针B（节气门位置信号）与触针C（节气门位置5V电源）之间的电阻值。释放加速踏板时，电阻值为1500～3000Ω；踩下加速踏板时，电阻值为250～1500Ω，如图5-8和图5-9所示，若电阻值不在规定范围内，则应更换节气门位置传感器。

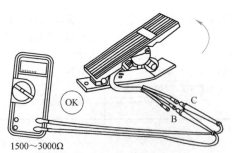

1500～3000Ω

图5-8　释放加速踏板测量触针B
与触针C间的电阻值

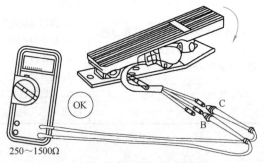

250～1500Ω

图5-9　踩下加速踏板测量触针B
与触针C间的电阻值

4）检查是否存在短路搭铁。用万用表的正极表笔分别与 3 针插接器的触针 A、触针 B、触针 C 相连，负极表笔则应搭铁，万用表应显示开路，即电阻值均应大于 $100k\Omega$。如图 5-10~图 5-12 所示。若电阻值不在规定范围内，说明节气门位置传感器有故障，应当更换。

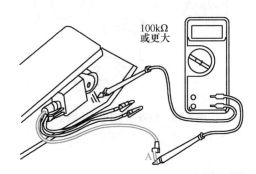

图 5-10　测量触针 A 与搭铁间的电阻值

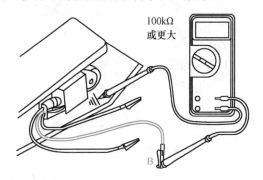

图 5-11　测量触针 B 与搭铁间的电阻值

2. 燃油油轨压力传感器的拆装与检测

1）从发动机线束上拆下油轨压力传感器插接器，然后从油轨上拆下该传感器，如图 5-13 所示。

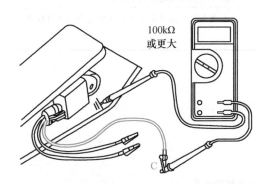

图 5-12　测量触针 C 与搭铁间的电阻值

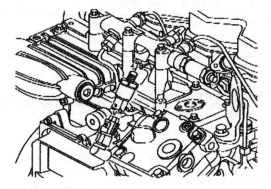

图 5-13　拆下插接器，拆下油轨压力传感器

2）检查发动机线束插接器（图 5-14），观察插接器壳体是否有损坏处，插接器密封件是否有损坏，触针内是否有灰尘、碎屑或湿气，触针是否有腐蚀、弯曲、断裂、缩进或伸出。

3）检查油轨压力传感器（图 5-15），观察密封件是否损坏，密封件内部或表面是否有裂纹，传感器端部有无灰尘或碎屑。

4）安装燃油油轨压力传感器，螺栓拧紧力矩为 $35N \cdot m$。

5）起动发动机，检查有无泄露。

5.2.3　实训考核与评分

1. 实训考核题目

1）正确检测加速踏板位移传感器。

2）正确检测油轨压力传感器。

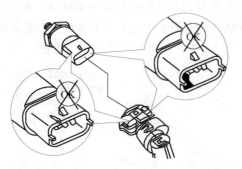

图 5-14　检查发动机线束插接器

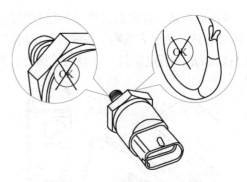

图 5-15　检查油轨压力传感器

2. 实训成绩评定（表 5-4）

表 5-4　训考核与成绩评定

序号	考核内容	配分	评分标准
1	正确使用拆装工具和检测仪器	10	工具或夹具使用错误每次扣 2 分
2	正确进行加速踏板位移传感器检测	40	检测错误每次扣 5 分
3	正确进行油轨压力传感器检测	40	检测错误每次扣 5 分
4	操作规范、有序、不超时	10	操作欠规范或超时每项扣 2 分
5	遵守安全规范，无人身、设备事故		出现人身、设备事故的，此次实训按 0 分计算
6	分数统计	100	

项目 5.3　电控柴油机喷油器检测

5.3.1　实训内容、要求与安排（表 5-5）

表 5-5　实训内容、要求与安排表

实训内容与要求	主要实训条件	实训安排
1. 熟悉电控柴油机喷油器的结构和工作原理 2. 学会正确使用电控喷油器试验台 3. 学会正确检测电控喷油器	1. 高压共轨电控喷油器试验台 1 台，电控喷油器 1 个/组 2. 高压共轨电控柴油示教板 1 台 3. 数字万用表 1 个/组 4. 汽车拆装工具 1 套/组 5. 用具盘、洗件盘、毛刷、抹布 1 套/组 6. 多媒体教室 1 间，相关的教具、录像片和教学挂图	1. 实训课时：2 学时 2. 组织安排：每 3～5 人/组，老师指导，学生动手

5.3.2　实训方法步骤【视频见配套资源项目 5.3】

1. 电控喷油器电路检测

（1）外电路的检查　如图 5-16 所示，用万用表的电阻档，分别测量各喷油器电磁阀与

ECU 对应端子之间的电阻值，来判断外电路是否存在短路及断路故障。

（2）电磁阀电阻值的测量　关闭点火开关，分别拔下各喷油器电磁阀插头，测量各电磁阀侧端子间的电阻，如长城 2.8TC 柴油机 BOSCH 共轨系统，正常情况下，两端子间的电阻值应在 $0.2 \sim 0.4\Omega$ 左右。

2. 电控喷油器喷油状态的检测

（1）检测设备　电控柴油机喷油器必须在专用的试验台上进行，如图 5-17、图 5-18 所示分别为德国博世和广州市铭珠电控设备科技有限公司试验检测设备。

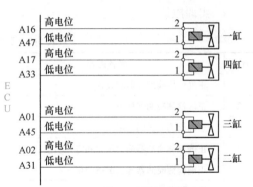

图 5-16　外电路检查

图 5-17　德国博世柴油机喷油器试验台

图 5-18　广州市铭珠电控设备科技有限公司柴油机喷油器试验检测设备

（2）喷油器性能检测

1）喷油压力检测。观察电控喷油器喷油时的压力，此压力应该符合要求。

2）喷油器雾化质量检测。电控喷油器喷油时的雾化应均匀、细化，无可见的油线油滴存在，声音清脆。

3）回油量检测。检测喷油器回油量，此值应该符合要求。

4）各工况喷油量检测。检测喷油器在起动工况、怠速工况、标定工况和最大转矩点工况下的喷油量应该符合要求。

5.3.3　实训考核与评分

1. 实训考核题目

1）正确进行电控喷油器电路检测。

2）在电控喷油器试验台上检查调整喷油器的喷油压力、喷雾质量和各工况下的油量。

汽车构造与原理实训（第4版）

2. 实训成绩评定（表5-6）

表5-6 实训考核与成绩评定

序号	考核内容	配分	评分标准
1	正确使用检测仪器和设备	10	工具或夹具使用错误每次扣2分
2	正确检测喷油器外电路	10	设备使用错误每次扣2分
3	正确检测电磁阀电阻	10	拆装错误每次扣2分
4	正确检测喷油器喷油压力和雾化质量	20	检查调整错误每次扣5分
5	正确检测喷油器各工况喷油量	40	检查调整错误每次扣5分
6	操作规范、有序、不超时	10	操作欠规范或超时每项扣2分
7	遵守安全规范，无人身、设备事故		出现人身、设备事故的，此次实训按0分计算
8	分数统计	100	

项目5.4 传统柴油机柴油供给系统主要部件拆装

5.4.1 实训内容、要求与安排（表5-7）

表5-7 实训内容、要求与安排表

实训内容与要求	主要实训条件	实训安排
1. 理解传统柴油供给系统的组成与工作原理 2. 学会柱塞式喷油泵的基本拆装 3. 学会分配式喷油泵的基本拆装	1. 汽车柴油机（非电控）1台/组 2. 喷油器试验器1台 3. 喷油器、柱塞式喷油泵、分配式喷油泵各1个/组 4. 汽车拆装工具1套/组 5. 用具盘、洗件盘、毛刷、抹布1套/组 6. 多媒体教室1间，相关的教具、录像片和教学挂图	1. 实训课时：4学时 2. 组织安排：每3～5人/组，老师指导，学生动手

5.4.2 实训方法步骤【视频见配套资源项目5.4】

1. 机械式喷油器的拆装

1）在柴油中清洗喷油器外部油污。

2）将喷油器支持架固定在台虎钳上（图5-19），放置喷油器，旋松喷油器调压螺钉护帽（图5-20），拧出调压螺钉、取出调压弹簧和顶杆。

3）将喷油器倒夹在台虎钳上（图5-21），拆卸油嘴垫，旋松紧固螺套，取下针阀偶件。

4）分解针阀偶件（图5-22）。

 注 意

如果针阀与针阀体难以分开，可用钳子垫上橡胶片夹在针阀尾端拉出。针阀偶件清洗干净后应成对浸泡在清洁的柴油里。

台虎钳　　喷油器支持架

图 5-19　喷油器支持架固定在台虎钳上

图 5-20　旋松喷油器调压螺钉护帽

图 5-21　喷油器倒夹在台虎钳上拆卸油嘴垫

图 5-22　分解针阀偶件

5）喷油器的装配按分解的相反顺序进行。

 注　意

①针阀偶件需在高度清洁的柴油中清洗后装配。
②针阀体定位销孔应准确与喷油器体的定位销钉对准。
③紧固螺套的拧紧力矩较大，一般为 60~80N·m。

2. 机械式喷油器的检查调整

1）将喷油器装夹于喷油器试验器上（图 5-23）。

2）以 60~80 次/min 频率压动试验器手柄，观察喷油器喷油时的压力应符合使用说明书要求，若不符合，可以通过调整喷油器调压螺钉（或调整垫片）来达到。

3）观察喷出的燃油应成均匀雾状（图 5-24），不应有明显的肉眼可见的雾状偏斜、飞溅油粒、连续的油柱和极易判别的局部浓稀不均匀现象；喷射应干脆，具有喷油器偶件结构相应的响声；多次喷射后，针阀体端面或头部不得出现油液积

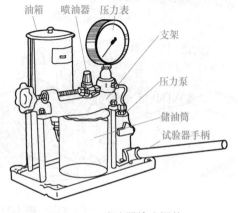

油箱　喷油器　压力表

支架

压力泵

储油筒

试验器手柄

图 5-23　喷油器检查调整

聚现象。全面检查时还应该进行偶件密封性和喷雾圆锥角等检查。

3. 柱塞式喷油泵的拆装

（1）清洁　用柴油清洗泵体外部。旋下调速器底部的放油螺钉，放净油泵内的机油。

（2）拆卸外部附件　将柱塞式喷油泵固定在专用夹具上（图5-25），拆下输油泵、检视窗盖板、油尺等外部附件。

图5-24　喷油雾化观察

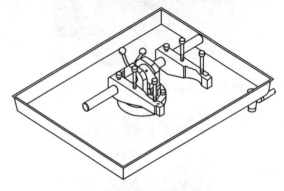

图5-25　柱塞式喷油泵拆装架

（3）拆卸提前器固定螺钉　用专用工具拆卸提前器固定螺钉（图5-26），取下提前器。

（4）固定滚轮体总成　转动凸轮轴（图5-27a），使第1缸滚轮总成处于上止点，将滚轮插销插入滚轮总成锁孔中。同样方法固定所有滚轮总成，使滚轮体和凸轮轴脱离接触。

有的柱塞泵滚轮总成不是用插销固定的，而是用托板固定（图5-27b）的，也是采用同样的方法将各缸滚轮顶起，并用托板塞入柱塞弹簧下座进行固定。

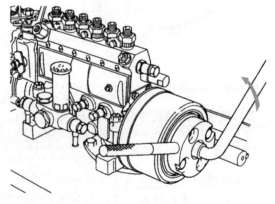

图5-26　拆卸提前器固定螺钉

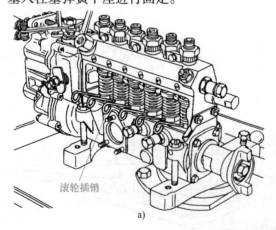

滚轮插销

a）

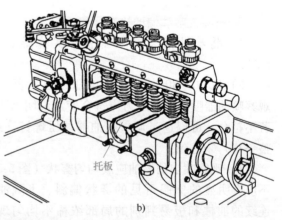

托板

b）

图5-27　固定滚轮体总成

a）用插销固定滚轮体总成　b）用托板固定滚轮体总成

　　（5）拆卸调速器总成　拆下调速器壳体固定螺钉（图5-28），将调速器壳体后移并倾斜适当角度，拨开连接杆上的销夹和卡销，使供油齿杆和连接杆脱离。用尖嘴钳取下起动弹簧、取下调速器总成。

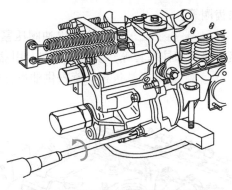

图 5-28　拆卸调速器壳体固定螺钉

　　（6）拆卸调速器飞块　固定凸轮轴，用专用工具（图5-29）拆下调速器飞块支座固定螺母，用顶拔器拉出飞块支座总成。

　　（7）拆卸油泵底部螺塞　用套筒弯柄拆卸油泵底部螺塞（图5-30）。

　　（8）拆卸凸轮轴　拆卸凸轮轴中间轴承固定螺钉（图5-31）、前轴承盖固定螺钉（图5-32），拆卸前轴承盖及其调整垫片，用木槌从调速器一端敲击凸轮轴，将凸轮轴和轴承一起从泵体前端取下。

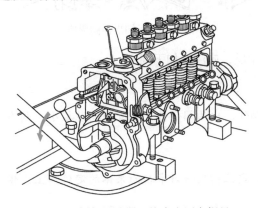

图 5-29　拆卸调速器飞块支座固定螺母

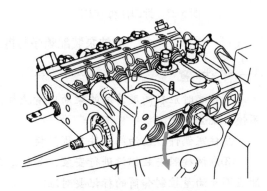

图 5-30　拆卸油泵底部螺塞

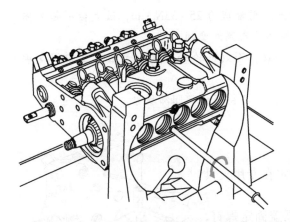

图 5-31　拆卸凸轮轴中间轴承固定螺钉

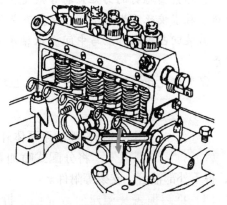

图 5-32　拆卸前轴承盖固定螺钉

　　（9）拆卸柱塞等零部件　将泵体检视窗一侧向上放平。从油泵底部塞孔中装入滚轮挺柱顶持器，顶起滚轮体部件，拔出滚挺体插销，取出滚轮体总成，按上述方法，依次取出各缸滚轮体总成。用专用工具（图5-33）取出柱塞、柱塞弹簧、弹簧上下座、油量控制套筒

泵齿圈等。

（10）拆卸出油阀　旋松出油阀压紧座（图5-34），取出减容器、油阀偶件、出油阀弹簧、垫片和柱塞套等，按顺序放在专用盆中。

（11）拆卸供油齿杆　旋松供油齿杆固定螺钉（图5-35），取出供油齿杆。

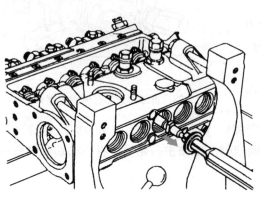

图5-33　拆卸柱塞等零件　　　　　　　　　图5-34　拆卸出油阀紧座

（12）喷油泵装配　喷油泵装配顺序与拆卸相反，应注意如下问题：

注　意

①装配时应在高度清洁的柴油中清洗柱塞偶件、出油阀偶件，其配合间隙极小，稍有不慎，就会卡死。

②柱塞偶件、出油阀偶件不得互换。

③应该按照安装标记进行安装，如柱塞套筒定位槽应恰好卡在油泵体的定位销上，供油齿圈和油量控制套筒的标记要对准。

④采用喷油泵专用工具进行安装。

⑤各紧固螺钉的力矩应符合规定值，如出油阀紧座为25～35N·m，过大会引起泵体开裂、柱塞咬死及齿杆阻滞、柱塞套变形，加剧柱塞偶件磨损。

⑥装回凸轮轴时应与中间支承轴承同时安装，否则凸轮轴装复后无法装上中间支承轴承。

⑦装配完毕后，拉动供油齿杆，应轻松灵活，不得有任何阻滞现象。

4. 分配式喷油泵的拆装

（1）清洁　用柴油清洗喷油泵泵体外部。

（2）拆卸外部附件　将分配式喷油泵固定在专用夹具上，拆下外部油管、支架等附件。

（3）拆卸顶盖及调速弹簧部件　拆卸泵盖固定螺钉，提起泵盖（图5-36），脱开调速弹簧挂钩，拆卸调速弹簧、稳定弹簧及弹簧座等零件。如果是两极式调速器，则应拆卸操纵手柄部件，才可以提起泵盖，拆卸调速弹簧等零部件。

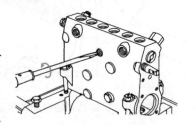

图5-35　拆卸供油齿杆

（4）拆卸调速轴组件　旋松调速轴紧固螺钉，旋出调速轴（图5-37），取出调速器齿

轮、飞块、调速滑套、垫片等零部件。

（5）拆卸出油阀　拆卸出油阀紧座（图 5-38），取出出油阀偶件、出油阀弹簧、垫片，按顺序放好。

（6）拆卸电磁阀　用扳手拆卸电磁阀（图 5-39），取出电磁阀芯。

（7）拆卸泵头组件　拆卸泵头的紧固螺钉，垂直向上提起泵头 1（图 5-40），从泵头 1 上拆下导向销 3、垫片 4、弹簧座 5 及支承弹簧 6。取出柱塞、油量控制套筒、弹簧下座、减摩垫圈及柱塞调整垫片。

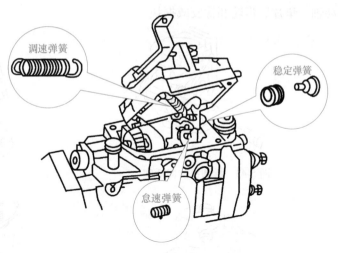

图 5-36　拆卸顶盖

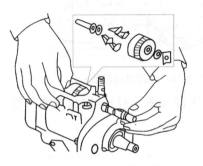

图 5-37　拆卸调速轴组件

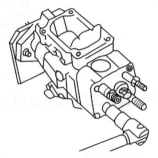

图 5-38　拆卸出油阀

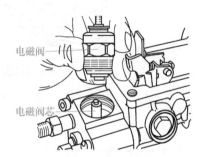

图 5-39　拆卸电磁阀

（8）拆卸调速摇架　用专用工具拆卸油泵壳体两侧的三角支承螺钉（图 5-41），取出调速摇架。

（9）拆卸平面凸轮圈　从泵体内取出平面凸轮圈、联轴器和弹簧（图 5-42）。

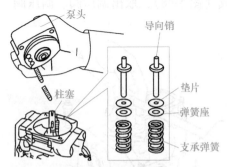

图 5-40　拆卸泵头组件

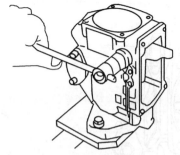

图 5-41　拆卸调速摇架

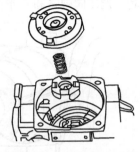

图 5-42　拆卸平面凸轮圈等

（10）拆卸提前器活塞　旋松提前器端盖紧固螺钉（图 5-43），取下提前器端盖、提前器弹簧和 O 形圈。用尖嘴钳取出弹簧夹、定位销（图 5-44），用镊子将滚轮座销向油泵中心拉，使它脱开提前器活塞孔，再取出滚轮总成（图 5-45）和提前器活塞（图 5-46），取出传

动轴、垫片、齿轮和橡胶减振块。

图 5-43　拆卸提前器活塞

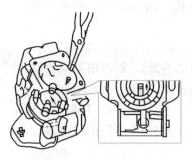

图 5-44　拆卸定位销

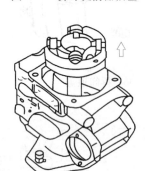

图 5-45　拆卸滚轮总成

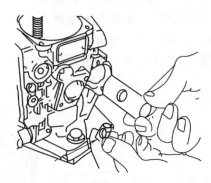

图 5-46　拆卸提前器活塞

（11）拆卸滑片式输油泵　用螺钉旋具拆下输油泵固定螺钉（图 5-47），取出输油泵零部件。

注　意

　　输油泵零部件与泵体配合间隙较小，不可硬拉输油泵零部件，可以将传动轴连同齿轮插入输油泵孔，托住输油泵，将油泵倒置，用木槌轻轻敲打泵体，慢慢放下传动轴，使输油泵总成随轴一起拉出。

（12）拆卸调压阀总成　用专用工具拆卸调压阀总成（图 5-48），取出调压阀、调压阀套、调压阀弹簧和 O 形圈。

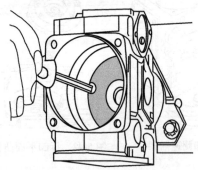

图 5-47　拆卸滑片式输油泵

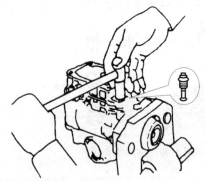

图 5-48　拆卸调压阀总成

（13）分配泵装配　分配泵装配顺序与拆卸时相反。还应该注意以下几点：

①在安装柱塞部件时（图 5-49）应注意油量控制套筒的小孔应朝向柱塞大端，柱塞的定位槽应卡在平面凸轮圈的定位销上，柱塞垫块应在柱塞底部的凹坑内。

②在安装调速器摇架时，应注意将其下部球头对准油量控制套筒的孔中。

③在安装泵头时（图 5-50）应在支承弹簧及弹簧导向销上涂上润滑脂，以防止它们脱落。

④各紧固螺钉的力矩值应符合要求值。

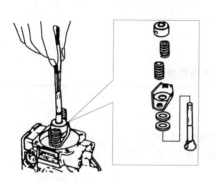

图 5-49　安装柱塞部件

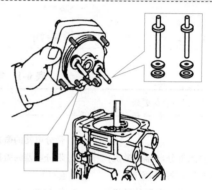

图 5-50　安装泵头部件

5.4.3　实训考核与评分

1. 实训考核题目

1）正确拆装和检测机械式喷油器。

2）正确拆装柱塞式喷油泵。

3）正确拆装分配式喷油泵。

2. 实训成绩评定（表 5-8）

表 5-8　实训考核与成绩评定

序号	考核内容	配分	评分标准
1	正确使用拆装工具和夹具	10	工具或夹具使用错误每次扣 2 分
2	正确拆装检测喷油器	20	设备使用错误每次扣 2 分
3	正确拆装柱塞式喷油泵	30	拆装错误每次扣 5 分
4	正确拆装分配式喷油泵	30	检查调整错误每次扣 5 分
5	操作规范、有序、不超时	10	操作欠规范或超时每项扣 2 分
6	遵守安全规范，无人身、设备事故		出现人身、设备事故的，此次实训按 0 分计算
7	分数统计	100	

第 ⑥ 章

汽油机的点火系统实训

项目6.1　带分电器的微机控制点火系统结构认识与检测

6.1.1　实训内容、要求与安排（表6-1）

表6-1　实训内容、要求与安排

实训内容与要求	主要实训条件	实训安排
1. 熟悉带分电器的微机控制点火系统的结构原理 2. 学会带分电器的微机控制的点火系统拆装与检查调整	1. 带分电器的微机控制点火系统发动机1台/组 2. 带分电器的微机控制点火系统示教台1台，零部件1套/组 3. 拆装工具1套/组 4. 检测仪器（万用表、示波器、正时灯灯）1套/组 5. 用具盘、洗件盘、毛刷、抹布1套/组 6. 多媒体教室及相关的教具、录像片和教学挂图	1. 实训课时：4学时 2. 实训组织：每组3~5位学生，老师指导，学生动手

6.1.2　实训方法步骤【视频见配套资源项目6.1】

1. 带分电器的微机控制点火系统总体组成与结构原理认识

结合《汽车构造与原理 上册》教材第6章相关内容学习。

2. 点火线圈检测

用万用表欧姆档测量点火线圈的电阻。初级线圈的电阻应为 $1.2 \sim 1.4 \mathrm{k\Omega}$，次级线圈的电阻应为 $6 \sim 8 \mathrm{k\Omega}$。若测量的电阻不符合规定，则需要更换点火线圈。

 注　意

点火线圈应保证绝缘盖板清洁、干燥，防止漏电。

3. 分电器拆装与检测

（1）分电器拆装

1）拆卸分电器盖，拔下分火头，取下防尘盖。

2）向上拔起凸轮轴，用专用工具将触发叶轮下面的一个卡环拨开并向下移出卡环槽，然后下压触发叶轮，使其定位销露出。

3）取下触发叶轮定位销，转动并拔下触发叶轮，用专用工具拆下触发叶轮下面的卡环。

4）用尖嘴钳拔出传感器线束插座上的塑料螺钉，再将传感器线束插座从分电器壳体的槽中拔出。

5）用十字螺钉旋具拆下分电器壳体上的固定霍尔传感器的两个螺钉，取出传感器底板和传感器，取出凸轮轴。

6）按相反顺序装配分电器。

（2）分电器检测

1）用万用表欧姆档测量高压回路部件的电阻，若部件的电阻不在规定范围之内，应更换新件。

2）检查分火头电阻（图6-1），其电阻值应为（1±0.4）kΩ。如阻值为无穷大，说明该电阻断路，可在中央导电片与尖端电极之间焊接一只（1±0.4）kΩ的电阻进行修复。

3）检查高压导线插座电阻（图6-2），其电阻值应为（1±0.4）kΩ。如阻值为无穷大，说明插头内部电阻断路，应予更换新品。

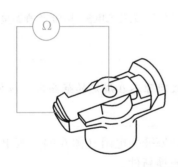

图6-1　检查分火头电阻

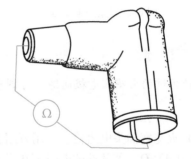

图6-2　检查高压导线插座电阻

4）检查高压导线电阻（图6-3），中央高压线应为0~2.8kΩ、高压分线应为0.6~7.4kΩ。如阻值为无穷大，说明高压线或抗干扰插头内部电阻断路，应予更换新品。

4. 点火控制器检测

点火控制器的检查可在汽车上进行，方法如下：

1）先断开点火开关，然后拔下分电器壳体上的传感器线束插头。

2）将直流电压表正极接点火线圈"15"端子，负极接点火线圈"1"端子。

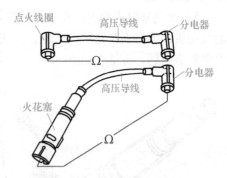

图6-3　检查高压导线电阻

3）接通点火开关，电压表读数应为6V，且在1~2s内降低到0。如果电压保持6V不降低或不能到零，说明点火控制器失效，应予更换新品。

5. 火花塞拆装与检测

（1）火花塞的拆装　拔去火花塞高压线，采用如图6-4所示的专用工具拆装。

（2）火花塞的检查调整

1）火花塞外观的检查。火花塞的绝缘体不得有破裂，否则应予更换；火花塞的旁电极严重烧蚀时，应予更换新品。火花塞的绝缘体与壳体之间、绝缘体与旁电极之间，不得有严重积炭，积炭严重的火花塞应用汽油或酒精浸泡清洗，并用毛刷刷净表面。

2）火花塞电极间隙的检查调整。不同型号发动机，火花塞的电极间隙不同，如桑塔纳2000GLi 型汽车为 0.7~0.9mm，2000GSi 型汽车为 0.9~1.1mm。

测量和调整火花塞电极间隙应用专用量规进行（图 6-5）。对于新的火花塞，可通过弯曲负电极来调整火花塞电极间隙。

图 6-4　火花塞拆装工具

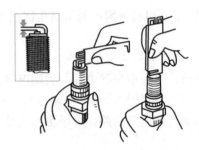

图 6-5　火花塞电极间隙的检查调整

 注　意

　　使用过的火花塞电极间隙不可调整。若火花塞电极间隙不在规定的范围内，应更换火花塞。

3）火花塞插头电阻检查。用万用表欧姆档测量火花塞插头电阻（图 6-6），其电阻值应为（1±0.4）kΩ。若部件的电阻不在规定范围之内，应更换新件。

4）火花塞绝缘电阻测量。用绝缘电阻表测量火花塞绝缘电阻（图 6-7），电阻值应为10MΩ 或更大。

5）火花塞跳火检查。将火花塞套入高压分线，火花塞外壳金属与机体搭铁（6-8），起动发动机，观察火花塞跳火情况，火花呈蓝白色为正常，无火花或呈红色，说明火花塞或点火电路有问题，应继续检查。

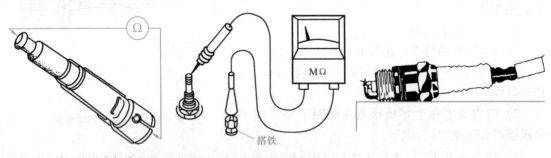

图 6-6　检查火花塞插头电阻　　　图 6-7　火花塞绝缘电阻测量　　　图 6-8　火花塞跳火检查

6. 点火系统点火正时的安装、检查与调整

1）将发动机飞轮 A 和正时带轮 B 调整到 1 缸的上止点位置，如图 6-9 所示。

2）用扳手转动发动机，将 V 带轮调整到 1 缸的上止点位置，如图 6-10 所示。

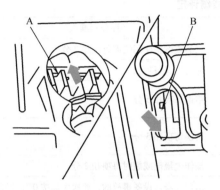

图 6-9 飞轮和正时带轮的标记

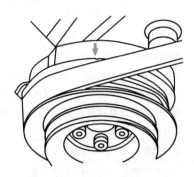

图 6-10 V 带轮上的正时标记

3）将凸轮轴正时带轮上的标记与气门罩盖上的箭头对齐，如图 6-11 所示。

4）装上点火分电器，注意分火头的标记应与分电器壳体上的标记对齐，如图 6-12 所示。

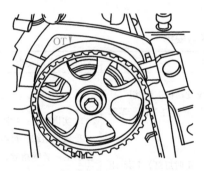

图 6-11 凸轮轴正时带轮上的标记

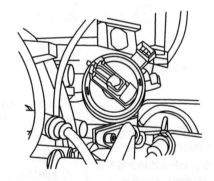

图 6-12 分火头与分电器壳体上的标记对齐

5）检查点火正时。连接点火测试仪，起动发动机进入怠速运转 1min，转速为（800±50）r/min，此时显示的点火提前角应为（12±1）°。如不符合，可转动分电器盘调整点火提前角。

注　意

　　检查点火提前角时，应保证发动机冷却液温度至 80℃以上，关闭空调开关和其他用电设备，ECU 内无故障码，供电电压大于 12.2V。

6.1.3 实训考核与评分

1. 实训考核题目

正确拆装与检查调整带分电器的微机控制的点火系统。

2. 实训成绩评定（表6-2）

表6-2　实训考核与成绩评定

序号	考核内容	配分	评分标准
1	正确使用工具、仪器、设备	10	工具或设备使用错误每次扣2分
2	带分电器的微机控制的拆装	20	拆装错误每项扣2分
3	带分电器的微机控制点火系统的检查与调整（含点火线圈、分电器、点火控制器、火花塞）	35	错误每项扣5分
4	带分电器的微机控制点火系统点火正时安装、检查与调整	25	错误每项扣5分
5	操作规范、有序、不超时	10	操作欠规范或超时每项扣2分
6	遵守安全规范，无人身、设备事故		出现人身、设备事故的，此次实训按0分计算
7	分数统计	100	

项目6.2　无分电器的微机控制点火系统结构认识与检测

6.2.1　实训内容、要求与安排（表6-3）

表6-3　实训内容、要求与安排

实训内容与要求	主要实训条件	实训安排
1. 熟悉无分电器的微机控制点火系统结构原理 2. 学会无分电器的微机控制点火系统拆装与检查调整	1. 无分电器的微机控制点火系统发动机1台/组 2. 无分电器的微机控制点火系统示教台1台，零部件1套/组 3. 拆装工具1套/组 4. 检测仪器（万用表、示波器、正时灯灯）1套/组 5. 用具盘、洗件盘、毛刷、抹布1套/组 6. 多媒体教室及相关的教具、录像片和教学挂图	1. 实训课时：4学时 2. 实训组织：每组3~5位学生，老师指导，学生动手

6.2.2　实训方法步骤【视频见配套资源项目6.2】

1. 无分电器的微机控制点火系统结构认识

参见《汽车构造与原理 上册》第6章内容学习。本项目实训以桑塔纳2000GSi型汽车为例，它采用AJR型发动机的Motronic3.8.2无分电器微机控制点火系统，其电路接线图如图6-13所示。

2. 无分电器的微机控制点火系统检测

检查电子控制单元（ECU）对点火控制组件的控制功能，可采用桑塔纳2000GSi专用检测仪检查，也可以用发光二极管串联$510\Omega/0.25W$电阻组成的调码器检查。主要元器件性能的检测步骤如下：

1）对各部分电路插头检测有无松动、断路、短路现象。

2）点火线圈搭铁电路技术状况的检测。点火器线圈插头如图6-14所示，拔下点火线圈插头，用串联了一个300Ω电阻的发光二极管连接蓄电池正极和插头端子4，发光二极管发亮说明技术状况良好，不亮则检测插头端子4与搭铁点之间的电路是否断路。

3）点火线圈供电电压的检测。拔下点火线圈插头，连接插头端子2与发动机搭铁点，发光二极管应发亮，否则应检查插头端子2与电源线15脚之间的电路是否接触不良或断路（图6-13）。

4）点火线圈技术状况的检测。拔下四个喷油器的导线插头和点火线圈上的插头，接通点火开关，用发光二极管连接插头端子1（或3）和发动机搭铁点，运转发动机数秒，发光二极管发亮说明技术状况良好，否则应检测点火线圈插头端子1、3与ECU的71、78脚之间的电路有无断路或短路（图6-13）。如果电路无故障，更换一个ECU再进行检查。

测试时先拔下中央线路板上的燃油泵熔丝，使燃油泵停止转动，然后拔下点火线圈4针插头（图6-14），用发光二极管调码器分别连接端子"1""4"及端子"3""4"，分别检测1、4缸和2、3缸点火线圈的控制信号。起动发动机，如果发光二极管闪亮，说明ECU对点火控制组件的控制功能正常；如果发光二极管不闪亮，说明ECU至点火控制组件之间的导线断路或ECU故障，可用数字万用表检测端子"1"至ECU"71"号插孔、端子"3"至ECU"78"号插孔之间的电阻值，标准值应小于1.5Ω。如果阻值为无穷大，说明导线断路，应予以检修。再检查端子"1"至ECU"78"号插孔或端子"3"至ECU"71"号插孔之间的电阻值，阻值为无穷大说明导线良好，阻值为零说明导线短路。

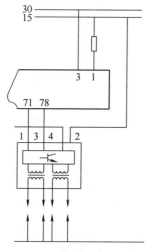

图 6-13　桑塔纳 2000GSi 型汽车
发动机点火系统电路接线图

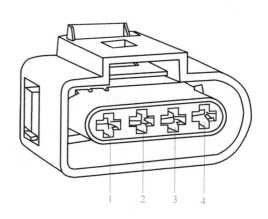

图 6-14　点火线圈插头

在检查ECU控制功能时，如果发现发光二极管不闪亮，检查导线又无断路和短路，说明ECU故障，应更换ECU。

5）传感器等点火系统组件及其电路检测，可参考本书第4章的相关检测。

6.2.3　实训考核与评分

1. 实训考核题目

正确检查无分电器的微机控制点火系统。

2. 实训成绩评定（表6-4）

表6-4　实训考核与成绩评定

序号	考核内容	配分	评分标准
1	正确使用工具、仪器、设备	20	工具或设备使用错误每次扣2分
2	无分电器的微机控制点火系统的检查与调整	70	错误每项扣5分
3	操作规范、有序、不超时	10	操作欠规范或超时每项扣2分
4	遵守安全规范，无人身、设备事故		出现人身、设备事故的，此次实训按0分计算
5	分数统计	100	

发动机排气污染与防治实训

项目 7　汽车发动机排气污染处理装置结构认识与尾气检测

7.1.1　实训内容、要求与安排（表7-1）

表7-1　实训内容、要求与安排

实训内容与要求	主要实训条件	实训安排
1. 熟悉发动机排气污染处理装置的结构原理 2. 理解汽车发动机尾气检测仪器的作用原理 3. 学会检测仪使用方法 4. 学会汽车尾气的检测与分析	1. 桑塔纳 2000GSi 型汽车 1 辆 2. 五组分汽车尾气分析仪，取样管、取样软管（长度不小于 3m） 3. 机油温度传感器、转速传感器、常用工具 1 套 4. 用具盘、洗件盘、毛刷、抹布 1 套/组 5. 多媒体教室，相关的教具、录像片和教学挂图	1. 实训课时：2 学时 2. 组织安排：每 3~5 人/组，老师指导，学生动手

7.1.2　实训方法步骤【视频见配套资源项目7】

1. 汽车发动机排气污染处理装置结构原理认识

参见《汽车构造与原理 上册》第 7 章内容学习。

2. 汽车发动机尾气检测

（1）仪器的认识　汽车排气分析仪是一种用来检测汽车尾气中各种气体元素含量指标的一种仪器。汽车排气分析仪是利用不分光红外线和电化学传感器对汽车排气中的 CO、HC、CO_2、NO_x 和 O_2 进行测量分析的。汽油车急速时排出的一氧化碳、碳氢化合物用不分光红外线方法测定，氮氧化合物用电化学方法测定。测量结果一氧化碳浓度以体积分数（%）表示，碳氢化合物和氮氧化物浓度以体积百万分数（$\times 10^{-6}$）表示。

原理：惰性气体不吸收红外线能量，而异原子组成的气体等均能吸收一定波长的红外线能量，当红外线通过取样的气体时，由于气体 CO、HC、CO_2 对红外线波段中特征波长红外线能量的吸收，红外线的能量减少，根据这种能量的变化转变为信号，电压信号放大送给指示装置，通过处理就可知尾气各部分含量的检查结果。如图 7-1 所示为常见的一种汽车尾气检测仪。

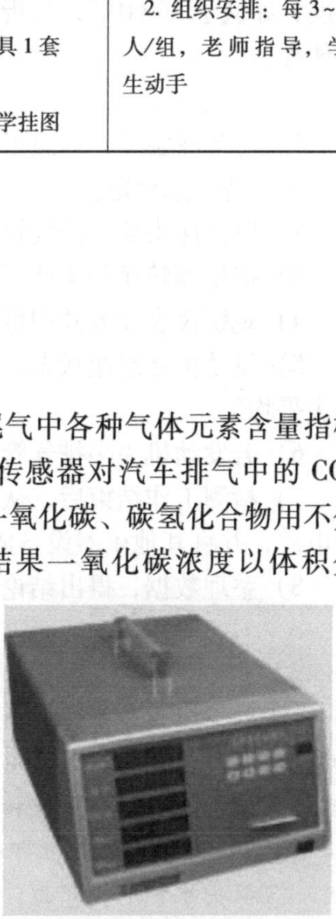

图 7-1　汽车发动机尾气检测仪

（2）车辆的准备

1）将车辆开到指定的工位，工位要提前做好卫生和排除障碍工作，拉紧驻车制动器。

2）进气系统应装有空气滤清器，排气系统装有排气消声器，并不得有泄漏。

3）取样探头插入排气管深度应不小于400mm，否则排气管应接管加长，保证接口处不漏气。

4）拧松发动机罩的四个固定螺栓，拆卸发动机装饰罩。

5）连接尾气分析仪，将机油温度测量导线插入测量分析仪后板插孔内，取出机油标尺，擦干放开，将导线上的保护管插入机油标尺套筒内。

6）将转速测量导线插入检测分析仪后板插孔内，转速测量钳夹持于1缸分缸线上。

7）发动机冷却液和机油温度应达到规定热状态。

8）按规定调整怠速和点火正时。

（3）仪器设备准备　按使用说明书做好检查校准工作：

1）将软管插入分析仪后面板的样气入口，并用旋紧螺母将软管压紧在样气入口上。

2）清洁取样探头和取样导管。把取样探头和取样导管安装到分析仪上。

3）接通电源（外接220V电源），打开前面板上的POWER开关，仪器预热2~8min后，自动进入泄漏检查；此时，按面板显示提示的功能键操作，直至通过气密性检测。

4）气密性检测完毕后，分析仪自动校零，并开始自动检测取样探头和软管内滞留油分浓度，如低于$20×10^{-6}$，分析仪进入取样状态；反之，分析仪将在CO显示条上显示EHC或其他提示。

（4）尾气检测

1）冷却液温度、油温正常，点火提前角正确，加速到额定转速的70%。1min后回怠速，并保持转速稳定。

2）取样探头插入排气管中，深度400mm，处于中心并固定与排气管上。

3）把量程转换开关调到最高量程档位。

4）观察仪表读数并用量程转换开关选择适于废气浓度的量程档位。

5）发动机在怠速状态，维持15s后开始读数，读取30s内的最高值和最低值，检测结果去平均值。

6）若发动机为多排气管，检测结果取各排气管检测结果的平均值。

7）检测工作结束后，从排气管中取出取样探头，吸入新鲜空气约5min，指针回零后关掉电源，并将其他乐器设备放回原处。

8）整理数据，得出结论。

 注　意

①取样探头和导管内一般会残留有HC，通常要把取样管放入洁净的空气中，让洁净空气吹净残余废气，如管内壁留有较多的HC，仪表指针大大超过零点以上时，要用压缩空气或布条清洁取样探头和导管。

②测试结束后，应立即从排气管中取出取样探头。且取样管温度非常高，应防止烫伤。

③探头导管不能弯曲，不要把探头放在地上，探头不用时应垂直吊放。

④连续测试时，从排气管取出探头，仪表指针回零后，才能进行下一部车的测试。

7.1.3 实训考核与评分

1. 实训考核题目

1）正确进行仪器设备的安装和使用。

2）正确进行汽车尾气的检测。

3）正确分析检测结果。

2. 实训成绩评定（表 7-2）

表 7-2 纯电动汽车实训考核与成绩评定

序号	考核内容	配分	评分标准
1	正确使用工具、仪器	10	工具使用不当每次扣 2 分
2	设备的连接、安装	10	操作错误每项扣 2 分
3	检测仪的校准	10	错误每项扣 4 分
4	测试的工况选择	20	错误每项扣 4 分
5	检测过程的正确性	20	检查错误每处扣 4 分
6	检测结果的准确性	20	拆装错误每处扣 4 分
7	操作规范、有序、不超时	10	操作不规范或超时每项扣 2 分
8	安全用电和防火，无人身、设备事故		出现人身、设备事故的，此次实训按 0 分计算
9	分数统计	100	

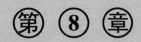

第 ⑧ 章

发动机冷却系统实训

项目 8　发动机冷却系统拆装与结构认识

8.1.1　实训内容、要求与安排（表8-1）

表 8-1　实训内容、要求与安排

实训内容与要求	主要实训条件	实训安排
1. 熟悉发动机冷却系统的基本结构原理 2. 学会冷却系总体拆装 3. 学会散热器和冷却水泵的拆装 4. 学会节温器的拆装与检测	1. 桑塔纳 2000GSi 型汽车 AJR 型发动机 1 辆/组，拆装台 1 个/组 2. 冷却水泵、节温器各 1 个/组 3. 汽车常用拆装工具 1 套/组 4. 水温计、加热装置、量具各 1 套/组 5. 用具盘、洗件盘、毛刷、抹布 1 套/组 6. 多媒体教室 1 间，相关的教具、录像片和教学挂图	1. 实训课时：2 学时 2. 组织安排：每 3~5 人/组，老师指导，学生动手

8.1.2　实训方法步骤【视频见配套资源项目8】

1. 发动机冷却系统的结构与认识

结合《汽车构造与原理 上册》教材第 8 章内容学习。本项目实训以桑塔纳 2000GSi 型汽车 AJR 型发动机冷却系统为例。

2. 冷却液的排空与加注

（1）冷却液的排空

1）将仪表板上的暖风开关拨至右端，打开暖风控制阀。

2）在冷却液储液罐的盖子上盖一块抹布，小心地旋开盖子，避免蒸气喷出。

3）在发动机下放置一个干净的收集盘。松开散热器下水管的夹箍，拔下下水管，放出冷却液。

（2）冷却液的加注

1）加注冷却液至冷却液储液罐最高点标记处，旋紧储液罐盖子。

2）使发动机运转 5~7min，重新检查冷却液液面高度，必要时加注冷却液到最高标记。

　注　意

①在热态时不可立即取下冷却液储液罐的盖子，防止蒸气喷出。

②切勿混用不同牌号的冷却液。

③禁止使用磷酸盐和亚硝酸盐作为防腐剂的冷却液。

3. 节温器的拆装与检查

（1）节温器的拆装

1）使发动机前端位于维修工作台上。

2）在点火开关切断的情况下，拔下蓄电池搭铁线。

3）排放冷却液。

4）拆卸驱动 V 带及发电机（图 8-1）。

5）从连接体上拆下冷却液管。

6）松开螺栓，取出节温器盖、O 形密封圈和节温器（图 8-2）。

7）按拆卸相反顺序安装节温器。

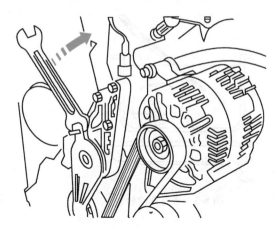

图 8-1　拆卸驱动 V 带及发电机

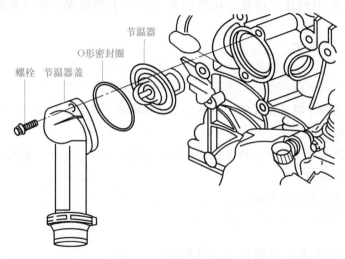

图 8-2　节温器的拆卸

　　注　意

①节温器安装前应清洗所有零件，更换新的 O 形密封圈。

②安装节温器时应把壳体与其在发动机上的位置对准。

③节温器安装后应添加冷却液到合适的位置。

（2）节温器的检查　将节温器置于热水中，观察温度变化时节温器的动作（图 8-3）。桑塔纳汽车的节温器在 87℃±2℃ 时开始打开，温度达到 102℃±3℃ 时，其升程大于 7mm。若达不到要求，就应更换节温器。

4. 散热器的拆装

1）断开蓄电池负极导线。待发动机及冷却系统冷却，排放出冷却液。

2）松开冷却液管上的夹箍，从散热器上卸下上部管路和储水箱的管路。

3）拔下位于冷却风扇罩壳上的热敏开关插头，如图 8-4 所示。

图 8-3 节温器的检查

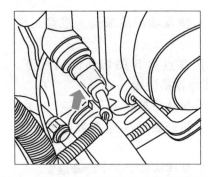

图 8-4 拆卸冷却风扇罩壳上的热敏开关插头

4）连同风扇罩壳拆下双电子冷却风扇。

5）抬起车身并牢固地支撑住。从散热器上卸下下部管路。卸下固定支架，抬出散热器。

6）按拆卸相反顺序安装散热器。

> **注 意**
>
> ①由于散热器和冷凝器位置很近，为防止损坏冷凝器及制冷剂管路，不要压迫、扭曲及弯曲制冷剂管路。
>
> ②拆卸后清洁所有零部件，检查散热器管路是否有硬化、裂纹、膨胀变形或流动不畅的迹象。若有，应更换。
>
> ③安装后按要求加注冷却液。

5. 水泵的拆装

1）使发动机位于维修工作台上，排放冷却液。

2）拆卸驱动水泵的 V 带。

3）拆卸散热器风扇电动机。

4）拆下同步带的上、中防护罩。将曲轴调整到第 1 缸上止点位置。

5）拆下凸轮轴上的同步带，但不必拆下曲轴 V 带轮。保持同步带在曲轴同步带轮上的位置。旋下螺栓，拆下同步带后防护罩。

6）拆下水泵，小心地将其拉出，如图 8-5 所示。

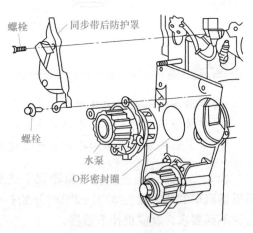

图 8-5 冷却水泵的拆卸

7）按相反顺序安装水泵各零部件。注意拧紧水泵螺栓力矩为 15N·m，安装同步带要注意调整配气相位。

> **注　意**
>
> ①拆卸后应清洗所有零部件并检查测量，磨损超差的，必须更换新件，各零部件检查合格才能装复。
>
> ②装配时应更换所有衬垫及密封圈。
>
> ③安装时，特别注意水泵叶轮与水泵壳体的轴向间隙，水泵叶轮与壳体的径向密封处的间隙，并注意轴承的润滑条件。

8.1.3　实训考核与评分

1. 实训考核题目

1）正确进行冷却液的排放与加注。

2）正确进行发动机水泵、散热器的拆装。

3）正确进行节温器的检查。

4）正确分析冷却液循环路线。

2. 实训成绩评定（表 8-2）

表 8-2　发动机冷却系统的拆装与检查实训考核成绩评定

序号	考核内容	配分	评分标准
1	正确使用工具、仪器	10	工具使用不当每次扣 2 分
2	冷却液的排放与加注	10	操作错误每项扣 2 分
3	水泵的拆装	30	拆装错误每次扣 2 分
4	分析冷却液循环路线	20	分析错误每次扣 2 分
5	节温器的检查	10	检查错误每处扣 2 分
6	散热器的拆装	10	拆装错误每处扣 2 分
7	操作规范、有序、不超时	10	操作不规范或超时每项扣 2 分
8	安全用电和防火，无人身、设备事故		因违反操作安全发生重大人身和设备事故，此次实训按 0 分计
9	分数统计	100	

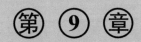

第 9 章

发动机润滑系统实训

项目9 发动机润滑系统拆装与结构认识

9.1.1 实训内容、要求与安排（表9-1）

表 9-1 实训内容、要求与安排

实训内容与要求	主要实训条件	实训安排
1. 熟悉发动机润滑系统的结构原理 2. 学会润滑系统主要机件的拆装 3. 学会润滑系统主要机件的检测 4. 学会正确选用机油和维护润滑系统	1. 桑塔纳 2000GSi 型汽车 AJR 型发动机 1 台/组，拆装台 1 个/组 2. 汽车润滑系统齿轮式和转子式机油泵各 1 个/组 3. 机油滤清器 1 个/组 4. 拆装工具 1 套/组 5. 用具盘、洗件盘、毛刷、抹布 1 套/组 6. 多媒体教室 1 间，相关的教具、录像片和教学挂图	1. 实训课时：2 学时 2. 组织安排：每 3~5 人/组，老师指导，学生动手

9.1.2 实训方法步骤【视频见配套资源项目9】

1. 发动机润滑系统的结构与认识

结合《汽车构造与原理 上册》教材第 9 章内容学习。本项目实训以桑塔纳 2000GSi 型汽车 AJR 型发动机冷却系统为例。

2. 机油滤清器拆装

拆装机油滤清器时应使用机油滤清器扳手，机油滤清器螺栓拧紧力矩为 20N·m。

3. 油底壳的拆装

1）使发动机前端位于维修工作台上，放出发动机机油。

2）拆卸离合器防尘罩板。

3）如图 9-1 箭头所示，旋下副梁螺栓和发动机橡胶支承，缓缓放下副梁。

4）旋下油底壳上的所有螺栓，拆卸

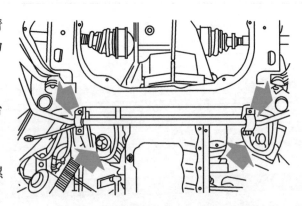

图 9-1　旋下副梁螺栓和发动机橡胶支承

油底壳，必要时用橡胶锤子轻轻敲击。

　　5）按拆卸相反次序安装油底壳。

　　①正式维修润滑系统时，应更换油底壳衬垫。

　　②紧固油底壳螺栓时应交替对角拧紧。

　　③主要部件螺栓应按规定力矩拧紧。

4. 机油泵的拆装与检查

（1）机油泵的拆装

　　1）拆下油底壳。

　　2）旋下图 9-2 箭头所示螺栓。

　　3）将链轮和机油泵一起拆下来。

　　4）按拆卸相反次序安装机油泵。

　　安装机油泵时，应将销钉插入到机油泵上端，机泵轴与链轮只能有一个安装位置。主要部件螺栓应按规定力矩拧紧。

　　（2）机油泵检查　机油泵有齿轮式和转子式两种形式，下面以齿轮式机油泵为例介绍机油泵的检查内容。

　　1）机油泵盖与齿轮端面间隙检查。用平尺直边紧靠在带齿轮的泵体端面上（图 9-3），将塞尺插入两者之间的缝隙进行测量，其标准为 0.05mm，使用极限为 0.15mm，若不符，可以通过增减泵盖与泵体之间的垫片来进行调整。

　　2）主、从动齿轮与泵腔内壁间隙检查。用塞尺插入两者之间的缝隙进行测量（图 9-4），超过 0.3mm 时应换新件。

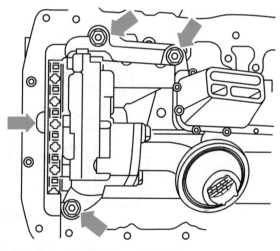

图 9-2　旋下螺栓

　　3）主、从动齿轮的啮合间隙检查。用塞尺插入啮合齿间（图 9-5），测量 120° 三点齿侧，标准为 0.05mm，使用极限为 0.20mm。

5. 机油压力开关的检测

　　以桑塔纳 2000GSi 型汽车为例，测试机油压力开关前应保证机油液面正常，当点火开关接通时机油警告灯应该闪亮；发动机机油温度约为 80℃。

　　1）拔下低压开关（0.025MPa，棕色绝缘层），将其拧到专用机油开关测试仪上（图 9-6）。

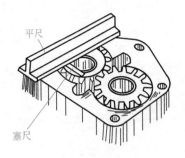

图 9-3　机油泵盖与齿轮　　　图 9-4　主、从动齿轮与　　　图 9-5　主、从动齿轮的
　　　　端面间隙检查　　　　　　　　泵腔内壁间隙检查　　　　　　啮合间隙检查

2）将测试仪拧到机油滤清器支架的压力开关的位置上。测试仪的棕色导线搭铁。

3）将二极管测试灯连接到机油压力开关和蓄电池正极上，发光二极管必须发亮。

4）起动发动机，并缓慢提高发动机转速。当机油压力为 0.015～0.045MPa 时，测试灯必须熄灭。否则更换机油压力开关。

5）将二极管测试灯拧在高压油压开关（0.18MPa，白色绝缘层）上。当机油压力为0.16～0.2MPa 时，发光二极管必须发亮。否则更换机油压力开关。

6）继续提高发动机转速。在 2000r/min 和 80℃的机油温度下，机油压力应至少维持在 0.2MPa。

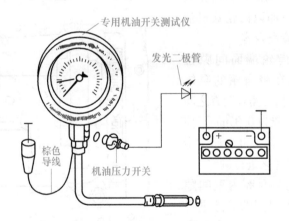

图 9-6　机油压力开关的检测

9.1.3　实训考核与评分

1. 实训考核题目

1）正确分析机油循环路线。

2）正确拆装润滑系统主要机件。

3）正确检查润滑系统主要机件。

4）正确选用机油和维护润滑系统。

2. 实训成绩评定（表9-2）

表9-2　实训考核成绩评定

序号	考核内容	配分	评分标准
1	正确使用工具、仪器	10	工具使用不当每次扣2分
2	机油滤清器拆装	10	拆装错误每次扣2分
3	机油泵拆装	10	拆装错误每次扣2分
4	分析机油循环路线	20	分析错误每次扣2分
5	机油泵检查	20	检查错误每处扣2分
6	机油压力开关的检测	10	拆装错误每处扣2分
7	机油选用和润滑系统维护	10	错误每处扣2分
8	操作规范、有序、不超时	10	操作不规范或超时每项扣2分
9	安全用电和防火，无人身、设备事故		因违反操作安全发生重大人身和设备事故，此次实训按0分计
10	分数统计	100	

第 ⑩ 章

发动机起动系统实训

项目 10.1 汽车传统电起动机拆装与检查

10.1.1 实训内容、要求与安排（表 10-1）

表 10-1 实训内容、要求与安排

实训内容与要求	主要实训条件	实训安排
1. 熟悉传统汽车电起动系统基本结构原理 2. 学会传统电起动机的拆装 3. 学会传统电起动机的检查与试验	1. 带传统电起动系统的汽车发动机 1 台 2. 性能良好的传统汽车起动机 1 个/组 3. 汽车拆装工具 1 套/组 4. 蓄电池 1 对/组，电流表 1 个/组 5. 用具盘、毛刷、抹布 1 套/组 6. 多媒体教室，相关的教具、录像片和教学挂图	1. 实训课时：2 学时 2. 组织安排：每 3～5 人/组，老师指导，学生动手

10.1.2 实训方法步骤【视频见配套资源项目 10.1】

1. 发动机传统起动系统的结构与认识

结合《汽车构造与原理 上册》教材第 10 章内容学习。

2. 传统电起动机的拆装

（1）电刷端端盖的拆卸（图 10-1）首先旋下螺栓 7，从起动机电刷端端盖 6 拆下衬套座 8。从电枢上取下挡圈 9 后取出衬套 11 和调整垫圈 10。再旋下螺母 2，从起动机 3 上取下接线片 1 和电刷端端盖 6，并旋下长螺栓 5。

（2）电刷及电刷架的拆卸（图 10-2）用钳子 4 将电刷弹簧向上抬起，从起动机壳体 3 上取出电刷及电刷架 5，取下起动机壳体。

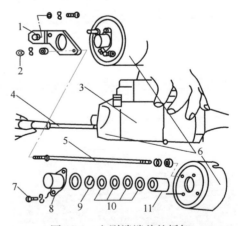

图 10-1 电刷端端盖的拆卸

1—接线片 2—螺母 3—起动机 4—螺钉旋具

5—长螺栓 6—电刷端端盖 7—螺栓 8—衬套座

9—挡圈 10—调整垫圈 11—衬套

> **注 意**
>
> 拆卸起动机壳体前在起动机壳体 3 与驱动端端盖 2 上做好标记。

（3）电磁开关的拆卸（图 10-3）　首先旋下螺栓 1 并做好标记后，从驱动端端盖 2 上拆下电磁开关端盖 4 及电磁开关 3。再旋下拨叉销螺母 9，取下拨叉销 5 和拨叉 6。最后将电枢及小齿轮组件 10 一起取出。

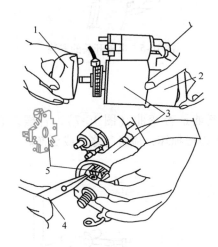

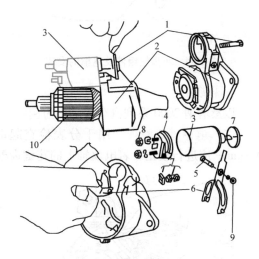

图 10-2　电刷及电刷架的拆卸
1—电刷端端盖　2—驱动端端盖　3—起动机壳体
4—钳子　5—电刷及电刷架

图 10-3　电磁开关的拆卸
1—螺栓　2—驱动端端盖　3—电磁开关
4—电磁开关端盖　5—拨叉销　6—拨叉　7—橡胶垫
8、9—螺母　10—电枢及小齿轮组件

> **注 意**
>
> 电磁开关一般不需分解，如检测结果需要修理时，需要用 50W 电烙铁将开关端盖上的线圈引线焊点焊开后才能分解。

（4）小齿轮组件的拆卸　从电枢的驱动端拆下衬套、止推垫圈和小齿轮组件。

（5）起动机安装　起动机的安装顺序与拆卸顺序相反，但需注意以下几点。

①小齿轮组件与电枢组装时，在电枢的轴上涂上润滑脂后，装上小齿轮组件，并做以下检查。握住电枢，当转动小齿轮组件外座圈时，小齿轮组件应能沿电枢轴滑动自如，如图 10-4 所示。

②电磁开关安装时，电磁开关应以倾斜的角度装入，以便电磁开关的滑动阀组件与拨叉装在一起，最后旋上螺栓，如图 10-5 所示。

③定子安装时，应将定子上的标记与驱动端端盖的标记对正后装入。

④电刷及电刷架安装时，在换向器上装上电刷架，将电刷架装到适当的位置后，再在电刷架上装上电刷，如图 10-6 所示。

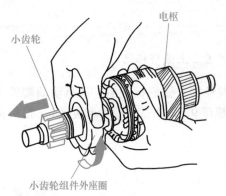

图 10-4　小齿轮组件及电枢的安装

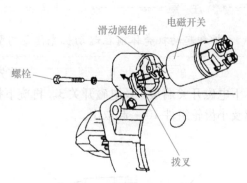

图 10-5　电磁开关的安装

3. 起动机检查与试验

以桑塔纳 2000 系列汽车起动机为例。

（1）电枢轴的检查　用千分表检查起动机电枢轴是否弯曲（图 10-7），若摆差超过 0.1mm，应进行校正。若电枢轴上的花键齿槽严重磨损或损坏，应进行修复或更换。

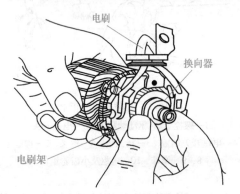

图 10-6　电刷及电刷架的安装

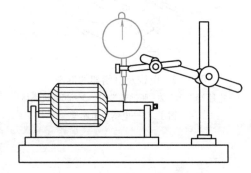

图 10-7　电枢轴弯曲度的检查

电枢轴轴颈与衬套的配合间隙，不得超过 0.15mm。间隙过大，应更换新套，进行铰配。

（2）换向器的检查

1）检查换向器有无脏污和表面烧蚀，如有用 400 号砂纸或在车床上修整。

2）检查换向器的径向圆跳动量（图 10-8）将换向器放在 V 形铁上，用百分表测量圆周上径向圆跳动量，最大允许径向圆跳动量为 0.05mm。若径向圆跳动量大于规定值，应在车床上校正。

3）用游标卡尺测量换向器的直径。其标准值为 30.0mm，最小直径为 29.0mm。若直径小于最小值，应更换电枢。

4）检查换向器底部凹槽深度。应清洁无异物，边缘光

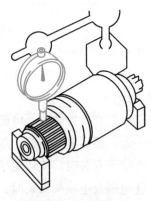

图 10-8　检查换向器
径向圆跳动量

滑。测量如图 10-9 所示，标准凹槽深度为 0.6mm，最小凹槽深度为 0.2mm。若凹槽深度小于最小值，用手锯条修正。

（3）电枢绕组的检修

1）检查换向器是否断路。如图 10-10 所示，用万用表欧姆档检查换向器片之间的电路，应导通。若换向器片之间不导通，应更换电枢。

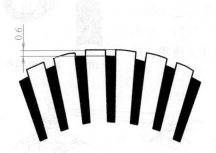

图 10-9　检查换向器底部凹槽深度

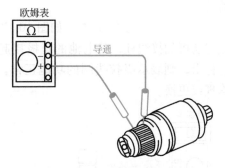

图 10-10　检查换向器是否断路

2）检查换向器是否搭铁。如图 10-11 所示，用万用表欧姆档检查换向器与电枢绕组铁心之间的电路，应不导通。若导通，应更换电枢。

（4）励磁绕组的检查

1）检查磁场绕组是否断路。如图 10-12 所示，用万用表欧姆档检查引线和磁场绕组电刷引线之间的电路，应导通。否则更换磁极框架。

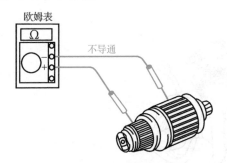

图 10-11　检查换向器是否搭铁

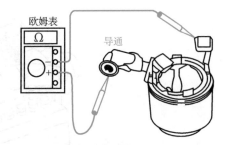

图 10-12　检查磁场绕组是否断路

2）检查磁场绕组是否搭铁。如图 10-13 所示，用万用表欧姆档检查磁场绕组末端与磁极框架之间的电路，应不导通，若导通应修理或更换磁极框架。

（5）电刷弹簧的检查　如图 10-14 所示，用弹簧秤测量，读取电刷弹簧从电刷分离瞬间的拉力计读数。标准弹簧安装载荷为 17~23N，最小安装载荷为12N。若安装载荷小于规定值，应更换电刷弹簧。

（6）电刷架的检修　如图 10-15 所示，用万用表欧姆档检查电刷架正极（+）与负极（-）之间的电路，应不导通，若导通，应修理或更换电刷架。

（7）离合器和驱动齿轮的检查　检查离合器和驱动齿轮是否严重损伤或磨损。如有损

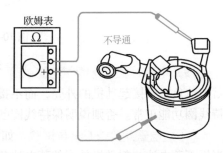

图 10-13　检查磁场绕组是否搭铁

坏，应进行更换。

检查起动机离合器是否打滑或卡滞，如图 10-16 所示。将离合器驱动齿轮夹在台虎钳上，在花键套筒中套入花键轴，将扳手接在花键轴上，测得力矩应大于规定值（24~26N·m），否则说明离合器打滑。反向转动离合器应不卡滞，否则应修理或更换离合器总成。

（8）电磁开关吸拉试验　如图 10-17 所示，当将蓄电池的负极接起动机的接线柱，蓄电池的正极接起动机的接线柱时，小齿轮能伸出，则表示吸拉线圈的功能正常。否则电磁开关故障，应予修理或更换。

图 10-14　检查电刷弹簧

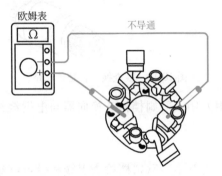

图 10-15　检查电刷架绝缘情况

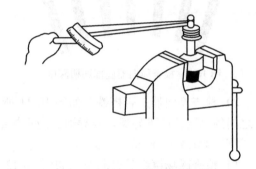

图 10-16　检查起动机离合器

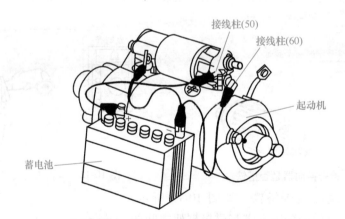

图 10-17　电磁开关吸拉试验

（9）电磁开关保持线圈功能试验　如图 10-18 所示，将蓄电池正极接起动机的接线柱，蓄电池负极只接起动机的外壳，而不接接线柱，此时若小齿轮仍能保持伸出位置，则表明保持线圈功能正常。否则说明保持线圈断路，应予检修。

（10）电磁开关铁心复位试验　如图 10-19 所示，蓄电池的正极与起动机的接线柱相接，当拆下蓄电池与起动机外壳的蓄电池负极接线柱接线夹后，小齿轮应迅速返回原来位置。如不能复位，说明复位弹簧失效，应更换弹簧或电磁开关总成。

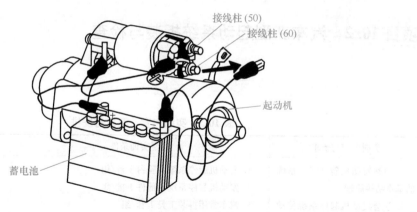

图 10-18　电磁开关保持线圈功能试验

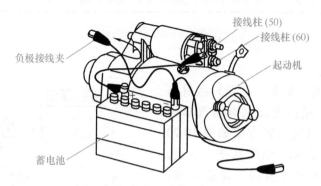

图 10-19　电磁开关铁心复位试验

10.1.3　实训考核与评分

1. 实训考核题目

1）正确进行起动机的拆装。

2）正确进行起动机的检查与试验。

2. 实训成绩评定（表 10-2）

表 10-2　实训考核与成绩评定

序号	考核内容	配分	评分标准
1	正确使用工具、仪器	10	工具使用不当每次扣 2 分
2	画出所拆装发动机的起动系统电器电路图	10	错误每处扣 2 分
2	起动机的拆卸解体	20	拆卸顺序错每次扣 5 分
3	起动机装配	20	装配顺序错每次扣 5 分
4	起动机的检查与试验	30	错每项试验扣 5 分
5	操作规范、有序，不超时	10	操作欠规范或超时每项扣 2 分
6	安全用电和防火，无人身、设备事故		出现人身和设备事故，此次实训按 0 分计
7	分数统计	100	

项目 10.2　汽车新型起动系统拆装与检查

10.2.1　实训内容、要求与安排（表 10-3）

表 10-3　实训内容、要求与安排

实训内容与要求	主要实训条件	实训安排
1. 熟悉发动机新型起动系统的基本结构原理 2. 学会发动机起停系统传动带驱动附件的组装 3. 学会起停电动机性能检测	1. 发动机起停系统试验台 1 台/组 2. 发动机起停系统零部件 1 批/组 3. 汽车常用拆装工具 1 套/组 4. 用具盘、毛刷、抹布 1 套/组 5. 多媒体教室，相关的教具、录像片和教学挂图	1. 实训课时：2 学时 2. 组织安排：每 3～5 人/组，老师指导，学生动手

10.2.2　实训方法步骤【视频见配套资源项目 10.2】

1. 发动机新型起动系统的结构与认识

结合《汽车构造与原理　上册》教材第 10 章内容学习。本项目实训以奇瑞汽车为例，其发动机起停系统布置方案如图 10-20 所示，系统主要由 BSG、储能系统、电池、DC-DC、控制器、各类传感器等设备组成。BSG 布置于发动机前端，称为 Front-BSG 布置方案，该方案系统利用带传动将 ISG 与发动机曲轴进行非同轴布置。

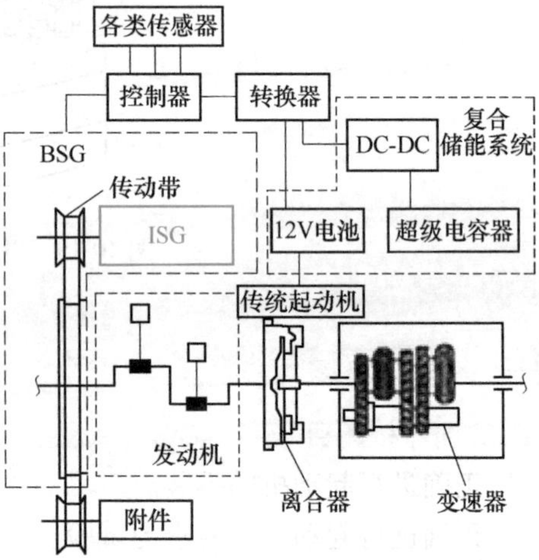

2. 起停电机性能检测

起停电机性能检测，可参照项目 10.1 电起动机检测实施。

3. 发动机起停系统传动带驱动附件的检查及组装（图 10-21）

1）检查传动带，如有磨屑，需将传动带里外颠倒并清除磨损屑，装配时要保证传动带干净。如摩擦严重，应予以更换。

图 10-20　发动机起停系统布置方案
（ISG 布置于发动机前端方案）

2）检查张紧轮与传动带接触面，用干净抹布擦清，不准使用任何清洗剂、水、油品，不准使用螺钉旋具等锐器清理以免划伤。

3）调整张紧轮，要先逆时针调整至极限位置，然后轻轻顺时针松开，再次逆时针调整至极限位置，再次轻轻松开至指针与凹口位置对准（左右偏差不能超过 1mm）时，按照规定力矩拧紧螺母，紧固张紧轮。

10.2.3　实训考核与评分

1. 实训考核题目

1）正确识别发动机起停系统的结构与工作原理。

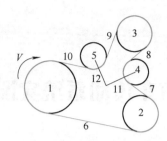

图 10-21　发动机起停系统传动带驱动附件结构

1—曲轴传动带　2—空调传动带　3—BSG 轮　4—张紧轮 1　5—张紧轮 2
6、7、8、9、10—传动带轮跨径　11—张紧轮 1 臂　12—张紧轮 2 臂

2）正确进行起停电动机性能检测。

3）正确进行发动机起停系统传动带驱动附件的检查及组装。

2. 实训成绩评定（表 10-4）

表 10-4　实训考核与成绩评定

序号	考核内容	配分	评分标准
1	正确使用拆装工具和夹具	10	使用错误每次扣 2 分
2	正确识别发动机起停系统的结构与工作原理	25	识别错误每次扣 3 分
3	正确进行起停电动机性能检测	25	检测错误每次扣 3 分
4	正确进行发动机起停系统传动带驱动附件的检查及组装	30	错误每次扣 5 分
5	操作规范、有序、不超时	10	操作欠规范或超时每次扣 2 分
6	遵守安全规范，无人身、设备事故		出现人身、设备事故的，此次实训按 0 分计算
7	分数统计	100	

第 ⑪ 章

汽车传动系统实训

项目 11.1 离合器的拆装与结构认识

11.1.1 实训内容、要求与安排（表 11-1）

表 11-1 实训内容、要求与安排

实训内容与要求	主要实训条件	实训安排
1. 熟悉汽车离合器的结构原理 2. 学会离合器的基本拆装 3. 学会离合器踏板行程的检查调整 4. 学会离合器液压操纵机构的油路空气排除	1. 汽车 1 辆或汽车底盘 1 台 2. 离合器零部件 1 套/组 3. 汽车拆装工具 1 套/组 4. 用具盘、洗件盘、毛刷、抹布 1 套/组 5. 多媒体教室及相关的教具、录像片和教学挂图	1. 实训课时：2 学时 2. 组织安排：每 3～5人/组，老师指导，学生动手

11.1.2 实训方法步骤【视频见配套资源项目 11.1】

1. 汽车离合器的结构原理认识

结合《汽车构造与原理 中册》教材第 11 章相关内容学习。

2. 桑塔纳 2000GSi 型汽车离合器基本拆装

（1）离合器总成的拆卸

1）在离合器和飞轮上做装配标记，用专用工具或自制工具将飞轮固定（图 11-1）。

2）旋下离合器盖总成固定螺栓，依次取下离合器盖、从动盘。

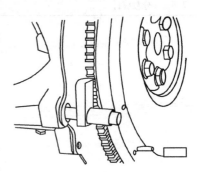

图 11-1 用专用工具固定飞轮

（2）离合器总成的安装 按照拆卸相反顺序进行安装。

 注 意

安装从动盘时，采用专用工具或变速器第一轴将离合器从动盘定位于飞轮和压盘的中心（图 11-2）。从动盘上减振弹簧突出的一面应朝外。各固定螺栓紧固力矩应符合说明书要求。

3. 离合器液压缸的拆装

（1）离合器主缸的拆装

1）取下离合器踏板与主缸推杆叉的连接销轴，从主缸上拧下进油管和出油管接头，旋下主缸固定螺栓，拉出主缸。

2）排净主缸中的制动液，分解主缸：先取下防尘罩，再用卡环钳拆下卡环，拉出主缸推杆、压盖和活塞。

3）按拆卸分解相反的顺序装配离合器主缸。

（2）离合器工作缸的拆装

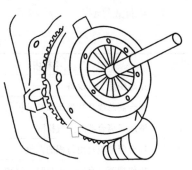

图 11-2 离合器安装

1）旋下工作缸进油管接头，拆下工作缸固定螺栓，拉出工作缸。

2）排净工作缸内的制动液，分解工作缸：拉出推杆，拆下防尘罩，然后用压缩空气将工作缸活塞从缸筒内压出。

3）按拆卸分解相反的顺序装配离合器工作缸。

注 意

①装配主缸和工作缸时，要用非腐蚀性液体清洗干净，并在活塞、皮碗、挡圈、缸套等零件上涂一层制动液。装合后推杆在缸筒内运动应灵活。在放松（不工作）位置时，主缸皮碗和活塞头部应位于进油孔和补偿孔之间，两孔都开放。工作缸上带有塑料支承环，安装时外表面要涂上一层薄薄的机油，工作缸推杆末端也要涂上润滑脂。

②安装离合器工作缸时，需要用一个适当的杠杆克服弹簧的弹力，将其压向变速器壳相应的孔中后，方能将固定螺栓旋入。

4. 离合器液压系统空气的排出

1）用千斤顶顶起汽车，然后用支架将汽车支住。将主缸储液罐中的制动液加至规定高度。在工作缸的放气阀上安装一根软管，接到一个盛有制动液的容器内（图 11-3）。

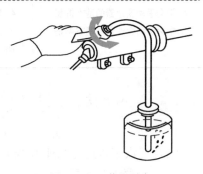

2）两人配合排净空气，一人慢慢踏离合器踏板数次，感到有阻力时踩住不动，另一人拧松放气阀直至制动液流出，然后再拧紧放气阀。连续重复上述过程几次，直至流出的制动液中不见气泡为止。

图 11-3 工作缸放气

5. 离合器踏板自由行程的调整

调节主缸推杆接头在踏板臂上的连接位置，将离合器踏板的自由行程调整为 15~25mm。

11.1.3 实训考核与评分

1. 实训考核题目

1）正确拆装离合器及其液压油缸。

2）正确进行液压式离合器的油路空气排除。

3）正确调整离合器踏板自由行程。

2. 实训成绩评定（表 11-2）

表 11-2　实训考核与成绩评定

序号	考核内容	配分	考核标准
1	正确使用工具设备	10	工具或设备使用错误每次扣 2 分
2	离合器总成及其液压油缸的拆装	30	分解与组装顺序、方法不对每次扣 2 分
3	液压式离合器的空气排除	25	空气排除操作顺序、方法不对每次扣 2 分
4	离合器踏板自由行程的调整	25	分解与组装顺序、方法不对每次扣 2 分
5	操作规范、有序、不超时、整理工具、清理现场	10	操作欠规范或超时等每项扣 2 分
6	遵守安全规范，无人身设备事故		因操作不当发生重大事故，此次实训按 0 分计
7	分数总计	100	

项目 11.2　手动变速器的拆装与结构认识

11.2.1　实训内容、要求与安排（表 11-3）

表 11-3　实训内容、要求与安排

实训内容与要求	主要实训条件	实训安排
1. 熟悉汽车手动变速器的结构原理 2. 学会手动变速器的基本拆装 3. 学会手动变速器的基本调整	1. 汽车 1 辆或汽车底盘 1 台 2. 手动变速器零部件 1 套/组 3. 汽车拆装工具 1 套/组 4. 用具盘、洗件盘、毛刷、抹布 1 套/组 5. 多媒体教室及相关的教具、录像片和教学挂图	1. 实训课时：4 学时 2. 组织安排：每 3 ~ 5 人/组，老师指导，学生动手

11.2.2　实训方法、步骤【视频见配套资源项目 11.2】

1. 汽车手动变速器的结构原理认识

结合《汽车构造与原理 中册》教材第 11 章相关内容学习。

2. 手动变速器的基本拆装（以桑塔纳 2000GSi 型汽车为例）

（1）总体分解

1）清洗变速器外表，将其固定在拆装架上，放出机油，拆下变速器后盖。

2）拆卸 1/2 档的锁销，接着把拨叉向左转动，挂入 2 档，拉下拨叉轴。

3）拆下 5 档拨叉轴及 5 档同步器和 5 档齿轮组件（图 11-4）。

4）锁住输入轴，取下输出轴 5 档齿轮紧固螺母，拆下 5 档齿轮（图 11-5）。

5）取下 3/4 档的锁销和拨叉轴。拆下倒档自锁装置和倒档拨叉轴。

6）拆下输入轴和输出轴组件（图 11-6）。取出倒档轴和齿轮，倒档传动臂。

7）拆卸拨叉轴自锁和互锁装置（图 11-7）。

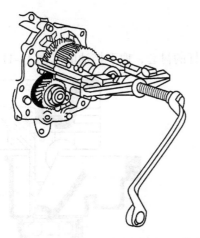

图 11-4　拆下 5 档拨叉轴及 5 档同步器和 5 档齿轮组件

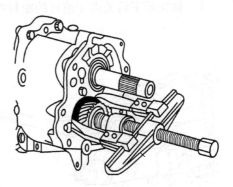

图 11-5　拆下 5 档齿轮

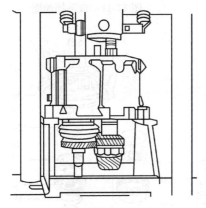

图 11-6　拆下输入轴和输出轴组件

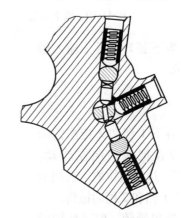

图 11-7　拆卸拨叉轴自锁和互锁装置

8）拆下从动齿轮的轴承盖螺栓，取下盖子，取出差速器总成（图 11-8）。

（2）变速器后盖的分解

1）拆下后轴承盖。

2）锁住输入轴（图 11-9），拆下输入轴的固定螺栓。

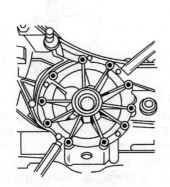

图 11-8　拆下主减速器

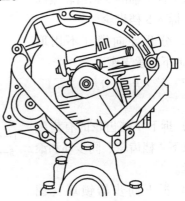

图 11-9　锁住输入轴

3）取下后盖（如图11-10所示）。

（3）输入轴后轴承的分解

1）依次拆下后盖内变速杆的密封圈、内变速杆的衬套，取下挡油圈（图11-11）。

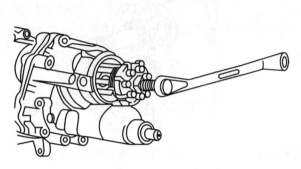

图11-10 取下后盖

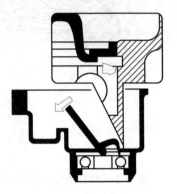

图11-11 取下挡油圈

2）取下锁环，拆下输入轴的后轴承。

（4）变速器轴承支座的分解

1）拆下1挡和2挡拖钩的锁销，接着把拖钩向左转动。挂入2挡，边转边拉取下换挡滑杆。取下1挡和2挡的拖钩。

2）取出锁销，取下换挡滑杆和5挡齿轮的管套。取下同步装置和输入轴的5挡齿轮。拆下5挡滚针轴承内环和固定垫圈。

3）挂上1挡，锁住输入轴，取下输出轴的5挡齿轮紧固螺母，拆下5挡齿轮。

4）分开导向锁（不用取下），拆下轴承支座。

（5）输入轴的分解（图11-12）

1）拆下4挡齿轮的有齿锁环，取下4挡齿轮、同步环和滚针轴承。

2）拆下同步器锁环（图11-13）。

3）取下3挡和4挡同步器，

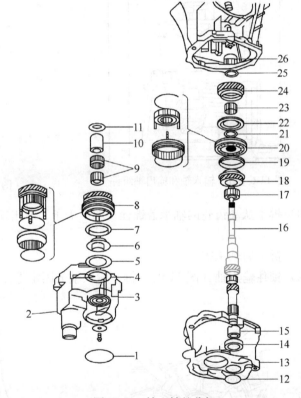

图11-12 输入轴的分解

1—后轴承罩盖垫 2—变速器后盖 3—输入轴后轴承 4、12、21—锁环
5—挡油圈 6—5挡同步器套管 7—5挡同步环 8—5挡同步器和齿轮
9—5挡齿轮滚针轴承 10—5挡齿轮滚针轴承内圈 11—固定垫圈
13—轴承支座 14—中间轴承 15—中间轴承内圈 16—输入轴
17—3挡齿轮滚针轴承 18—4挡同步器 19—3挡同步环
20—3挡/4挡同步器 22—3挡齿轮 23—4挡齿轮滚针轴承
24—4挡齿轮 25—有齿锁环 26—输入轴滚针轴承

以及 3 档同步环和齿轮，取下 3 档齿轮的滚针轴承。

4）取下输入轴的中间轴承内环。

（6）输出轴的分解（图 11-14）

1）拆下内后轴承和 1 档齿轮。

2）依次取下滚针轴承、1 档同步环、滚针轴承的内环、同步器、2 档齿轮、2 档齿轮的滚针轴承。

3）拆下 3 档锁环，拆下 3 档齿轮。

4）拆下 4 档齿轮的锁环，拆下 4 档齿轮。

5）拆下输出轴的前轴承。

（7）主减速器/差速器的分解（图 11-15）

1）从变速器壳体上取下差速器。

2）用铝质的夹具将差速器罩壳固定在台虎钳上，

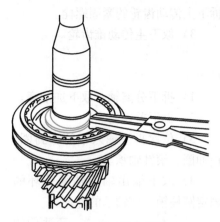

图 11-13 拆下同步器锁环

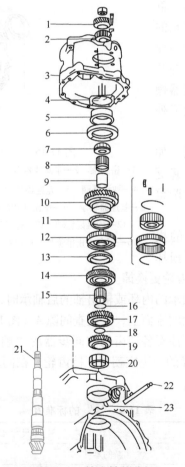

图 11-14 输出轴的分解

1—5 档齿轮 2—输出轴外后轴承 3—轴承支座 4—调整垫片 5—后轴承外圈 6—轴承保持架 7—输出轴内后轴承
8—1 档齿轮 9—1 档齿轮滚针轴承内圈 10—1 档齿轮滚针轴承 11—1 档同步环 12—1 档/2 档同步器
13—2 档同步环 14—2 档齿轮 15—2 档齿轮滚针轴承 16、18—挡环 17—3 档齿轮 19—4 档齿轮
20—输出轴前轴承 21—输出轴 22—圆柱销 23—输出轴前轴承外圈

拆下主传动齿轮的紧固螺栓。

3）取下主传动锥齿轮。

（8）变速器壳体的分解（图 11-16）

1）拆下分离轴，取下加油塞。

2）拆下差速器。

3）依次拆下输入轴的密封圈、挡油圈、滚针轴承。

4）取下输出轴前轴承外环的固定圆柱销、前轴承的外环。

（9）变速器的装合　变速器的装配可按拆卸的相反顺序进行，具体可按下列部件顺序进行装合：输入轴齿轮的装合→输出轴与齿轮的装合→变速器轴承支座的装合→变速器后盖的装合→变速器整体的装合→变速器上车的装合→变速器操纵机构的装合。装合中要注意下列事项：

1）检查主动锥齿轮情况，如果已经损坏，同从动锥齿轮一起更换，并计算主、从动锥齿轮的调整垫片。

2）检查所有齿轮和轴承的损坏情况，如需更换，除更换所损坏的外，还需将其他轴上的相应齿轮更换掉。

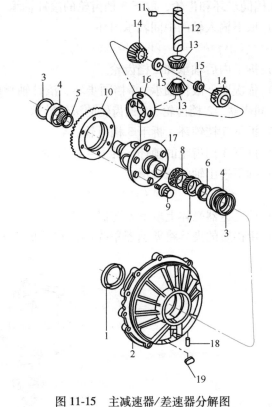

图 11-15　主减速器/差速器分解图

1—密封圈　2—主减速器盖　3—从动锥齿轮调整垫片（S_1 和 S_2）
4—轴承外圈　5—差速器轴承　6—锁紧套筒　7—车速表主动齿轮
8—差速器轴承　9—螺栓（70N·m）　10—从动锥齿轮　11—夹紧销
12—行星齿轮轴　13—行星齿轮　14—半轴齿轮　15—螺纹管
16—复合式止推垫片　17—差速器壳　18—磁铁固定销　19—磁铁

3）在更换 1 档齿轮滚针轴承的内环或输出轴的后轴承时，需计算输出轴的调整垫片。

4）将同步环压在各自齿轮的锥面上，并检查间隙 A（图 11-17），此间隙应符合表 11-4。

5）安装输出轴总成中，要注意各档齿轮和同步器的"朝向"（4 档齿轮有凸缘的一边应朝向前轴承，3 档齿轮有凸缘的一边应朝向 4 档齿轮，在同步器的凹槽中的细槽应转向装拨叉槽的对边一边）。

表 11-4　"A" 的标准值

同步环	尺寸 A/mm	
	新的零件	磨损的限度
1 档和 2 档	1.10～1.70	0.50
3 档和 4 档	1.35～1.90	0.50
5 档	1.10～1.70	0.50

6）同步器壳体有三个凹口（图 11-18），凹口上有 3 个凹内齿（图 11-19）。在安装中，

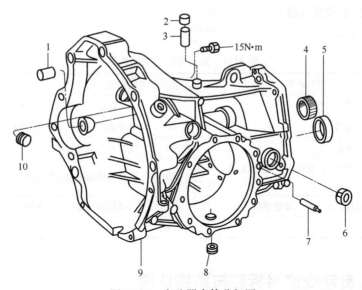

图 11-16 变速器壳体分解图

1—起动机衬套 2—防护罩 3—通气管 4—输入轴滚针轴承 5—输出轴前轴承外圈

6—注油螺塞（25N·m） 7—圆柱销 8—放油螺塞（25N·m）

9—变速器壳体 10—离合器分离叉轴右衬套

3 个凹口和槽应吻合，这样可以安装锁环。然后，装止动弹簧，相互间隔 120°，弯的一端应嵌入锁环中的一个之内（如图 11-20 箭头所示）。1 档和 2 档同步器壳体的槽应朝向 1 档齿轮。

7）装 1 档齿轮的滚针轴承时，只要轴承支座、输出轴的后轴承、1 档齿轮的滚针轴承内环、主动锥齿轮和从动锥齿轮之一被更换，就要重新计算调垫片。

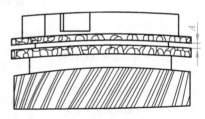

图 11-17 检查间隙

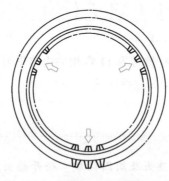

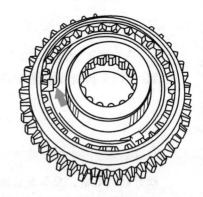

图 11-18 同步器的三个凹口　　图 11-19 同步器凹口和槽的吻合　　图 11-20 装止动弹簧

11.2.3 实训考核与评分

1. 实训考核题目

1）正确解体手动变速器。

2）正确装合手动变速器。

2. 实训成绩评定（表11-5）

表 11-5　实训考核与成绩评定

序号	考核内容	配分	考核标准
1	正确使用拆装工具设备	10	工具或设备使用错误每次扣2分
2	解体手动变速器	40	分解顺序、方法不对每次扣2分
3	装合手动变速器	40	安装方法不对每次扣5分
4	操作规范、有序、不超时、整理工具、清理现场	10	操作欠规范或超时等每项扣2分
5	遵守安全规范，无人身、设备事故		因操作不当发生重大事故，此次实训按0分计
6	分数统计	100	

项目 11.3　自动变速器拆装与结构认识

11.3.1　实训内容、要求与安排（表11-6）

表 11-6　实训内容、要求与安排

实训内容与要求	主要实训条件	实训安排
1. 熟悉汽车自动变速器的结构原理 2. 学会自动变速器的基本拆卸 3. 学会自动变速器的基本安装	1. 桑塔纳2000GSi汽车自动变速器1台/组 2. 自动变速器零部件1套/组 3. 汽车拆装工具1套/组 4. 用具盘、洗件盘、毛刷、抹布1套/组 5. 多媒体教室及相关的教具、录像片和教学挂图	1. 实训课时：8学时 2. 组织安排：每3～5人/组，老师指导，学生动手

11.3.2　实训步骤、操作方法及注意事项【视频见配套资源项目11.3】

1. 汽车自动变速器的结构原理认识

结合《汽车构造与原理 中册》教材第11章相关内容学习。

2. 桑塔纳2000GSi型汽车自动变速器的基本拆装

（1）拆卸和安装ATF加注管

 注　意

松开接头之前，应彻底清洁接头及周围区域。松开接头后，立即用手把ATF加注管插入变速器或冷却器上的制动块，然后拧紧。更换ATF加注管后，检查ATF液位并进行补充。

（2）分解和组装行星齿轮减速器　行星齿轮减速器分解总图如图11-21所示。ATF泵至支撑管的元件图如图11-22所示。倒档齿轮离合器K2至大太阳轮齿轮之间的零件图如图11-23所示。自由轮和倒档制动器B1如图11-24所示。

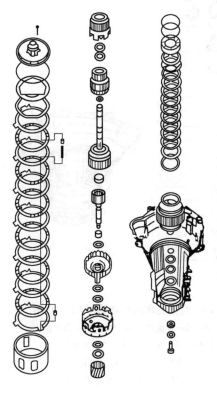

图 11-21　行星齿轮减速器分解总图

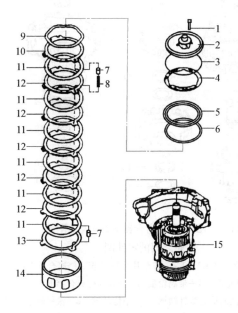

图 11-22　ATF 泵至支撑管的元件图

1—螺栓　2—ATF 泵　3—O 形圈　4—密封垫　5—止推环
6—调整垫片　7—弹簧头　8—弹簧　9—波纹形弹簧片
10、12—外摩擦片　11、13—内摩擦片　14—支撑管　15—变速器壳体

1）行星齿轮减速器的分解。

①拆下密封塞和 ATF 溢流管，排空 ATF。取出变矩器，用螺栓把变速器固定在总成支架上，拆下盖板、油底壳、ATF 过滤网及带扁平线束的阀体。取出 B1 的密封塞（图 11-25）。

②拆下 ATF 泵的螺栓。把螺栓（M8）拧入 ATF 泵的螺纹孔内，均匀地拧入螺栓，将 ATF 泵从变速器的壳体内压出。

③将所有的离合器连同支撑管、B2 摩擦片、弹簧和弹簧头一起取出。

④啮合驻车锁，将螺钉旋具穿过大太阳齿轮的孔，松开小传动轴的螺栓。拆下小传动轴的螺栓以及垫圈和调整垫片。行星齿轮架的椎力滚针轴承保留在变速器/输入齿轮内。抽出小传动轴、大传动轴和大太阳齿轮。

⑤拆下变速器速度传感器、支撑管卡环。拆下导流块（图 11-26）。

⑥拆下自由轮的卡环。用钳子夹住自由轮的定位键，把自由轮从变速器的壳体中抽出。把小太阳齿轮以及垫圈和推力滚针轴承从行星齿轮架中抽出。取出行星齿轮架和碟形弹簧，拆下倒档制动器 B1 的摩擦片，取出推力轴承和垫圈。

2）行星齿轮减速器的组装。按拆卸相反次序安装。

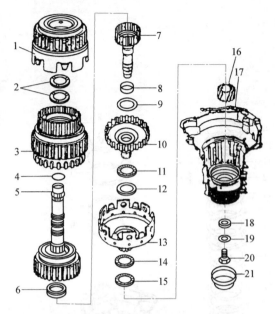

图 11-23　倒档齿轮离合器 K2 至大太阳轮
齿轮之间的零件图

1—倒档离合器 K2　2—调整垫片　3—1 至 3 档离合器 K1
4—O 形圈　5—带涡轮轴的 3 档和 4 档离合器 K3
6—带垫圈的推力滚针轴承　7—小传动轴　8—滚针轴承
9、11、14—推力滚针轴承　10—大传动轴
12、15—推力滚针轴承垫圈　13—大太阳轮
16—小太阳轮齿轮　17—已装入自由轮和卡环的变速器壳体
18—行星齿轮架调整垫片　19—垫圈
20—螺栓（30N·m）　21—盖板

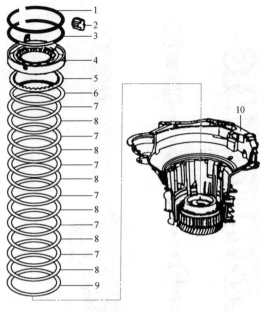

图 11-24　自由轮和倒档制动器 B1 元件图

1—卡环　2—导流块　3—卡环　4—自由轮
5—碟形弹簧　6—压力板　7—内摩擦片
8—外摩擦片　9—调整垫片
10—装有行星齿轮架的变速器壳体

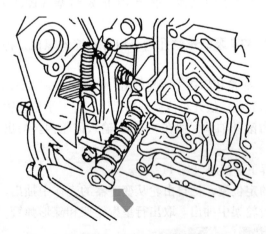

图 11-25　取出 B1 的密封塞

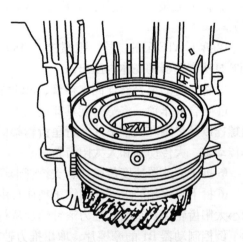

图 11-26　拆下导流块

注　意

①安装前清洁所有零部件。

②保证各零部件正确安装到位，各螺钉按规定力矩拧紧。

③安装完成，最后加注 3L 的 ATF。

11.3.3　实训考核与评分

1. 实训考核题目

1）正确分解桑塔纳 01N 自动变速器。

2）正确装配桑塔纳 01N 自动变速器。

2. 实训成绩评定（表 11-7）

表 11-7　实训考核与成绩评定

序号	考核内容	配分	考核标准
1	正确使用拆装工具、仪器	10	使用不当每次扣 2 分
2	自动变速器的分解	40	分解错误每次扣 5 分
3	自动变速器安装与调整	40	安装与调整错误每次扣 5 分
4	操作规范、有序、不超时	10	操作欠规范或超时每项扣 2 分
5	遵守安全规范，无人身、设备事故		出现人身、设备事故的，此次实训按 0 分计算
6	分数统计	100	

项目 11.4　CVT 变速器的拆装与结构认识

11.4.1　实训内容、要求与安排（表 11-8）

表 11-8　实训内容、要求与安排

实训内容与要求	主要实训条件	实训安排
1. 熟悉汽车 CVT 变速器的结构原理 2. 学会 CVT 变速器的基本拆装	1. CVT 变速器 1 台/组 2. CVT 变速器零部件 1 套/组 3. 汽车拆装工具 1 套/组 4. 用具盘、洗件盘、毛刷、抹布 1 套/组 5. 多媒体教室及相关的教具、录像片和教学挂图	1. 实训课时：4 学时 2. 组织安排：每 3 ～ 5 人/组，老师指导，学生动手

11.4.2　实训步骤、操作方法及注意事项【视频见配套资源项目 11.4】

1. 汽车 CVT 变速器的结构原理认识

结合《汽车构造与原理 中册》教材第 11 章相关内容学习。

2. CVT 的基本拆装

以比亚迪 L3 汽车 CVT 变速器为例。

（1）差速器油封的拆装

1）将变速器中的油排净，取下半轴。

2）用一个大的一字螺钉旋具将油封撬出（图11-27），小心不要将一字螺钉旋具放得太深，以保护壳体。

3）扔掉拆下来的油封，取一个新的油封将其放在壳体上（图11-28），将专用工具放在油封上，并用橡胶锤将其敲进壳体中，要确保安装到位。

4）安装半轴。根据说明给变速器重新加油。

（2）输入轴油封的拆装

1）将变速器油排净，将变速器从车中取下。

2）用一个大一字螺钉旋具将油封从壳体中取出（图11-29）。沿油封的中空处往外撬，一定要非常小心，否则会损坏变速器输入轴。

 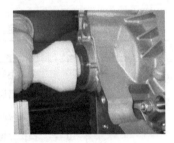 

图11-27　油封拆卸　　　　　图11-28　油封安装　　　　　图11-29　拆卸输入轴油封

3）将此油封拿出。将油封定位衬套放在输入轴上（图11-30），取一个新的油封放在此定位衬套上，将专用工具放在输入轴上（图11-31），用橡胶锤敲击专用工具并注意安装到位。

4）将专用工具取下并将变速器装回车中。

（3）选档轴油封的拆装

1）将变速器油排净，将变速器从车中拆下。

2）将变速杆拆下，将专用工具放在选档轴上（图11-32）。

图11-30　安装输入轴油封1　　图11-31　安装输入轴油封2　　图11-32　将专用工具放在选档轴上

3）用扳手将专用工具旋进油封，压住扳手的顶端，使得专用工具旋进油封，用工具转动专用工具上的螺栓，将换档轴油封从壳体中拉出来（图11-33）。

4）按照拆卸相反顺序安装油封到选档轴上，用专用工具将油封安装到位。

（4）主动锥轮轴端盖的拆装

1）从变速器中放出机油，拆下三个螺栓并将卡扣拿下。

2）用一个较大的一字螺钉旋具将端盖取下，用一块布垫在下面以防损坏变速器壳体（图 11-34）。

3）按照拆卸相反顺序安装 O 形圈和端盖。

（5）油泵的拆装

1）将油泵上的六个螺栓取下并将专用工具放到油泵轴上（图 11-35），将油泵拉出（图 11-36）。

图 11-33　旋转小螺栓将油封拉出

图 11-34　拆卸主动锥轮轴端盖

图 11-35　取下六个螺栓
并安装专用工具

2）按照拆卸相反顺序安装油泵。注意确认在油泵上放了两个 O 形圈；注意不要将圆锥形回位弹簧拿出；确认直径较大的一端朝向油泵（图 11-37）。

（6）主动锥轮轴滚珠轴承的拆装

1）在轴和螺母上做标记（图 11-38），将螺母取下。

图 11-36　将油泵拉出

图 11-37　圆锥形弹簧垫片

图 11-38　在轴和螺母上做标记

2）用小的一字螺钉旋具将轴承上的防尘罩取下（图 11-39）。

3）将专用的塞子放在轴上，安装轴承拆卸器，拉出轴承（图 11-40）。

4）按照拆卸相反顺序安装轴承（图 11-41）。

（7）从动锥轮轴端盖的拆装

1）将四个埋头螺钉拆下。

2）拆下端盖及其两个 O 形圈、一个密封圈。

3）按照拆卸相反顺序安装端盖、O 形圈和密封圈。

（8）油底壳的拆装

1）将放油螺塞拆下并将油排净。

2）将油底壳上的 13 颗螺栓全部拆下（图 11-42），取下油底壳。

图 11-39　将主动锥轮轴承上的防尘罩取出　　　　图 11-40　拉出轴承　　　　图 11-41　安装轴承

3）按照拆卸相反顺序安装油底壳等零部件。

（9）油滤器的拆装

1）将油滤器轻轻取出。

2）取一个带 O 形圈的滤芯　并润滑（图 11-43），轻轻地将滤芯按压到位（滤芯中间的孔正好和液压控制块上中间螺栓配对）。

（10）驾驶模式传感器的拆装

1）将驾驶模式传感器上的两个螺钉拆下（图 11-44）。

2）小心地将驾驶模式传感器从液压控制块

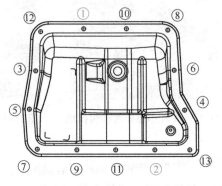

图 11-42　螺钉拆装顺序

上取下，传感器通过一个小销子与液压控制块上的金属滑片固定在一起，将传感器往下压使销子脱离滑片（图 11-45），用一个小的一字螺钉旋具将传感器接头上的锁打开，并压住白色锁扣将接头分离（图 11-46）。

图 11-43　油滤器拆装　　　　图 11-44　拆下驾驶模式传感器螺钉　　　　图 11-45　将传感器往下压使销子脱离滑片

3）按照拆卸相反顺序安装驾驶模式传感器等零部件。

（11）液压控制块的拆装

1）如图 11-47 所示的顺序，按照 20-19-18…1 的顺序将螺钉取下。

2）将液压控制块取出，并将 4 个接头分开（图 11-48）。

3）按照拆卸相反顺序安装液压控制块等零部件。

注意将液压控制块安装到位，在液压控制块后面有一个销子，要放到正确的位置（图11-49），确保金属滑片和换档凸轮上的销子配合到位（图 11-50）。

图 11-46　压住白色锁扣将接头分离

图 11-47　拆卸螺钉顺序

图 11-48　将四个接头拆下

图 11-49　液压控制块后面的定位销

图 11-50　离合器控制阀拉杆要和
换档凸轮上的定位销固定到位

11.4.3　实训考核与评分

1. 实训考核题目

正确进行 CVT 变速器的拆装。

2. 实训成绩评定（表 11-9）

表 11-9　实训考核与成绩评定

序号	考核内容	配分	评分标准
1	正确使用工具、仪器	10	工具使用不当每次扣 2 分
2	差速器油封、输入轴油封、选档轴油封拆装	10	错误每处扣 3 分
3	主动锥轮轴端盖及其轴承拆装	15	错误每处扣 3 分
4	油泵及油滤器拆装	15	错误每处扣 3 分
5	油底壳与从动锥轮轴端盖拆装	15	错误每处扣 3 分
6	驾驶模式传感器拆装	10	错误每处扣 3 分
7	液压控制块拆装	15	错误每处扣 3 分
8	操作规范、有序，不超时	10	操作欠规范或超时每项扣 2 分
9	安全用电和防火，无人身、设备事故		出现人身和设备事故，此次实训按 0 分计
10	分数统计	100	

项目 11.5 汽车万向传动装置拆装与结构认识

11.5.1 实训内容、要求与安排（表 11-10）

表 11-10 实训内容、要求与安排

实训内容与要求	主要实训条件	实训安排
1. 熟悉汽车万向传动装置的结构原理 2. 学会万向传动装置的基本拆装 3. 学会万向传动装置的基本检查	1. 汽车 1 辆或汽车底盘 1 台 2. 万向传动装置零部件 1 套/组 3. 汽车拆装工具 1 套/组 4. 用具盘、洗件盘、毛刷、抹布 1 套/组 5. 多媒体教室及相关的教具、录像片和教学挂图	1. 实训课时：2 学时 2. 组织安排：每 3 ~ 5 人/组，老师指导，学生动手

11.5.2 实训方法步骤【视频见配套资源项目 11.5】

1. 汽车万向传动装置的结构原理认识

结合《汽车构造与原理 中册》教材第 11 章相关内容学习。

2. 万向传动装置的拆解与检查

（1）总成的拆卸

1）用举升机将汽车举起。

2）拧下与后桥相连的四个螺栓螺母，将后传动轴后端拆下。

3）拧下与中间轴相连的四个螺栓螺母，将后传动轴总成拆下。

4）松开中间支承支架与车架横梁的连接螺栓，将中间支承的一端拆下。

5）拆下与驻车制动鼓连接的四个螺栓螺母，将中间传动轴总成拆下。

（2）总成的分解与检查

1）检查传动轴总成上的装配标记是否齐全，如标记不全或不清，自做一个标记如图 11-51 所示。

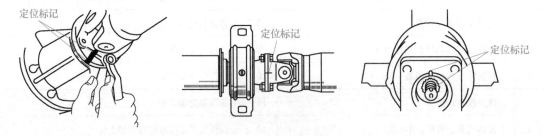

图 11-51 传动轴定位标记

2）拧开滑动叉油封盖，把花键轴从滑动叉里拔出来，取下油封、垫片、盖。

3）用卡环钳取出每个万向节耳孔内的弹性挡圈，左手把传动轴的一端抬起，右手拿手

锤轻敲耳根部，将一个滚针轴承从耳孔中振出来，再将传动轴转动180°，用同样方法将凸缘叉上另一个滚针轴承振出，取下凸缘叉。

4）左手抓住十字轴，将传动轴一端抬起，右手拿手锤轻敲万向节叉耳根部，将一个滚针轴承从耳孔中振出来，再将传动轴转动180°，用同样方法将万向节叉上另一个滚针轴承振出，取下十字轴。注意滑脂嘴应朝向开档大的一侧，以免损坏油嘴，严禁用锤子打击或用台虎钳夹住传动轴管。

5）拔出开口销，用套筒扳手拧下中间支承槽螺母，取出垫圈。用锤子轻敲凸缘背面边缘，松动后把凸缘从中间花键轴上拔出来。

6）在轴承座的前端放置一垫板，用锤子轻敲垫板，将中间支承总成从花键轴上打出来。

7）把轴承座夹在台虎钳上，用铜棒、锤子把两边的油封打出来，再取出轴承。

8）检查十字轴表面、轴承、传动轴和滑动花键是否磨损、弯曲。

3. 万向传动装置的装配

（1）滑动花键副的装配

1）将油封盖、油封垫片、油封套在花键轴上。

2）对准滑动叉和传动轴轴管上的装配标记，把滑动叉套在花键轴上。

3）装好油封、油封垫片，拧紧油封盖。

（2）万向节的装配

1）将十字轴上的油嘴朝向滑动叉的一方，并和滑动叉上的油嘴同相位，把十字轴插入滑动耳孔内。

2）把滚针轴承放入耳孔内并套在十字轴轴颈上，用铜棒、锤子轻敲滚针轴承外底面，使滚针轴承进入耳孔并到位。

3）用卡环钳把弹性挡圈装入耳孔内的卡环槽里，或装上压板和螺栓并锁止。

4）对准装配标记，把凸缘叉套在十字轴的另一对轴颈上，用同样方法装配另一端的万向节。

注　意

①弹性挡圈一定要整个厚度进入槽底，否则会在传动轴转动中弹出，发生轴承脱落事故。

②十字轴承压板螺栓一定在按要求拧紧，防止脱落，拧紧力矩为30~40N·m，用采扳手拧紧即可，不可施力过大，否则将会造成螺栓损坏，拧紧后用锁片锁止，并检查万向节转动是否灵活、间隙是否合适。

（3）中间支承的装配

1）将中间支承轴承装入轴承座，两侧压入油封，装上橡胶垫环。

2）将装配好的中间支承总成无滑脂嘴的一侧对着中间传动轴并套入花键轴，再将凸缘也套入花键轴；凸缘的相位应与另一端凸缘叉的相位一致。

3）在凸缘端面上垫上垫板，用锤子轻敲垫板，使中间支承和凸缘到位。放上垫圈，再用100~150N·m的力矩拧紧螺母，装上开口销。

（4）总成的装复　装复传动轴总成应从前端开始，顺次向后装。

1）将中间传动轴支承总成前端的凸缘叉装在驻车制动器上，装上弹簧垫圈和螺母，并用 160~240N·m 的力矩拧紧。

2）将中间传动轴及支承总成后端通过中间支承支架和上盖板固定在车架上，用 157～216N·m 的力矩拧紧。

3）将传动轴及滑动叉总成叉端的凸缘与中间传动轴的后凸缘连接，另一端与后桥凸缘连接，用专用螺栓螺母和弹性垫圈以 160~240N·m 的力矩将其紧固。

 注 意

①装配前应注意滑脂嘴的朝向，尽可能与前传动轴滑脂嘴的朝向一致，以便加注润滑脂。

②每个螺栓上都应装有两个弹簧垫圈：一个装在凸缘叉一侧的螺栓头下，另一个装在凸缘叉一侧的螺母下。

11.5.3　实训考核与评分

1. 实训考核题目

正确拆装与检查万向传动装置。

2. 实训成绩评定（表 11-11）

表 11-11　实训考核与成绩评定

序号	考核内容	配分	考核标准
1	正确使用工具设备	10	工具或设备使用错误每次扣 2 分
2	万向传动装置的拆解与检查	40	拆卸、分解与检查错误每次扣 5 分
3	万向传动装置的装配	40	装配错误每次扣 5 分
4	操作规范、有序、不超时、整理工具、清理现场	10	操作欠规范或超时等每项扣 2 分
5	遵守安全规范，无人身、设备事故		因操作不当发生重大事故，此次实训按 0 分计
6	分数总计	100	

项目 11.6　汽车驱动桥的拆装与结构认识

11.6.1　实训内容、要求与安排（表 11-12）

表 11-12　实训内容、要求与安排

实训内容与要求	主要实训条件	实训安排
1. 熟悉汽车驱动桥的结构原理 2. 学会驱动桥的基本拆装 3. 学会驱动桥的基本检查	1. 汽车 1 辆或汽车底盘 1 台 2. 汽车驱动桥零部件 1 套/组 3. 汽车拆装工具 1 套/组 4. 用具盘、洗件盘、毛刷、抹布 1 套/组 5. 多媒体教室及相关的教具、录像片和教学挂图	1. 实训课时：2 学时 2. 组织安排：每 3～5 人/组，老师指导，学生动手

11.6.2　实训方法步骤【视频见配套资源项目 11.6】

1. 汽车驱动桥的结构原理认识

结合《汽车构造与原理 中册》教材第 11 章相关内容学习。

2. 汽车驱动桥的拆卸、分解与检查

以东风 EQ1108G 汽车驱动桥为例。其装配要求见表 11-13。

表 11-13　东风 EQ1108G 驱动桥装配要求

项　目		要　求	项　目	要　求
后轮毂内轴承与半轴套管配合间隙		0.005~0.045mm	轮毂与制动鼓结合面轴向圆跳动	<0.15mm
后轮毂外轴承与半轴套管配合间隙		0.015~0.06mm	主、从动锥齿轮齿隙	0.20~0.40mm
后轮毂内、外轴承孔与轴承配合间隙		−0.096~+0.038mm	半轴齿轮与行星齿轮齿隙	0.25~0.45mm
后桥钢板弹簧座定位孔直径		27.6mm	主动锥齿轮轴承预紧力	17~50N
左、右半轴套管外轴承颈径向圆跳动		<0.1mm	差速器支撑轴承预紧力	38~52N
半轴中部未加工表面的径向圆跳动		<1.5mm	差速器行星齿轮与轴的间隙	0.065~0.119mm
半轴凸缘内端面摆差		<0.1mm	半轴齿轮轴套与差速器壳间隙	0.15~0.27mm
轮毂与半轴凸缘结合面轴向圆跳动		<0.15mm	后桥半轴的弯曲	<0.1mm
轮辋摆差	水平	<2.0mm	轮毂轴承预紧度	30~65N
	垂直	<2.0mm	制动鼓与制动蹄间隙	24mm

分解主减速器步骤如下：

1）在减速轴承盖和减速器壳之间做上标记。拧松轴承盖的固定螺栓，利用差速器扳手，拆下调整螺母（图11-52）。

2）拆下轴承盖和螺栓，吊下差速器总成。

3）利用拆卸器拆下主动锥齿轮总成，同时拆下 O 形圈和调整垫片。

3. 汽车驱动桥的装配与调整

（1）装配主动锥齿轮

1）将主动锥齿轮前轴承总成的外圈压入轴承座。后排轴承内圈装于主动锥齿轮上。装上隔套和调整垫片。

2）将主动锥齿轮装入轴承座，并放入轴承总成的前排轴承内圈（图 11-53）。

3）装上主减速器壳上的后圆柱滚子轴承，然后装上弹性挡圈，装上主动齿轮凸缘和平垫圈，并以规定的力矩拧紧大螺母。

4）将轴承座固定住，用弹簧秤钩住凸缘上的孔（图11-54），测量轴承的起动力。如果预紧负荷值超出

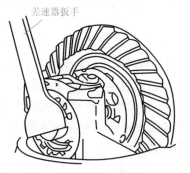

图 11-52　拆调整螺母

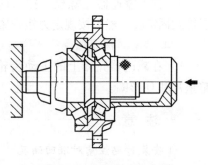

图 11-53　安装主动锥齿轮

了规定范围（表11-13），拆开调整垫片的厚度，再测量其厚度。测量前，应用手反复转动凸缘，使轴承正确就位。

5）预紧负荷调整后，拆下螺母、垫片和凸缘，将油封装入轴承座中（图11-55）。并在油封刃口涂上一层机油。

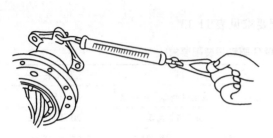

图11-54　测量轴承起动力

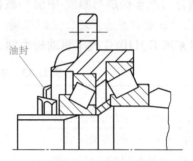

图11-55　油封的安装

 注　意

　　不能用铁锤敲打，要保证油封骨架的任何一处都不产生变形，如有变形，应更换油封。

6）装上凸缘、O形垫圈和平垫圈，拧上槽形螺母，并按规定力矩拧紧。

7）穿上开口销锁住螺母。如果槽和孔没有对准，将螺母再稍稍拧紧到槽与最近的孔对准为止。再测量实际的轴承预紧负荷，将测得的值与标准值相对比（表11-13）。

（2）装配差速器总成

1）将差速器轴承的内圈压入差速器左、右半壳。

2）将从动锥齿轮装在差速器左壳上，拧上螺栓，拧入前在螺纹表面涂上一层螺纹密封胶，然后按规定力矩拧紧螺栓。

3）将半轴齿轮和支承垫片装入差速器壳中，将行星齿轮及支承垫片装在十字轴上，然后将十字轴总成装入差速器壳中。

4）将半轴齿轮和支承垫片放在行星齿轮上，盖上差速器右壳。注意对准左、右半壳上标记（图11-56）。

5）拧上差速器壳螺栓，拧入前在螺纹表面涂上一层螺纹固定胶，然后按规定力矩拧紧螺栓。

（3）装配减速器总成

1）在减速器壳体上的主动齿轮轴承座外圈装上调整垫片和O形圈。

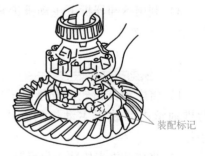

图11-56　左右半壳的结合

 注　意

①安装时要注意对准回油孔。
②整片和半片调整垫片的装配位置如图11-57所示。

2）在主减速器壳上的后矩圆柱滚子轴承上涂抹润滑脂，使滚子定位在轴承外圈上。将主动轮总成装入减速器壳中，确定主动锥齿轮的后端头能自由地进入后轴承后，按表 11-13 中规定力矩紧固轴承座螺栓。

3）将差速器轴承外圈装上，并将差速器总成放入减速器壳中。装上调整螺母，盖上轴承盖，对准分解时做的相配标记，暂时拧紧螺栓。

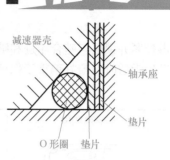

图 11-57　垫片的安装

 注　意

在紧固轴承座螺栓的同时，要随时转动从动锥齿轮，注意检查主、从动锥齿轮的轮齿有无顶死的现象，以免损坏齿轮。

4）对照表 11-13 中的数值调整主动锥齿轮和从动锥齿轮之间的齿侧间隙。首先松开右侧螺母，拧进左侧螺母，使得齿侧间隙为零，然后松开左侧螺母，拧进右侧螺母来粗调整侧隙接近标准值。再逐步细调。若要增加齿侧间隙，松开右侧螺母，拧进左侧螺母，这样可使从动锥齿轮离开主动锥齿轮；若要减小齿侧间隙，按相反方法操作，如图 11-58 所示。

5）同时旋进或旋出左右调整螺母，调整差速器滚锥轴承的预紧负荷。用手反复转动从动锥齿轮，使轴承正确就位，然后用弹簧秤钩住从动锥齿轮螺栓，测量轴承的起动力（图 11-59），直至轴承的预紧负荷到表 11-13 中的值。

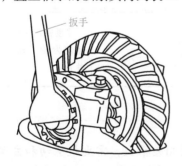

图 11-58　调整从动轮齿隙

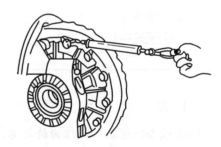

图 11-59　测量轴承起动力

6）在从动锥齿轮的 2~3 个齿面上涂上红丹粉或贴上红色的铅薄膜，反复转动从动锥齿轮，使有红丹粉的齿面与主动锥齿轮多次接触，然后检查齿轮的接触印迹，正确的啮合印迹如图 11-60 所示，驱动面上的长度约占齿面宽的 46%~70%，滑行齿面上的长度约占齿面宽的 38%~62%，并略偏向齿的小端。

7）如果啮合印迹不正确，按表 11-14 中的说明进行调整。

啮合间隙的调整用移动差速器轴承调整螺母，即通过左右移动从动锥齿轮位置来达到。为保持已调整好的差速器轴承预紧度不变，一端螺母拧出（或拧进）多少，另一

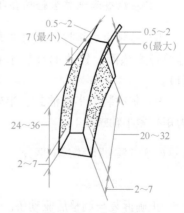

图 11-60　啮合印迹

端螺母则相应拧进（或拧出）多少，拧动调整螺母前，先要松开轴承盖紧固螺栓，调好后再拧紧并锁好。啮合印迹和啮合间隙的调整是同时的，调整时，往往需要相互配合。当两者发生矛盾时，最好偏重于保证良好的接触印迹，但齿隙与规定要求相比不能相差太大。

表 11-14　啮合印迹的调整

齿轮接触印迹		调整过程	
1		正确接触区	不必调整
2		从动锥齿轮过于靠近主动锥齿轮	齿轮间隙小（旋出左侧调整螺母、旋入右侧螺母）
3		从动锥齿轮过于远离主动锥齿轮	齿轮间隙大（旋出右侧调整螺母、旋入左侧螺母
4		从动锥齿轮上接触区过高	主动锥齿轮过于远离从动锥齿轮（减少调整垫片）
5		从动锥齿轮上接触区过低	主动锥齿轮过于靠近从动锥齿轮（增加调整垫片）

注　意

①如果啮合印迹在从动锥齿轮相邻两点上的位置相差很大，需更换从动和主动锥齿轮，直到相同为止。

②在检查和调整齿轮啮合印迹后需再次确认啮合间隙。

8）按规定力矩拧紧差速器轴承盖螺栓。装上锁片、螺栓及弹簧垫圈。锁片的脚要卡在调整螺母的槽中（图 11-61）。

9）依次装上半轴油封、半轴及半轴密封垫。以规定的力矩拧紧半轴螺栓。

11.6.3　实训考核与评分

1. 实训考核题目

正确拆装与调整后驱动桥。

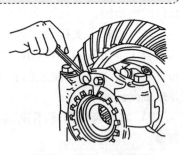

图 11-61　锁止调整螺母

2. 实训成绩评定（表 11-15）

表 11-15　实训考核与成绩评定

序号	考核内容	配分	考核标准
1	正确使用工具、设备	10	工具或设备使用错误每次扣 2 分
2	汽车驱动桥的拆卸、分解与检查	30	拆卸、分解与检查错误每次扣 5 分
3	汽车驱动桥的装配与调整	50	装配与调整不对每次扣 5 分
4	操作规范、有序、不超时、整理工具、清理现场	10	操作欠规范或超时等每项扣 2 分
5	遵守安全规范，无人身、设备事故		因操作不当发生重大事故，此次实训按 0 分计
6	分数总计	100	

第 ⑫ 章

汽车行驶系统实训

项目 12.1 车轮的拆装与结构认识

12.1.1 实训内容、要求与安排（表 12-1）

表 12-1 实训内容、要求与安排

实训内容与要求	主要实训条件	实训安排
1. 熟悉轮胎的结构 2. 学会车轮的拆装 3. 学会轮胎的拆装及动平衡调整 4. 学会轮胎的充气	1. 整车 1 辆或汽车底盘 1 台/组 2. 轮胎拆装机、动平衡机各 1 台，空气压缩机 1 台（或有压缩空气源） 3. 汽车车轮拆装工具、零件存放台或盆 1 套/组 4. 轮胎气压表每组 1 套/组 5. 多媒体教室 1 间，相关的教具、录像片和教学挂图	1. 实训课时：4 学时 2. 组织安排：每 3~5 人/组，老师指导，学生动手

12.1.2 实训方法步骤【视频见配套资源项目 12.1】

1. 车轮总成结构原理认识

结合《汽车构造与原理 中册》教材第 12 章学习。

2. 轮胎气压的检查与充气

1）在平地上停稳车辆，旋下气门嘴盖，用气门扳手检查并拧紧气门芯，将轮胎气压表与轮胎气门相连，读出轮胎气压。

2）若轮胎气压低于规定值，需要充气。将轮胎气压表与压缩气源相连，充气到规定要求。

3）取下充气工具，盖上气门嘴盖。

3. 车轮的拆装

1）拆下车轮饰板，用十字轮胎扳手或套筒扳手旋松车轮螺栓。

2）用举升机或千斤顶将汽车举起，旋出轮胎螺栓，卸下车轮总成。

3）按照拆卸相反顺序安装车轮，注意用轮胎扳手依次交叉拧紧车轮螺栓至规定力矩。

4. 轮胎的拆装

（1）轮胎拆装机的结构与使用说明　轮胎拆装机的结构如图 12-1 所示。各杆件的作用如下：

1）操作杆系统。通过立杠上下运动及悬臂水平摆动使拆装头处于工作位置。

定位螺栓 1：用于调整悬臂的水平方位及机头与钢圈的间隙。

锁紧杆 2：用于固定垂直杆的上下位置。

悬臂 3：带动垂直立杆水平摆动。

垂直立杆 4：通过垂直立杆上下移动，保证拆装头处于工作位置。

拆装头 5：借助橇棒将轮胎从轮圈上拆下或将轮胎装上。

2）自动定心卡盘。该卡盘用于固定和转动轮辋，由两个自动定心的气缸组成气压机构。

卡爪 6：用卡爪内侧或外侧固定轮辋。

滑动卡座 7：驱动卡爪做开启或闭合运动。

转盘 8：驱动锁定的轮辋顺时针或逆时针旋转。

3）脚踏板控制系统。

转盘转动踏板 9：位于机身两侧，下压此踏板，转盘顺时针旋转；上提此踏板，转盘逆时针旋转。

卡爪闭合踏板 10：用于关闭卡爪 6。

卡爪开启踏板 11：用于开启卡爪 6。

大铲压胎踏板 12：压下此踏板，大铲向里运动。

4）胎唇拆卸器。

大铲臂 14：在大气缸的驱动下做运动。

大铲 15：用于压下胎唇。

支撑胶板 16：在拆卸过程中起支撑防滑作用。

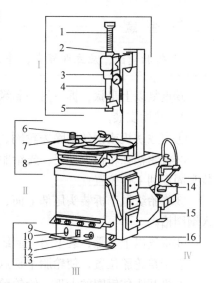

图 12-1　轮胎拆装机的结构

Ⅰ—操作杆系统　Ⅱ—自动定心卡盘
Ⅲ—脚踏板控制系统　Ⅳ—胎唇拆卸器
1—定位螺栓　2—锁紧杆　3—悬臂
4—垂直立杆　5—拆装头　6—卡爪
7—滑动卡座　8—转盘　9—转盘转动踏板
10—卡爪闭合踏板　11—卡爪开启踏板
12—大铲压胎踏板　13—底座　14—大铲臂
15—大铲　16—支撑胶板

（2）轮胎拆装

1）轮胎拆卸。

①从车上拆下车轮，将轮胎内空气放尽，去掉车轮上的平衡块，以免发生危险。

②把车轮竖起靠近轮胎拆装机支撑胶板 19，踩下大铲压胎踏板 12，压下轮胎。松开踏板，慢慢转动车轮，重复上述动作，直到把胎唇全部从轮辋边缘压开。

③扳动锁紧杆 2，松开垂直立杆 4，将轮胎锁紧在转盘上 8 上，锁紧方式有两种：一种是外夹，另一种是里夹。

外夹：将轮胎放于转盘上，踩踏开启踏板 11，直至卡爪 6 将轮胎锁紧。

里夹：先将卡爪外张开，将轮胎放置在转盘上，踩踏锁紧踏板，卡爪锁紧轮辋外缘。对胎口较紧的轮胎推荐里夹。

④按下垂直立杆，使拆装头 5 靠近轮胎边缘，并用锁紧杆锁紧垂直立杆。调整悬臂定位螺栓 1，使机头滚轮与钢圈外缘隔离间隙为 5~7mm，上下提升 3mm 左右。

⑤用撬杆将胎缘撬在拆装头上，点踩转盘转动踏板 9，让转盘顺时针旋转，直到胎缘脱落为止。

 注　意

如拆胎受阻，应立即停车，并点踩转盘转动踏板，让转盘逆时针转动，消除障碍。

⑥重复以上步骤，拆下另一胎缘。

2）轮胎安装。

①用除锈机或钢丝刷除去轮辋、挡圈和锁圈上的锈迹。

②将轮辋在转盘上锁定，先给胎唇涂上润滑膏或肥皂水，然后把轮胎套在钢圈上，把拆装头固定到工作位置。

③将胎缘置于拆装头尾部上面、机头下部，同时压低胎肚，顺时针旋转转盘，让胎缘落入钢圈槽内。

④重复以上步骤，装上另一胎缘。

⑤调整轮胎位置，使轮胎平衡点位置与气门嘴成180°安装。

⑥松开钳住钢圈的卡爪，给轮胎充气。充气结束时，应迅速用气门扳手拧紧气门芯，并检查是否漏气。

 注　意

在给轮胎充气过程中让手和身体尽量远离轮胎，以免轮胎爆炸造成伤害。

5. 轮胎的动平衡

（1）轮胎动平衡机　离车式轮胎动平衡机一般由驱动装置、转轴与支承装置、显示与控制装置、制动装置、机箱和车轮防护罩等组成（图12-2）。

微机式轮胎动平衡机　具有自动诊断和自动功能，能将传感器的电信号通过微机运算、分析、判断后显示出不平衡量及相位。在测量前，必须将测得的轮辋直径 d、轮辋宽度 b 和轮辋边缘至平衡机机箱的距离 a（轮辋外悬尺寸），通过键盘或选择器旋钮输入平衡机微机。

（2）轮胎动平衡过程

1）清除被测车轮上的泥土、石子和旧平衡块。检查轮胎气压，充至规定值。

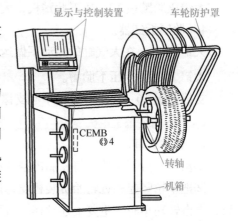

图12-2　离车式轮胎动平衡机

2）根据轮辋中心孔的大小选择锥体，仔细将车轮装上平衡机的转轴，用大螺距螺母上紧。

3）打开电源开关，检查指示与控制装置的面板是否指示正确。

4）用专用卡尺（图12-3）测量轮辋直径 d、轮辋宽度 b（也可由胎侧读出），用平衡机上的标尺测量轮辋边缘至机箱距离 a，用键入或选择器旋钮对准测量值的方法，将 a、b、d 直接输入指示与控制装置。

5）放下车轮防护罩，按下起动键，车轮旋转，平衡测试开始，微机自动采集数据。

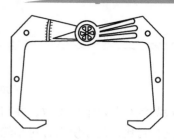

6）车轮自动停转或听到"笛"声，按下停止键并操纵装置使车轮停转后，从指示装置读取车轮内、外不平衡量和不平衡位置。

7）抬起车轮防护罩，用手慢慢转动车轮。当指示装置发出指示（音响、指示灯亮、制动、显示点阵或显示检测数据等）时停止转动。在轮辋的内侧或外侧的上部（时钟 12 时点位置）加装指示显示的该平衡块质量。内、外侧要分别进行，平衡块装夹要牢固。

图 12-3　离车式轮胎动平衡机专用卡尺

8）安装平衡块后有可能产生新的不平衡，应重新进行平衡试验，直至不平衡量小于 5g，指示装置显示"00"或"OK"。当不平衡量相差 10g 左右时，如能沿轮辋边缘左右移动平衡块一定角度，将可获得满意的效果。

12.1.3　实训考核与评分

1. 实训考核题目

1）正确检查轮胎气压与轮胎充气。

2）正确拆装轮胎。

3）正确进行车轮动平衡。

2. 实训成绩评定（表 12-2）

表 12-2　实训考核与成绩评定

序号	考核内容	配分	评分标准
1	正确使用工具、设备	20	工具或设备使用错误每次扣 5 分
2	轮胎气压检查与充气	15	拆装步骤、方法错误每项扣 2 分
3	轮胎拆装	30	拆装步骤、方法错误每项扣 5 分
4	车轮动平衡实验	25	拆装步骤、方法错误每项扣 5 分
5	操作规范、有序、不超时、整理工具、清理现场	10	操作欠规范或超时等每项扣 2 分
6	遵守安全规范，无人身、设备事故		因操作不当发生重大事故，此次实训按 0 分计
7	分数总计	100	

项目 12.2　汽车四轮定位的检测与调整

12.2.1　实训内容、要求与安排（表 12-3）

表 12-3　实训内容、要求与安排

实训内容与要求	主要实训条件	实训安排
1. 理解汽车四轮定位的定义与作用 2. 学会使用四轮定位仪 3. 学会对常见乘用车四轮定位的检查与调整方法	1. 拆装工具 1 套/组 2. 桑塔纳 2000GSi 汽车 1 台/组 3. 四轮定位仪 1 台 4. 四轮定位举升机一台 5. 相关的教学挂图和实训场地	1. 实训课时：3 学时 2. 组织安排：每 3～5 人/组，老师指导，学生动手

12.2.2 实训方法步骤【视频见配套资源项目12.3】

1. 四轮定位仪简介

（1）四轮定位仪作用　四轮定位仪用于检测汽车车轮定位参数，并与原厂设计参数进行对比，指导使用者对车轮定位参数进行相应的调整，使其符合原设计要求，以达到理想的汽车行驶性能，即操纵轻便，行驶稳定可靠、减少轮胎偏磨损。

（2）四轮定位仪基本结构　四轮定位仪的结构随不同制造厂家的不同有所不同，下面以元征 KWA-501 无线四轮定位仪为例，其基本结构如图 12-4 所示。

（3）四轮定位仪基本测量原理　KWA-501 四轮定位仪基本测量原理如图 12-5 所示，整个系统分数据采集和数据处理两部分。数据采集通过四个探测杆进行，四个探测杆通过四个轮夹与汽车轮辋相连，其上安装有 8 个摄像头，通过 8 个传感器将车轮的位置传送给主机计算机进行数据处理，成像、显示和打印等。

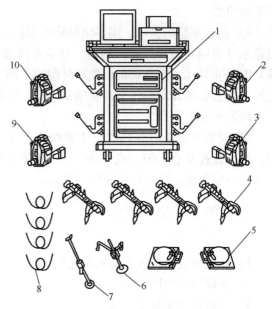

图 12-4　KWA-501 无线四轮定位仪基本结构
1—主机　2—左后探测杆整件　3—右后探测杆整件
4—轮夹　5—转角盘　6—转向盘固定架　7—制动板固定架
8—轮夹绑带　9—右前探测杆整件　10—左前探测杆整件

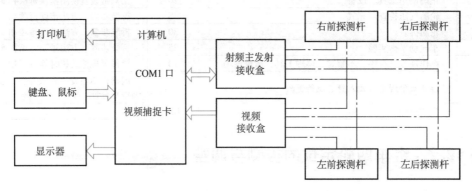

图 12-5　KWA-501 四轮定位仪基本测量原理

2. 汽车四轮定位检测（以桑塔纳2000GSi 轿车为例）

（1）检测前的检查

1）车辆开上升降台，使汽车放正，前轮停在转盘上，后轮停在滑板上。

 注　意

汽车开上升降台前，应把转盘穿好锁销。车辆开上升降台时，车前应当有人引导。

2）升起升降台，观察轮胎有无啃胎，偏磨的情况，轮胎的气压是否正常，轮胎花纹深

浅是否相同。如果有的轮胎磨损太严重，应当先换轮胎再作定位。

3）测量两侧车身是否一样高。一般测量两侧车轮挡泥板上沿到台面的距离，两者应当相等（检查车身高度、悬架高度的方法，参见具体品牌汽车的要求）。如果超过标准，说明两个问题：一是有一侧弹簧疲劳，二是有一侧减振器损坏，需要更换。

4）检查减振器的方法是用力弹压车身，松开手时，若车身上下振动超过三次，说明减振器工作不良。

5）用二次举升器举起汽车，检查横直拉杆各球头是否松旷，上下摆臂胶套有无裂纹、松旷，轴向扳动轮胎，看看轴承是否松旷。这些零件如有损坏，必须先更换再作定位。调整转向盘位置，使轮胎与中心线重合，放下二次举升。

6）检查制动管是否漏油，制动片磨损程度，制动盘是否旋转自如。制动盘、制动片太薄，都要先行更换。

（2）四轮定位相关角度检测

1）将四个探测杆挂架分别悬挂在四个轮辋上（图12-6），注意调整挂架定位块的位置，调好探测杆水平后固定。

2）启动四轮定位仪计算机，打开四轮定位应用程序，依照程序的指引完成录入客户信息，选择所测汽车的生产厂家、车型、时间，查出标准参数，以供比较。

3）对四轮定位计算机进行步骤设置、通信测试、车辆外观检查。

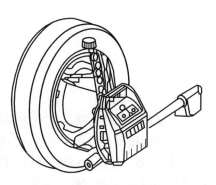

图 12-6　安装探测杆

4）根据所测项目和计算机指引完成所需的轮辋补偿。

5）检测汽车车轮定位参数。屏幕上显示各个定位角度（图12-7），箭头指在表示数值的扇形图上的绿区内时，是合格的。指针落在绿区之外，则需要调整。

6）全部角度调好之后，存储检测结果。可选择打印定位结果，即打印报告单。

7）拆下探测杆和挂架，关闭程序。降下升降台，汽车倒车开下升降台。

注　意

汽车倒车开下升降台时，要注意车后是否有人。

3. 四轮定位相关角度的调整方法

在综合分析检测结果的基础上，才能对车轮定位角进行调整。调整的顺序应该是先调后轮外倾角→后轮前束，后调前轮主销后倾角（对有发动机托架的车辆，往往要先调整发动机托架）→外倾角→前束角（此时转向盘水平锁止）。

（1）车轮外倾角的调整　调整前轮外倾角时车轮应着地，通过球头销在下摇臂长孔中的位移来调整。调整步骤如下：

1）松开下摇臂球头销的固定螺母。把外倾调整杆插入图12-8中箭头所示的孔中（调整左侧时，从后面插入调整杆；调整右侧时，应从前面插入调整杆）。

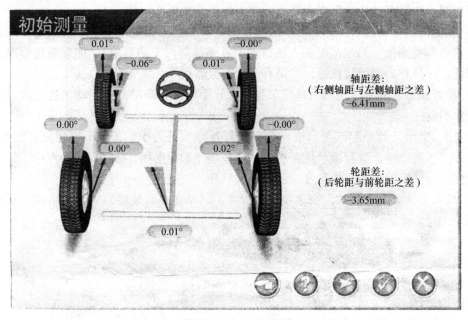

图 12-7　定位角度显示

2）横向移动球头销，直至达到外倾角值。

3）紧固螺母并再次检查外倾角值，需要时重新进行调整。必要时调整前束。

不同车型，外倾角调整方法也不同。主要调整方法有：调整垫片、大梁槽孔、不同心凸轮、偏心球头、上控制臂、下控制臂的调整等。调整步骤如下：

1）车架与控制臂之间的加减垫片。在车架与控制臂之间加减垫片，使控制臂移向内或外，同时轮胎的顶端向内或向外移动（图 12-9）。

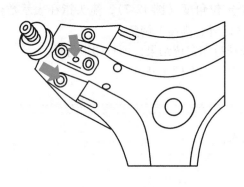

图 12-8　插入调整杆

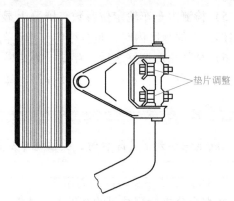

图 12-9　车架与控制臂之间的垫片调整

2）大梁槽孔的调整。控制臂的安装是用螺钉孔时，可用上悬臂的长方螺钉孔进行调整。只要前后两个螺钉孔位置相对移动的刻度相同，就可以调整外倾角（图 12-10）。

3）不同心圆凸轮的调整。有些车辆是用轴承装置的螺栓固定在车架的螺钉孔上的。要调整外倾角时，必须移动控制臂向前或向后的螺钉孔。克莱斯勒使用不同心圆凸轮螺栓（图 12-11）装在控制臂上，要调整外倾角角度，则转动凸轮螺栓，在相同的方向以及相等

的范围内调整。

4）偏心球头的调整。还有一种控制臂的设计是不对称的，一边是调整后倾角，另一边是调整外倾角，如图 12-12 所示。

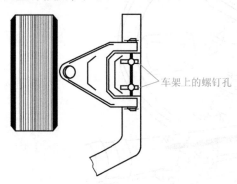

图 12-10　大梁槽孔的调整

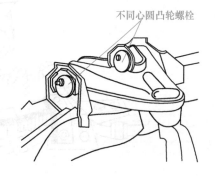

图 12-11　不同心圆凸轮的调整

5）减振器上支柱的调整。在减振器支柱上方所使用的底座，是由橡胶及金属组成的，称为支柱上座。支柱上座与车架相连，将减振器上支柱向内（发动机侧）或向外移动可改变外倾角的大小（图 12-13）。

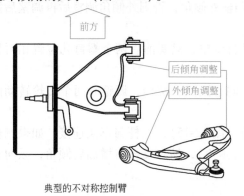

典型的不对称控制臂

图 12-12　偏心球头的调整

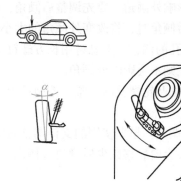

图 12-13　减振器上支柱的调整

（2）前束的调整　调整前束是通过改变两侧转向横拉杆的长度来实现的，具体步骤如下：

1）将转向器置于中间位置，拧出转向中间轴盖上的螺栓。

2）将带有挂钩"B"的专用工具安置在左转向横拉杆的紧固螺母上，如图 12-14 所示。

3）用提供的螺钉将做衬垫的间隔件固定到标有"C"标记的转向器孔中。注意：不得使用一般螺钉，因为一般螺钉太短，会碰坏转向盘的螺纹。

4）总前束值分为两半，分别在左、右转向横拉杆上调整。

5）固定转向横拉杆。

6）必要时调整转向盘，重新拧紧转向中间轴盖上的螺栓，拧紧力矩为 20N·m。

（3）主销后倾角的调整　桑塔纳 2000GSi 型汽车的主销后倾角是不能调整的。其他不同车型，其调整方法有下列几种：垫片、不同心凸轮轴、偏心球头、大梁槽孔、平衡杆等。

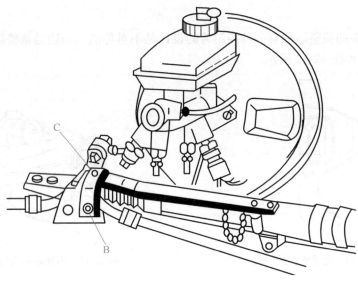

图 12-14　前束的调整

1）车架与控制臂之间加减垫片。如果车辆的上控制臂在加减垫片时，垫片的加减数量相同，则不会影响外倾角。要先调整后倾角，再调整外倾角，否则外倾角调整后再调整后倾角，则在调整后倾角时，将改变外倾角的大小。

2）大梁槽孔的调整。上悬臂用长方螺钉孔进行调整，只要前后两个螺钉孔位置相对移动的刻度相同，则不会影响外倾角。

3）不同心圆凸轮螺栓的调整。控制臂上有不同心圆凸轮螺栓，调整时两个凸轮转动的方向要相等。

4）支杆的调整。早期使用的支杆调整后倾角（图 12-15），支杆与车架连接，如果调长支杆，则下球头会向后移减少后倾角（倾向负的后倾角），缩短支杆将增加后倾角，倾向正的后倾角。

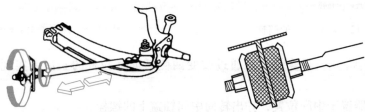

图 12-15　支杆的调整

5）不对称臂的调整。不对称控制臂的调整，一边（长控制臂）调整后倾角，另一边（短控制臂）调整外倾角（图 12-16）。

（4）同时调整后倾角和外倾角　如果外倾角和后倾角同时需要调整，要先调整后倾角，再调整外倾角。

如图 12-17 所示，当调整控制臂外倾角和后倾角时，一般使用"经验法"。也就是说在一个控制臂的末端改变"1/8"垫片，则将会改变外倾角 0.5° 和后倾角 1°，如果是在前后控制臂上同时增加或减少 1/8 的垫片，将会改变外倾角 0.5°。

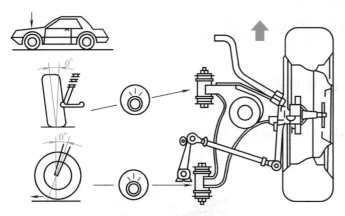

图 12-16 不对称臂的调整

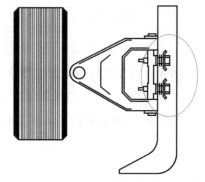

图 12-17 外倾角和后倾角的经验法调整

12.2.3 实训考核与评分

1. 实训考核题目

1）正确操作四轮定位仪。

2）正确检查车轮前束、外倾角、内倾角和后倾角。

3）正确调整车轮前束、外倾角、内倾角和后倾角。

2. 实训成绩评定（表 12-4）

表 12-4 实训考核与成绩评定

序号	考核内容	配分	评分标准
1	正确使用工具	10	使用不当每次扣 2 分，扣完为止
2	正确操作四轮定位仪	20	操作错误每项扣 4 分
3	四轮定位的检测	30	检测方法不对每次扣 2 分
4	四轮定位的调整	30	调整方法不当每次扣 2 分
5	操作规范，有序、不超时	10	操作欠规范或超时每项扣 2 分
6	遵守安全规范，无人身、设备事故		出现人身、设备事故的，此次实训按 0 分计算
7	分数统计	100	

项目 12.3 车桥及悬架的拆装与结构认识

12.3.1 实训内容、要求与安排（表 12-5）

表 12-5 实训内容、要求与安排

实训内容与要求	主要实训条件	实训安排
1. 熟悉汽车悬架系统的组成及工作原理 2. 学会汽车悬架系统的拆装 3. 熟悉电控悬架系统的组成和工作原理	1. 独立悬架系统的整车 1 辆或汽车底盘 1 台/组 2. 拆装工具每组 1 套/组 3. 带有电控悬架的汽车 1 辆/组 4. 多媒体教室 1 间，相关的教具、录像片和教学挂图	1. 实训课时：2 学时 2. 组织安排：每 3～5 人/组，老师指导，学生动手

12.3.2　实训方法步骤【视频见配套资源项目 12.3】

1. 车桥及悬架的结构原理认识

结合《汽车构造与原理 中册》教材第 13 章学习。

2. 桑塔纳 2000 系列汽车前桥及前悬架的拆装

桑塔纳 2000 系列汽车前桥及前悬架分解图如图 12-18 所示。

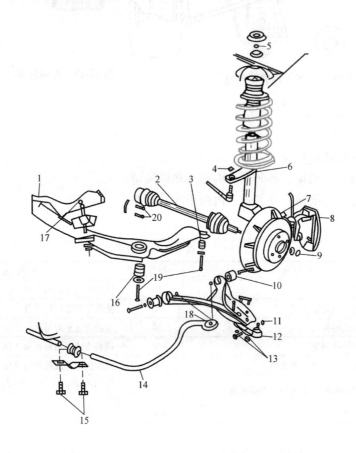

图 12-18　桑塔纳 2000 系列汽车前桥及前悬架分解图

1—副车架　2—传动轴　3—副车架后橡胶支承　4—螺母（30N·m）　5、18—自锁螺母（60N·m）

6—减振器支柱　7、19—螺栓（70N·m）　8—制动钳　9—自锁螺母（230N·m）　10—下摇臂下支座

11—自锁螺母（50N·m）　12—球头销　13—自锁螺母（65N·m）　14—横向稳定杆

15—螺栓（12N·m）　16—副车架前橡胶支承　17—自锁螺母（40N·m）　20—螺栓

（1）前悬架总成的拆装

1）车轮着地，取下车轮装饰罩，旋下轮毂与传动轴的紧固螺母 9，卸下垫圈，旋下车轮紧固螺母（110N·m），拆下车轮。

2）旋下制动钳紧固螺栓 7（如图 12-19 中部箭头所示），取下制动盘。

3）取下制动软管支架，并用钢丝将制动钳固定在车身上（如图 12-19 中上部箭头所示）。拆下球头销紧固螺栓（如图 12-19 下部箭头所示）。

 注 意

不要损坏制动软管。

4）压下转向横拉杆接头，取下螺母 4（如图 12-20 所示）。旋下横向稳定杆的紧固螺栓 15。拆下传动轴（VL 节）与轮毂的固定螺母（如图 12-21 中箭头所示）。

5）向下按压前悬架下摇臂，从车轮轴承壳内拉出传动轴；或利用两个固定车轮凸缘上的螺孔，将压力装置 V. A. G1389 固定在轮毂上，用液压装置从轮毂中拉出传动轴（图 12-22）。拆下传动轴后，卸下压力装置。

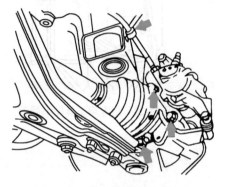

图 12-19　旋下制动钳紧固螺栓

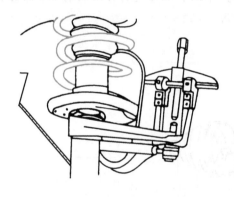

图 12-20　压下转向横拉杆接头

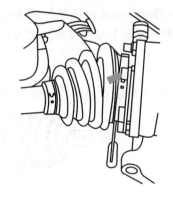

图 12-21　拆下传动轴凸缘上的紧固螺栓

6）取下减振器盖子，支撑支柱下部或者沿反方向固定。用内六角扳手阻止活塞杆的转动，旋下活塞杆的螺母 5。取下前悬架总成。

7）用专用工具压住前悬架弹簧座圈，压缩压紧弹簧（图 12-23）。

8）用扳手 A 阻止活塞杆的转动，松开开槽螺母，放松弹簧，拆卸减振器（图 12-24）。

9）按与拆卸时相反的顺序安装前悬架总成。

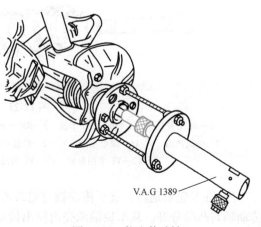

V.A.G 1389

图 12-22　拉出传动轴

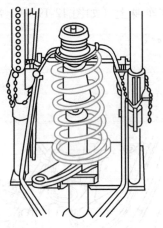 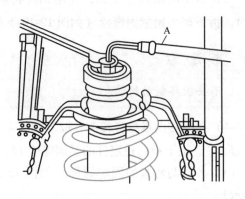

图 12-23　用专用工具压缩弹簧　　　　图 12-24　松开开槽螺母

注　意

①安装传动轴时，应擦净传动轴与花键齿面上的油污，去除防护剂的残留物。在外万向节（RF 节）花键齿面上涂上一圈 5mm 宽的防护剂 D6，然后进行传动轴装配。涂防护剂 D6 的传动轴安装后应停车 60min，然后才可使用。

②所有螺栓和螺母应按规定力矩拧紧。

（2）传动轴（半轴）总成的拆装

传动轴（半轴）总成的分解图如图 12-25 所示。

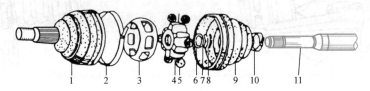

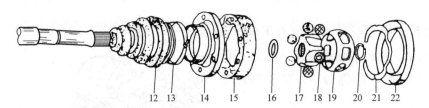

图 12-25　传动轴总成

1—RF 节外星轮　2、10、13—卡箍　3—RF 节球笼　4—RF 节内星轮　5、18—钢球　6、20—锁圈
7—中间挡圈　8、16—碟形座圈　9、12—橡胶护套　11—花键轴　14—VL 节护盖　15—VL 节外星轮
17—VL 节内星轮　19—VL 节球笼　21—密封垫片　22—塑料护罩

1）在车轮着地时，旋下传动轴与轮毂的紧固螺母。旋下传动轴凸缘上的紧固螺栓，将传动轴与凸缘分开。从车轮轴承壳内拉出传动轴。

注　意

拆掉传动轴后，应装上一根连接轴来代替传动轴，防止移动卸掉传动轴的车辆时，损坏前轮轴承总成。

2）按与拆卸时相反的顺序安装传动轴（半轴）总成。

注　意

①擦净传动轴和花键上的油污，涂上锂基润滑脂。

②在外万向节（RF 节）的花键上涂上一圈 5mm 的防护剂 D6，然后装上传动轴花键套。涂防护剂后的传动轴安装后应停车 60min，然后才可使用汽车。

③在安装球头销时，不能损坏波纹管护套。

④拧紧轮毂固定螺母要在车轮着地后进行。

（3）副车架、下摇臂和横向稳定杆的拆装

1）旋下副车架与车身固定的前支承橡胶垫螺栓，拆下副车架下摇臂与横向稳定杆组合件。

2）旋松下摇臂与副车架连接橡胶轴承的连接螺栓的紧固螺母，拆卸下摇臂。

3）旋松横向稳定杆与下摇臂连接螺栓的紧固螺母，并且拆下固定在副车架上的支架螺栓，拆下横向稳定杆。

4）用专用工具压出副车架前后 4 个橡胶支承。

5）用专用工具压出下摇臂两端的橡胶轴承。

6）按与拆卸时相反的顺序安装副车架、下摇臂和横向稳定杆组合件。

安装副车架、下摇臂和横向稳定时，应注意：

①横向稳定杆的正确位置是弯管向下弯曲。

②安装之后，发动机悬架内部和副车架内部必须进行防腐处理。如果要装一个新的副车架，在新的副车架内部必须用防护蜡进行处理。

③副车架安装固定在车身上，其固定螺栓按车辆行驶方向拧紧顺序为后左、后右、前左、前右，拧紧力矩为 70N·m。

④所有螺栓和螺母应按规定力矩拧紧。

3. 桑塔纳 2000 系列汽车后桥及后悬架的拆装

后桥及后悬架的分解图（图 12-26）。

（1）后桥及后悬架的拆卸

1）将驻车制动拉索从拉杆上吊出，必要时脱开制动蹄。分开桥梁上的制动软管。松开车身上的支承座，仅留 1 个螺母支承。

2）拆下排气管吊环。用专用工具撑住后桥横梁。

3）从车厢内取下减振器盖板，从车身上旋下支承杆座螺母。拆卸车身上的整个轴承支架。

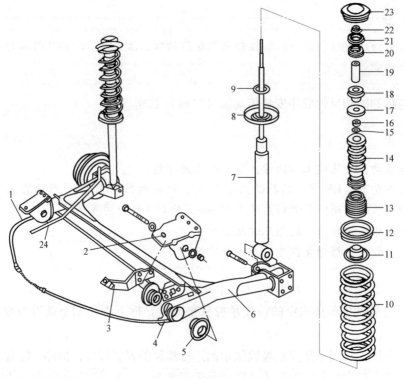

图 12-26　后桥和后悬架的分解

1—驻车制动拉索套管（固定弹簧钩在车身上）　2—支承座　3—调节弹簧支架　4—驻车制动拉索支架
5—橡胶金属支承　6—后悬架臂　7—减振器　8—下弹簧座圈　9、17—垫圈　10—弹簧　11—护盖
12—上弹簧座　13—波纹橡胶管　14—缓冲块　15—锁圈　16—隔圈　18—下轴承环（橡胶件）
19—隔套　20—上轴承环　21—衬盘（隔圈）　22—自锁螺母　23—塞盖　24—制动软管

4）慢慢升起车辆，将驻车制动拉索从排气管上拉出。

5）将后桥及悬架从车身底下移出，将后悬架与后桥分解。

（2）后桥及后悬架的安装　后桥及后悬架的安装按照与拆卸相反的顺序进行。

注　意

①横梁必须平放，车身与横梁的夹角应为 17°±2°。

②橡胶金属支承座与后桥桥梁成 18°±1°。

③各部件之间的拧紧力矩应符合规定。

④自锁螺母必须更换新的。

12.3.3　实训考核与评分

1. 实训考核题目

1）正确拆装汽车前桥及前悬架系统。

2）正确拆装汽车后桥及后悬架系统。

2. 实训成绩评定（表 12-6）

表 12-6　实训考核与成绩评定

序号	考核内容	配分	评分标准
1	正确使用工具设备	20	工具或设备使用错误每次扣 2 分
2	前悬架系统的拆装	45	拆装顺序、方法不对每次扣 5 分
3	后悬架系统的拆装	25	拆装顺序、方法不对每次扣 2 分
4	操作规范、有序、不超时、整理工具、清理现场	10	操作欠规范或超时等每项扣 2 分
5	遵守安全规范、无人身、设备事故		因操作不当发生重大事故，此次实训按 0 分计
6	分数统计	100	

第 ⑬ 章

汽车转向系统实训

项目 13.1　机械转向系统拆装与结构认识

13.1.1　实训内容、要求与安排（表 13-1）

表 13-1　实训内容、要求与安排

实训内容与要求	主要实训条件	实训安排
1. 熟悉机械转向系的分类、组成及结构原理 2. 学会汽车机械转向系统的拆装及调整	1. 装有机械转向系统的汽车 1 辆/组 2. 拆装工具 1 套/组 3. 齿轮齿条式、循环球式、蜗杆曲柄双销式转向器及操纵机构、转向传动机构各 1 套/组 4. V 形块、平台、塞尺、游标卡尺、内径量表、百分表、扭力表、弹簧秤、台虎钳、拉杆球头专用扳手、拉力器等 1 套/组 5. 用具盘、洗件盘、毛刷、抹布 1 套/组 6. 多媒体教室及相关的教具、录像片和教学挂图	1. 实训课时：6 学时 2. 组织安排：每 3~5 人/组，老师指导，学生动手

13.1.2　实训步骤、操作方法及注意事项【视频见配套资源项目 13.1】

1. 机械转向系统结构原理认识

结合《汽车构造与原理 中册》教材第 13 章学习。

2. 转向操纵机构的拆装

以桑塔纳汽车为例，其结构如图 13-1 所示。

1）将蓄电池电源线断开，将车轮转到直线行驶的位置上，转向指示灯开关打到中间位置上。

2）向下按转向盘盖板的橡胶边缘，撬出转向盘盖板 21。

3）松开转向盘的固定螺母，拔出喇叭电线，用拉力器拆下转向盘 1。

4）拆下转向柱上的组合开关 2。

5）旋下仪表装饰板的 4 个螺钉，并松开卡箍，取出转向柱 13。

6）使用鲤鱼钳拆卸弹簧垫圈（图 13-2），拆卸转向盘锁套和螺栓头。

7）按拆卸的逆顺序进行装配。

　注　意

　　安装凸缘管时应将凸缘管推到主动齿轮上，贴紧转向柱，拧紧螺母，并涂润滑脂。

3. 汽车机械转向器的拆装

（1）齿轮齿条式转向器的拆装与调整

1）齿轮齿条式转向器的拆装。

①将转向齿条壳体的安装部分夹紧在台虎钳上，钳口里需垫上铜片或铅片。

②拆卸转向拉杆接头分总成（图 13-3）。在拆卸前，先在转向齿条接头分总成上做个标记，以便装配时使用；拧松锁紧螺母，拆下转向拉杆接头分总成。

③拆下防尘罩锁簧和防尘罩管箍，拆下转向齿条防尘罩。

④松开接头螺母，从转向齿条上拆下转向齿条接头分总成（图 13-4），从转向齿条接头上拆下转向齿条接头螺母。

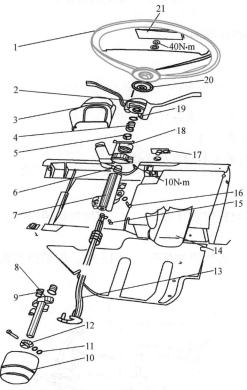

图 13-1　桑塔纳汽车转向操纵机构

1—转向盘　2—转向柱开关　3—罩板　4—弹簧

5、20—接触环　6—橡胶支承环　7—转向柱套管

8—凸缘管　9—套管　10—密封罩　11—螺母　12—卡箍

13—转向柱　14—罩壳　15—螺栓　16—圆柱螺栓

17—起动器把手　18—转向盘锁套　19—弹簧垫圈　21—盖板

图 13-2　弹簧垫圈拆卸

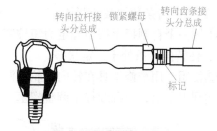

图 13-3　拆卸转向拉杆接头分总成

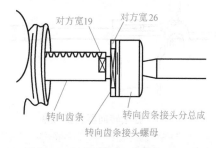

图 13-4　拆卸转向齿条接头分总成

⑤使用专用工具拆卸锁紧六角螺母。用扳手拆下压簧导向锁紧螺母（图 13-5），从转向齿条壳总成里拆下压簧和导向块分总成。

⑥拆卸转向器齿条。注意在拉出齿条时，齿条应朝向壳体侧，且要直接拔出，不允许旋转，以防划伤衬套（图 13-6）。

⑦拆下油封、弹性挡圈，从转向齿条壳体中将转向器小齿轮和轴承一起拆出。

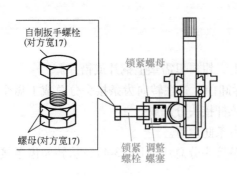

图 13-5 拆卸压簧导向锁紧螺母

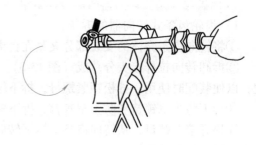

图 13-6 拆卸转向器齿条

⑧用挡圈钳拆下轴用弹性挡圈；用专用工具拆卸轴承。

⑨按分解的相反顺序安装转向器总成。

 注 意

①安装前，应对相互运动部位加注润滑脂（2号锂基脂）。

②用相应专用工具，将螺钉、螺母拧紧到要求的力矩。

③安装完成，应检查转向盘自由行程、前轮前束和行驶稳定性。

2）转向齿条预加载的调整。

①用一个自制扳手按照规定力矩拧紧转向器调整螺塞（图13-7），前后拉动转向齿条约15次，使转向齿条处于稳定状态。

②使用专用维修工具在转向齿轮上测量转向齿条的预加载荷（图13-8），如果预加载荷没有达到规定值，应继续拧紧调整螺塞。

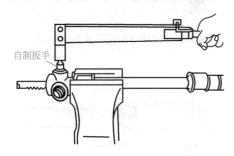

图 13-7 拧紧转向器调整螺塞

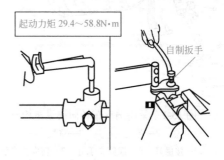

图 13-8 测量转向齿条的预加载荷

3）转向盘自由行程的检查与调整。

转向盘的自由行程是指转向轮在直线行驶位置时，转向盘的空转角度（一般为15°）。检查时，将转向盘自直线行驶位置轻轻左右转动，如图13-9所示。若转向盘自由行程过大，则应进行调整，调整的方法是：

①拆下转向器调整螺塞上的锁紧螺母（图13-5），用自制

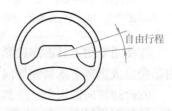

图 13-9 转向盘自由行程的检查

的扳手螺栓向内拧动调整螺塞2，直至转向盘自由行程达到要求为止。

②若调整后无法恢复转向盘的自由行程，则应检查转向传动轴及万向节、齿条接头、横拉杆接头等是否存在较大的间隙，若存在应修复或更换上述零部件。

（2）循环球式转向器的拆装与调整　以尼桑轿车循环球式转向器为例。

1）循环球式转向器的拆装。

①将转向器装在专用工具上，专用工具用台虎钳夹紧（图13-10）。

②将螺杆齿轮调整到处于正中位置（图13-11）。

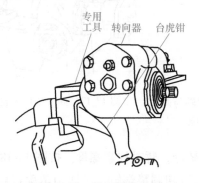

图 13-10　转向器的夹紧

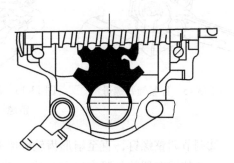

图 13-11　螺杆齿轮调整到正中位置

③拆下扇形齿轮轴连同扇形齿轮盖。用专用工具松开调整螺套、锁紧螺母，如图13-12所示。抽出螺杆齿轮，连同螺杆轴承。

④按照拆卸相反顺序进行安装。

2）螺杆轴承预紧度的调整。

①将螺杆齿轮组和螺杆装入转向器壳内，并配合良好（图13-13）。

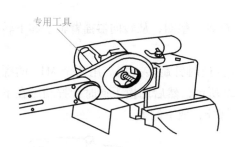

图 13-12　松开锁紧螺母

图 13-13　螺杆组件装入转向器壳内

②用专用工具调整螺杆轴承的预紧度，转动调整螺套，来回地稍微转动螺杆轴，使螺杆轴承稳定配合后，一手用专用工具调整螺套，一手用扭力扳手测量预紧度（图13-14），预紧度应符合要求，涂上密封胶。

③拧紧锁紧螺母（图13-15），再检查预紧度。

3）调整转向器扇形齿轮轴向间隙。

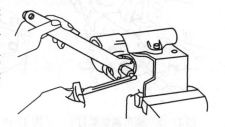

图 13-14　调整螺杆轴承的预紧度

①选择合适的调整垫片，校正扇形齿轮轴与调整螺钉间的轴向间隙（图13-16）。

②调整垫片箭头方向表示朝向扇形齿轮盖一侧，旋转调整螺钉，使扇形齿轮的轴向间隙为0.01~0.03mm。

4）调整转向器齿隙和转向器的预紧力。

①将螺杆置于正中的位置上，小心地插入扇形齿轮轴，不要擦伤油封（图13-17）。

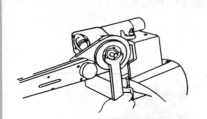 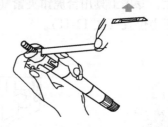 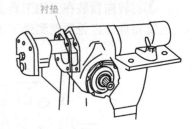

图13-15　拧紧锁紧螺母　　　图13-16　校正扇形齿轮轴与调　　　图13-17　插入扇形齿轮轴
　　　　　　　　　　　　　　　　　　　整螺钉间的轴向间隙

②调节调整螺钉，直至扇形齿轮轴刚好接触钢球螺母，暂时拧紧螺母。按图13-18调整齿隙；调整转向器的预紧力应总是按"拧进"的方向转动调整螺钉，来回稍微旋转螺杆齿轮，使转向器在正中位置配合好，在转向臂尾端测量齿隙，应小于0.1mm。

③进一步拧紧调整螺钉，增大螺杆齿轮的预紧力，并锁住锁紧螺母（图13-19）。

④旋转螺杆几次，使螺杆轴承配合好。用相似的方法检查转向器预紧力，如不在规定的范围内，应重新进行调整。

⑤安装油封，检查总预紧力应符合要求。

（3）曲柄指销式转向器　以东风汽车转向器为例。

1）曲柄指销式转向器拆装。

①卸下转向器蜗杆轴上的万向节叉紧固螺栓、螺母、垫圈，从转向器摇臂轴上卸下转向摇臂。

②松开摇臂轴调整螺钉的锁紧螺母，把调整螺钉逆时针旋转一周。用两个M14的螺母并在一起拧入转向器侧盖上的双头螺柱，如图13-20所示，然后用扳手逆时针拧动压在下面的螺母，卸下双头螺柱，再卸下侧盖上的其余6个螺栓，取下侧盖。

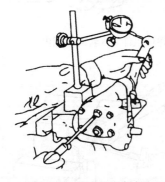 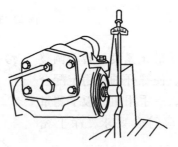 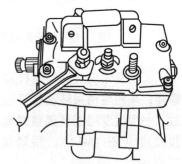

图13-18　调节调整螺钉　　　图13-19　拧紧螺钉并锁住锁紧螺母　　　图13-20　拆卸双头螺柱

③用手抓住摇臂轴扇形块，拔出摇臂轴，如图 13-21 所示。可以用木槌敲击摇臂轴输出端的一头，取出摇臂轴。

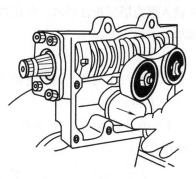

④卸下转向器下盖的紧固螺栓、垫圈，取下转向器下盖，用铜锤轻轻敲击蜗杆轴花键端部，取出垫块及蜗杆带轴承总成。

⑤松开转向器上盖的紧固螺栓、垫圈，取出上盖、垫片、油封、平面推力轴承外圈和轴承保持架。

⑥按拆卸相反次序进行安装。

图 13-21 取出摇臂轴

注 意

①轴承垫块装入轴承孔时，O 形密封圈光滑的外缘不要被轴承孔边刮坏，否则转向器总成会漏油，另外 φ30mm 凸台应朝壳体外，防止装反（图 13-22）。

②在相互啮合运动件表面涂抹机油。

③蜗杆安装后，转动蜗杆必须自如，无发卡现象，转动总圈数不少于 6 圈。

2）曲柄指销式转向器在装配时的调整。

①蜗杆平面推力轴承的预紧和调整。蜗杆平面推力轴承预紧和调整应在摇臂轴装入壳体前进行。用转向器下盖处的调整螺钉进行调整：用内六角扳手把螺钉拧到底，再退回少许（1/8~1/4 圈），使蜗杆在输入端具有规定的预紧力矩，如图 13-23 所示。用螺母将调整螺钉锁紧。

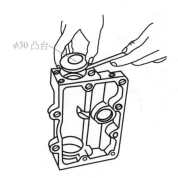

φ30 凸台

图 13-22 安装轴承垫块

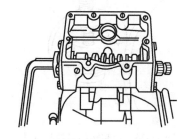

图 13-23 蜗杆平面推力轴承的预紧和调整

②摇臂轴指销轴承的预紧调整。调整之前，指销轴承必须清洗干净，然后向轴承滚道注入少量机油。换掉使用过的指销轴承止动垫片，装上新止动垫片。指销轴承装入摇臂轴孔中，拧紧或拧松指销上的螺母进行调整，指销应转动自如，且无轴向间隙。翻起止动垫片 1~2 齿，使它紧贴螺母边的平面，使螺母与垫片无相对转动的可能。

③蜗杆与摇臂轴指销啮合间隙的调整。松开摇臂轴调整螺钉的锁紧螺母，将蜗杆转到全转角的中间位置，在此位置附近小转角来回转动蜗杆的输入端。同时用一字旋具插入调整螺钉头部槽内，顺时针转动螺钉，直到有摩擦力矩的感觉为止（图 13-24）。调整后，转向蜗

杆输入端力矩应符合要求，并在调整螺钉外端涂上少许密封胶，然后按照要求力矩拧紧锁紧螺母。

4. 转向传动机构拆装

以东风汽车为例，其转向传动机构的拆装步骤如下：

（1）拆卸转向横拉杆

1）举升汽车并拆下车轮，再从转向节上拆下开口销和转向横拉杆端头槽形螺母（图13-25）。

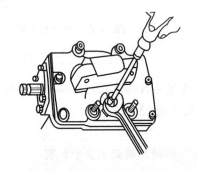

图13-24　蜗杆与摇臂轴指销啮合间隙的调整

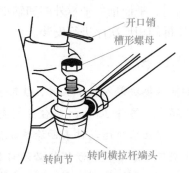

图13-25　拆卸开口销和转向横拉杆端头槽形螺母

2）用转向横拉杆端头拆卸专用工具从转向节上拆下转向横拉杆端头（图13-26）。

3）为便于安装后调整，将转向横拉杆端头锁紧螺母在转向横拉杆端头螺纹上的拧紧位置处做上标记（图13-27）。

图13-26　拆卸转向横拉杆端头

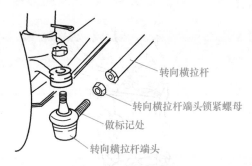

图13-27　做拆卸标记

（2）拆卸转向纵拉杆　拆下转向纵拉杆两端连接处的开口销及槽形螺母，即可拆下转向纵拉杆。

（3）转向传动机构的装配

1）安装转向中央杠杆。如果拆下转向中央杠杆，安装时应如图13-28所示，当汽车的前轮处于直线行驶位置时，其转向中央杠杆的纵向臂（即与转向横拉杆连接的臂轴）必须与汽车的纵轴线平行，所允许的最大偏差应小于1°。

2）安装转向纵拉杆。将转向纵拉杆两端的端头分别连接到转向中央杠杆和转向齿条叉或转向摇臂上，将转向纵拉杆与转向中央杠杆的槽形螺母按照规定的力矩拧紧，将转向纵拉杆与转向齿条叉的槽形螺母按照规定的力矩拧紧。

3）安装转向横拉杆。

①将转向横拉杆端头的锁紧螺母和转向横拉杆端头安装到转向横拉杆上，并将锁紧螺母对准转向横拉杆端头螺纹上所做的拧紧位置标记。

②将转向横拉杆端头连接到转向节或转向梯形臂上，按照规定的力矩拧紧槽形螺母后，再插入开口销将其锁紧。

③检查前轮前束正常后，将转向横拉杆端头的锁紧螺母按照规定的力矩拧紧。

当拧紧转向横拉杆端头的锁紧螺母时，两端转向横拉杆的端头之间不得有扭曲现象（图 13-29）。

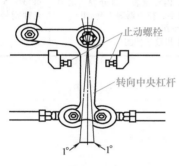

图 13-28　转向中央杠杆的安装

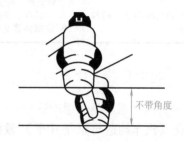

图 13-29　转向横拉杆端头之间的要求

④将轮胎螺母按规定的力矩拧紧并放下举升的车辆。

13.1.3　实训考核与评分

1. 实训考核题目

1）正确拆装汽车机械转向系统的转向操纵机构、转向传动机构，以及三种机械转向器。

2）正确调整汽车转向操纵机构、各种机械转向器。

2. 实训成绩评定（表 13-2）

表 13-2　实训考核与成绩评定

序号	考核内容	配分	评分标准
1	正确使用拆装工具	10	使用不当每次扣 2 分
2	转向系操纵机构的拆装与调整	30	拆装、调整步骤与方法错误，每次扣 5 分
3	机械转向器的拆装与调整	30	拆装、调整步骤与方法错误，每次扣 5 分
4	转向系统转向传动机构的拆装	20	拆装步骤与方法错误每次扣 5 分
5	操作规范、有序、不超时	10	操作欠规范或超时每项扣 2 分
6	操作现场整洁，安全用电和防火，无人身、设备事故		因操作不当发生重大事故，此次实训按 0 分计
7	分数总计	100	

项目 13.2　动力转向系统拆装与结构认识

13.2.1　实训内容、要求与安排（表 13-3）

表 13-3　实训内容、要求与安排

实训内容与要求	主要实训条件	实训安排
1. 熟悉动力转向系统的分类、结构原理 2. 学会液压动力转向器的拆装、调整 3. 学会动力转向液压泵的拆装 4. 学会动力转向系统的检查、调整	1. 桑塔纳 2000GSi 汽车 1 辆/组 2. 动力转向器、动力转向液压泵、操纵机构、转向传动机构 1 套/组 3. 汽车拆装工具 1 套/组 4. V 形块、平台、塞尺、游标卡尺、内径量表、百分表、扭力表、弹簧秤、台虎钳、拉杆球头专用扳手、拉力器等 1 套/组 5. 用具盘、洗件盘、毛刷、抹布 1 套/组 6. 多媒体教室及相关的教具、录像片和教学挂图	1. 实训课时：4 学时 2. 组织安排：每 3～5 人/组，老师指导，学生动手

13.2.2　实训步骤、操作方法及注意事项【视频见配套资源项目 13.2】

1. 动力转向系统结构原理认识

结合《汽车构造与原理 中册》教材第 13 章学习。

2. 动力转向液压泵（叶片泵）的拆装

以桑塔纳 2000GSi 汽车为例，其转向液压泵分解如图 13-30 所示。

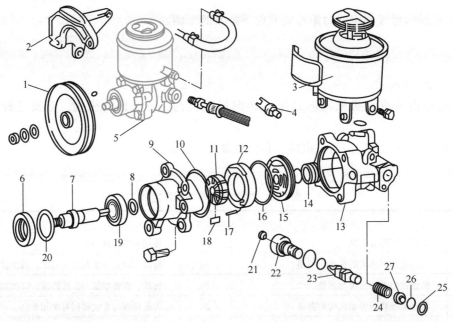

图 13-30　叶片式转向液压泵

1—传动带盘　2—支架　3—储油罐　4—通风阀　5—泵　6—油封　7—转子轴　8、25—卡环　9—前壳

10、16、26—密封圈　11—转子　12—凸轮环　13—后壳体　14、24—弹簧　15—后板　17—直销

18—叶片　19—轴承　20—锁环　21—接头座　22—阀座　23—流量控制阀　27—弹簧座

（1）动力转向液压泵的拆卸

1）支撑起车辆，拆下液压泵上回油管和进油管的泄放螺栓（图 13-31），排放液压油。

2）拆下液压泵前支架上的张紧螺栓（图 13-32）。

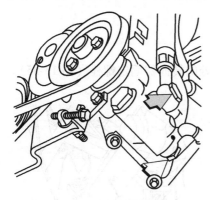

图 13-31　拆下泄放螺栓

图 13-32　拆下液压泵前支架上的张紧螺栓

3）拆下液压泵后支架上的固定螺栓（图 13-33）。

4）松开液压泵中心支架上的固定螺母和螺栓（图 13-34）。

5）把液压泵固定在台虎钳上，拆卸 V 带轮和中间支架。

（2）动力转向液压泵的分解

1）在拆散转向液压泵时应在前、后壳体结合面处打上装配标记，传动带盘也应打上安装标记，然后才能拆下传动带盘及转子轴。

2）拆下偏心壳，务必使叶片不要脱开转子。

3）使用专用工具拆下卡环和油封。

4）拆下转子时必须打上包括转子方向的安装标记。

（3）动力转向液压泵的组装　按照拆卸相反顺序进行组装。

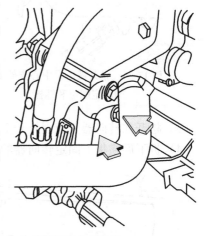

图 13-33　拆卸液压泵后支架上的固定螺栓

　注　意

①流量控制阀在装配时，必须保持高度清洁。

②不得因装配工作而损伤叶片、转子、凸轮环等精密零件的工作面。

③零件的装配标记和平衡标记相对应且位置正确。

④对于密封要求严格的结合面及其他密封部位，必须在衬垫上涂上密封胶。

（4）转向液压泵的安装　按照拆卸相反的顺序进行。安装完毕后，应调整液压泵 V 带的张紧度，并加注液压油。

（5）液压泵（叶轮泵）泵送压力的检查　先将压力表接于阀体与高压软管之间，然后起动发动机，急速打开压力表节流阀，转动转向盘到左右极限位置，同时读出压力表上的压

力，应为6.8~8.2MPa。在发动机怠速运转时，关闭截止阀，压力表的读数应符合标准（检查时，截止阀的关闭时间不超过5min，以防止长时间承受高压造成漏油）。否则，应检查压力流量限压阀的密封性及泵体内壁的磨损程度，并更换相应的损坏机件。

3. 动力转向器的拆装

（1）动力转向器的拆卸

1）支撑起车辆，排放转向液压油。

2）拆下固定转向横拉杆的螺母。拆下左前轮罩处的转向器固定螺栓（图13-35）。

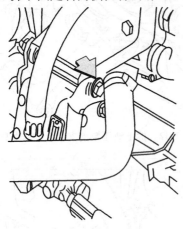
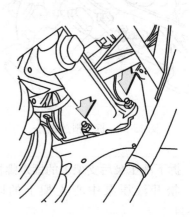

图13-34　松开液压泵中心支架上　　　　图13-35　拆下左前轮罩处的转
　　　　的固定螺母和螺栓　　　　　　　　　　　向器固定螺栓

3）松开在转向器分配阀外壳上的进油管（图13-36）。

4）拆下后横板上固定转向器的自锁螺母（左侧）（图13-37）。

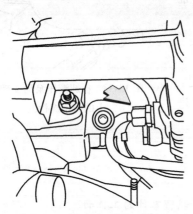
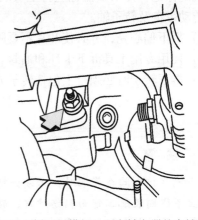

图13-36　松开分配阀外壳上的进油管　　　图13-37　拆下后横板上固定转向器的自锁螺母

5）把车辆放下，拆下紧固齿条与转向横拉杆的螺栓。

6）拆卸仪表板侧边下盖、通风管和踏板盖。

7）拆下紧固转向齿轮轴与万向节的螺栓（图13-38），并使各轴分开。

8）拆卸防尘套，从车厢内部拆下固定转向器分配阀外壳上回油管的泄放螺栓（图13-39）。

图 13-38　拆下转向齿轮轴与万向节的螺栓

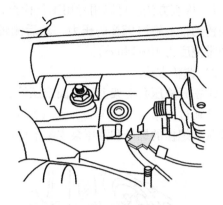

图 13-39　拆卸泄放螺栓

9）拆下后横板上固定转向器的自锁螺母，拆下转向器。

（2）动力转向器的分解

1）旋下螺母，取下转向器

2）旋下油管螺栓，取下回油管，旋下油管螺母，取下高压油管。

3）旋下螺栓，取下压盖、弹簧、滑块。

4）拆下固定环、夹箍，取下防尘罩，取下挡圈，取下齿条密封罩。

5）旋下密封盖，取出带活塞的齿条。

6）旋下螺栓，取下液压分配阀壳体，取下带液压分配阀的主动齿轮和中间盖。

（3）动力转向器的检查

1）检查动力转向器是否漏油，盖板螺栓是否松动，若螺栓松动，应拧紧。

2）如果转向轴轴承松旷，应进行调整或更换损坏、磨损的轴承。

3）动力转向器啮合副间隙过大或过小，通过螺栓改变补偿弹簧的预紧力，可调整齿条、主动齿轮的啮合间隙。

4）检查转向轴有否龟裂，如有应更换。

（4）动力转向器的组装　按拆卸相反顺序进行安装。

 注　意

①液压泵和转向器分配阀上固定泄放螺栓的密封圈只要被拆卸，就必须更换。

②在齿条露出端涂上转向器润滑油。各螺钉、螺母按规定力矩拧紧。

③安装完成后，应向储油罐内注入液压油，直到达到标有"max"处。不要使用排出的液压油。

④举升起车辆，在发动机停止的情况下转动转向盘数次，以便把系统中存在的空气排出。补充液压油，达到储液罐标上"max"处。之后起动发动机，完全向左和右转动转向盘，观察油面高度，一直操作到油面稳定在标有"max"处为止。

4. 动力转向系统的检查与调整

（1）转向盘自由行程的检查与调整　与机械式转向器类似。

（2）转向液压泵传动带松紧度的检查与调整

1）检查方法。可以用专用工具检查，也可用检查传动带挠度的方法判断，在两带轮中间的传动带上施加98N的压力，然后测量传动带的挠度（新传动带挠度为10mm左右，旧传动带挠度为10~14mm）。

2）调整方法。

①松开液压泵支架上的后固定螺栓，松开张紧螺栓的螺母（图13-40）。

②通过张紧螺栓把V带张紧（图13-41）。当压在V带中间处，有10mm的挠度为合适。拧紧张紧螺栓的螺母和液压泵支架上的固定螺栓。

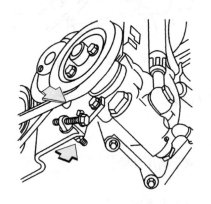

图13-40　松开张紧螺栓的螺母

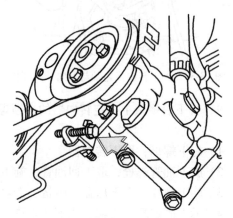

图13-41　张紧V带

（3）转向器齿轮齿条啮合间隙的调整

1）使前轮处于直线行驶的位置。

2）使用专用工具拧出齿条导向螺塞的锁紧螺母，拆下齿条导向螺塞。

3）除去齿条导向螺塞螺纹部分的密封胶，然后在螺塞前三圈螺纹上重新涂上新密封胶，再将螺塞装回转向器，并以25N·m的拧紧力矩将其拧紧。

4）将螺塞再次拧松，再以3.9N·m的拧紧力矩将其拧紧，然后反方向拧松20°。

5）以25N·m的拧紧力矩拧紧螺母，并在转向全行程范围内检查转向轮情况，同时检查转向盘的自由行程和转向盘的转动力。

（4）储液罐液面高度的检查　使发动机怠速运转，反复将转向盘从一侧极限位置转到另一侧极限位置，以提高液压温度，使油温达到40~80℃。这时检查储油罐内油量，油面应在储油罐的"max"处。油量不足时，在检查各部位无泄漏后，按规定牌号补充液压油至"max"处。

（5）液压系统的排气　检查液面高度，必要时添加液压油。使发动机怠速运转，反复使转向盘从左极限位置转到右极限位置，直至储油罐内无气泡和泡沫为止。如液面有下降，应继续添加液压油，直至达到规定液面高度（max处）为止。

（6）液压油的更换

1）顶起汽车前桥，从储油罐及回流管中排出液压油。

2）使发动机怠速运转，一方面排油，一方面将转向盘转到极限位置，直至液压油排净。

3）添加液压油，排净液压系统中的空气。

（7）系统的密封性检查 起动发动机，将转向盘分别向左、向右两侧转至极限位置，在瞬间将其固定，以至在转向系统中产生额定压力。此时用目测法检查转向系统各管路、阀类连接处的密封性，如有渗漏，应更换密封件。

13.2.3 实训考核与评分

1. 实训考核题目

1）正确拆装装桑塔纳 2000GSi 汽车动力转向系统的转向操纵机构、转向传动机构、转向液压泵和转向器等。

2）正确检查、调整桑塔纳 2000GSi 汽车动力转向系统转向盘自由行程、转向液压泵传动带的松紧度、转向器齿轮齿条啮合间隙、储油罐液面高度、转向系统密封性，液压油的更换和液压系统的排气。

2. 实训成绩评定（表 13-4）

表 13-4 实训考核与成绩评定

序号	考核内容	配分	评分标准
1	正确使用拆装工具	10	使用不当每次扣 2 分
2	转向操纵、传动机构的拆装与调整	20	拆装、调整步骤与方法错误律每次扣 5 分
3	动力转向器、转向液压泵的拆装与调整	30	检查、调整步骤与方法错误律每次扣 5 分
4	转向系统转向盘自由行程、液压泵传动带松紧度、转向器齿轮齿条啮合间隙等检查、调整，储液罐液面高度检查、液压油的更换、液压系统的排气操作	30	检查、调整步骤与方法错误律每次扣 5 分
5	操作规范、有序、不超时	10	操作欠规范或超时每项扣 2 分
6	操作现场整洁，安全用电和防火，无人身、设备事故		因操作不当发生重大事故，此次实训按 0 分计
7	分数总计	100	

第 ⑭ 章

汽车制动系统实训

项目 14.1　液压制动系统的拆装与结构认识

14.1.1　实训内容、要求与安排（表 14-1）

表 14-1　实训内容、要求与安排

实训内容与要求	主要实训条件	实训安排
1. 熟悉汽车液压制动系统、驻车制动系统的组成与工作原理 2. 学会汽车液压制动系统各零件的正确拆装 3. 学会踏板自由行程、液压制动系统的检查与调整	1. 桑塔纳 2000GSi 型轿车（前盘式后鼓式制动器）1 辆/组 2. 液压制动系统零件 1 套/组 3. 拆装工具 1 套/组，用具盘、洗件盘、毛刷、抹布 1 套/组 4. 多媒体教室 1 间，相关的教具、录像片和教学挂图	1. 实训课时：6 学时 2. 组织安排：每 3～5 人/组，老师指导，学生动手

14.1.2　实训步骤、操作方法及注意事项【视频见配套资源项目 14.1】

1. 汽车液压制动系统的结构与认识

结合《汽车构造与原理 中册》教材第 17 章内容学习。本项目实训以桑塔纳 2000GSi 型汽车为例。

2. 真空助力和制动主缸的拆装与检测

（1）真空助力和制动主缸的拆卸

1）真空助力器真空管路的拆卸。如图 14-1 所示，从进气歧管上松开夹箍，取下真空管接头和真空管 2，再从真空助力器上取下单向阀和真空管。

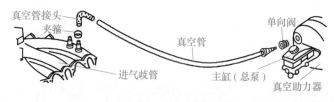

图 14-1　真空助力器真空管路的拆卸

2）前制动器油管的拆卸。如图 14-2 所示，放出制动液后，从主缸（总泵）9 上拆下左前制动油管 3 和右前制动油管 4，再从左右前制动油管 3、4 和制动钳上拆下制动软管 1。

3）后制动器油管的拆卸　如图 14-3 所示，先拆下右后制动油管 6 和左后制动油管 7，再拆下制动软管 2，从主缸（总泵）5 上拆下连接油管 3 和 4（注意油管 3 通向右分泵，油

管 4 通向左分泵）。

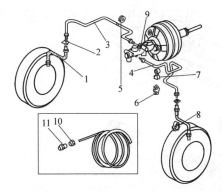

图 14-2　前制动器油管的拆卸

1—制动软管　2—软硬管连接件　3—左前制动油管
4—右前制动油管　5—橡胶圈　6、7、8—油管卡子
9—主缸（总泵）　10—接口　11—接口座

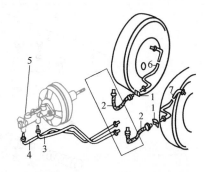

图 14-3　后制动器油管的拆卸

1—硬软管连接件　2—制动软管　3、4—连接油管
5—主缸（总泵）　6—右后制动油管　7—左后制动油管

（2）真空助力器与制动主缸的分解和装配

1）主缸（总泵）和真空助力器的拆卸。如图 14-4 所示，拆下弹簧卡子 1，取出销钉 3，旋下螺母 17，从制动踏板支架 19 上取下真空助力器 7、法兰 15、密封环 16、支架 18。旋下螺母 10，从真空助力器 7 上取下主缸（总泵）9、密封环 8。摘下挡圈 21，取出制动踏板轴 6、支承座 4 和回位弹簧 5，取下制动踏板 2。撬下密封堵头 11，从主缸 9 上取下储液罐 12。

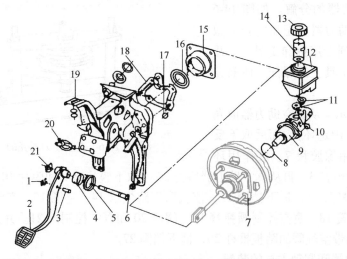

图 14-4　主缸（总泵）和真空助力器的拆卸

1—弹簧卡子　2—制动踏板　3—销钉　4—支承座　5—回位弹簧　6—制动踏板轴　7—真空助力器
8、16—密封环　9—主缸（总泵）　10、17—螺母　11—密封堵头　12—储液罐　13、14—滤网
15—法兰　18—支架　19—制动踏板支架　20—制动灯开关　21—挡圈

2）主缸（总泵）的分解。如图 14-5 所示，先摘下防尘套 2，用工具 33 和 34 撬下挡圈 31，取出第一活塞组件 11。再旋下限位螺钉 6，用压缩空气吹出第二活塞组件 12。然后旋下螺栓 23，分解第一活塞组件 11，并从第一活塞 17 上，取下密封圈 14、15、19，从第二活塞

26上，取下密封圈24、25、28。

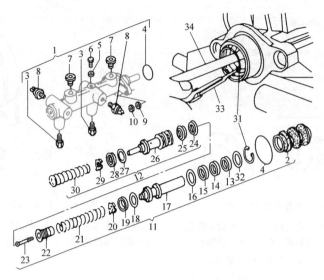

图14-5　主缸（总泵）的分解

1—主缸（总泵）　2—防尘套　3—油管接头座　4、7—密封环　5、32—垫圈　6—限位螺钉
8—放气螺栓　9—弹垫　10—螺母　11—第一活塞组件　12—第二活塞组件　13—导向套
14、15、19、24、25、28—密封圈　16、18、27—止推垫圈　17—第一活塞　20—弹簧下座
21、30—弹簧　22—弹簧上座　23—螺栓　26—第二活塞　29—弹簧座　31—挡圈　33、34—工具

　　3）真空助力器的分解。如图14-6
所示，先在真空助力器前壳和后壳上做
好装配标记，装到专用拆卸工具下，并
顺时针转动专用工具上的螺杆，使前壳
与后壳分开。

　　如图14-7所示，从真空助力器前壳
2上摘下齿环5（固定环），而后取下反
作用板8、反作用橡胶块7、反作用环

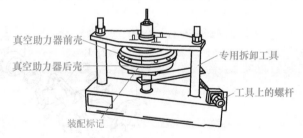

图14-6　真空助力器壳的分解

6、总泵推杆4和弹簧3。再从真空助力器后壳22上取下膜片座9和膜片10。然后旋松锁紧
螺母12，旋下推杆叉11，拆下挡圈13，依次取下防尘罩14、垫圈15、空气滤芯16、弹簧
座17、空气阀弹簧18、真空控制阀弹簧19、阀座20和真空控制阀21。并从真空助力器后
壳22的前端取出带空气阀的踏板推杆26，摘下挡圈27。

　　4）真空助力器和制动主缸的装配。

　　①主缸（总泵）的组装。如图14-8所示，首先在主缸（总泵）泵体1内孔和第二活塞
8、密封圈2上涂上制动液，然后装入第二活塞8。此时弹簧9的小端要朝向第二活塞8，各
密封圈2的刃口方向按图14-8中所示，然后旋入限位螺钉11（力矩10N·m）。装入第一活
塞组件7时，密封圈6的刃口方向按图14-8中所示，最后装上止推垫圈3、挡圈5和防尘
罩4。

　　②真空助力器的组装。按前面拆卸相反的顺序组装真空助力器，在相互运动件上涂上润
滑脂。

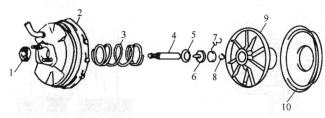

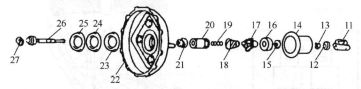

图 14-7　真空助力器的分解

1、23—气封　2—真空助力器前壳　3—弹簧　4—总泵推杆　5、25—齿环（固定齿环）　6—反作用环
7—反作用橡胶块　8—反作用板　9—膜片座　10—膜片　11—推杆叉　12—锁紧螺母　13、27—挡圈
14—防尘罩　15—垫圈　16—空气滤芯　17—弹簧座　18—空气阀弹簧　19—真空控制弹簧　20—阀座
21—真空控制阀　22—真空助力器后壳　24—衬垫　26—带空气阀的踏板推杆

　　将真空助力器前壳上的标记与后壳上的标记对正，再逆时针转动工具上的螺杆，使前壳与后壳卡在一起，如图 14-9 所示。

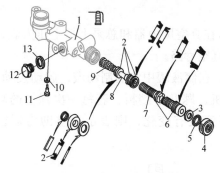

图 14-8　主缸（总泵）的组装

1—主缸泵体　2—第二活塞密封圈　3—止推垫圈
4—防尘罩　5—挡圈　6—第一活塞密封圈
7—第一活塞密封圈组件　8—第二活塞　9—弹簧
10、13—垫圈　11—限位螺钉　12—螺塞

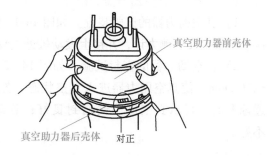

图 14-9　真空助力器的组装前后壳体的安装

③主缸与真空助力器的安装。按照拆卸相反顺序进行安装。

 注　意

　　在总泵第一活塞 1 与真空助力器推杆 2 之间应保持一定间隙（图 14-10），在没有真空时应为 0.6~0.65mm，在发动机怠速时应为 0.1~0.5mm。

　　为达到此目的需要进行调整，先按图 14-10a 所示，用工具 7 测出总泵 5 的第一活塞 1 的深度（测量时要装上垫圈 4）。再按图 14-10b 所示，用工具 7 的另一端调整真空助力器推杆 2 的长度（可用钳子 8 转动推杆 2 上的调整螺钉 3），再用锁紧螺母锁紧。

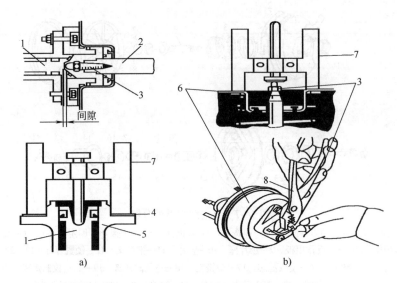

图 14-10　总泵与真空助力器的组装

a）间隙的测量　b）间隙的调整

1—总泵第一活塞　2—真空助力器推杆　3—调整螺钉　4—垫圈　5—总泵　6—真空助力器　7—工具　8—钳子

（3）总泵与真空助力器的检查

1）真空助力器的试验装置。如图 14-11 所示，在真空助力器和总泵上接上压力表，在制动踏板上安上测力计，并接上发动机进气歧管的真空管路。

2）真空助力器的密封试验。如图 14-12 所示，在储液罐中注满制动液，起动发动机，运转 2min，使真空助力器进入真空状态。然后停机，踩几下踏板，若每一次踩下的高度逐渐升高，表示真空助力器密封良好；若踩下高度没有变化，则表示真空助力器密封不好。

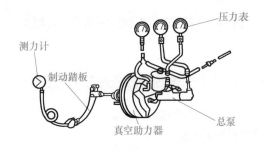

图 14-11　真空助力器的试验装置

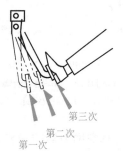

图 14-12　真空助力器的密封试验

3）真空助力器的功能检查。如图 14-13 所示，在发动机不运转的情况下，踩几下制动踏板，确认踏板高度无变化时，踏住踏板。起动发动机，此时若踏板稍有下降，则表示真空助力器功能良好。

4）真空助力器在有制动负荷时的密封试验。起动发动机并运转 1~2min，在不停机的条件下踩下制动踏板 2。在保持踏板力不变的情况下，关闭发动机，在 30s 内踏板 2 的高度若无变化，表示真空助力器密封性好，若踏板 2 升高则为密封性不好。

（4）总泵与真空助力器的安装　按拆卸相反顺序进行安装，注意安装前用制动液清洗主缸的各连接口，清除各连接孔及座的油污。

3. 前轮盘式制动器的拆装与检查

（1）从车上拆装前轮制动器

1）松开车轮固定螺母，拆下车轮。

2）拆卸制动摩擦块上、下定位弹簧和上、下固定螺栓，取下制动钳壳体。

3）从支架上拆下制动摩擦块。

4）把制动钳活塞压回到制动钳壳体内，在压回活塞之前，应先从制动液储液罐抽出一部分制动液，以免活塞压回时，引起制动液外溢。

5）按拆卸时相反的顺序进行安装。

（2）盘式制动器的拆装

1）前制动钳的拆卸。如图 14-14 所示，首先旋下上、下导销螺栓 1，上下摆动取下制动钳壳体 11、外侧和内侧制动摩擦块 7。再从制动钳壳体 11 上取下内外塑料套 3 和上下橡胶套衬套 2。

2）制动衬片弹簧卡箍与制动盘的拆卸。如图 14-15 所示，在前轮不离地的情况下，旋下钢圈螺栓 1，然后支起车辆前部，使前轮离地后拆下车轮，并从前轮轮毂 6 上取下制动盘 7，旋下螺栓 2，从万向节 4 上取下护板 3，再取下制动衬片弹簧卡箍 5。

3）制动钳活塞的拆卸。如图 14-16 所示，取下防护帽 4，用木块顶住活塞，从制动钳壳体上油孔处用压缩空气从制动钳壳体里吹出活塞。

4）制动钳密封圈的拆卸。如图 14-17 所示，用螺钉旋具从制动钳壳体的凹槽中，拆下密封圈。

5）前轮制动器的装配。按照拆卸相反顺序进行安装。

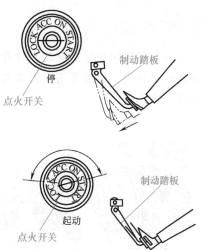

图 14-13　真空助力器的功能检查

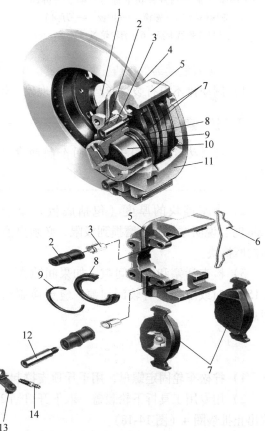

图 14-14　前制动钳的拆卸

1—螺栓　2—橡胶衬套　3—塑料套　4—制动盘

5—制动钳支架　6—保持弹簧　7—摩擦块

8—活塞防尘罩　9—油封　10—活塞　11—制动钳壳体

12—排气孔座　13—防尘帽　14—排气螺钉

 注 意

安装密封圈和防尘套时，带外密封唇边的防尘套应先用旋具将内密封唇边按入制动钳壳体的槽口内，然后再用专用工具将活塞压入缸筒内。安装后，应进行制动系统放气，并使摩擦块正确就位。

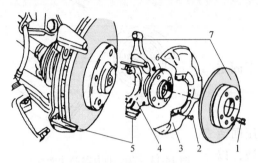

图14-15 制动衬片弹簧卡箍与制动盘的拆卸
1—钢圈螺栓 2—螺栓 3—护板 4—万向节
5—制动垫片弹簧卡箍 6—前轮轮毂 7—制动盘

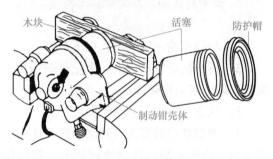

图14-16 制动钳活塞的拆卸

（3）盘式制动器的检查

1）制动盘不应有裂纹或凸凹不平现象，轴向圆跳动量不应超过0.06mm。

 注 意

更换制动盘时，同一轴上两个制动盘必须同时更换，以确保左、右两轮的制动力相等。

2）当摩擦块的厚度（包括底板）小于7mm时，说明摩擦块已磨损到极限，必须更换新的摩擦块。

3）检查活塞和缸筒间隙。如果间隙大于0.15mm时或缸筒壁有较深划痕，应更换制动钳总成。

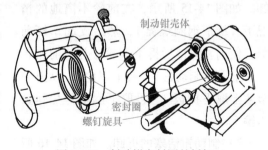

图14-17 制动钳密封圈的拆卸

4. 后轮制动器的拆装

（1）从车上拆装后轮制动器

1）拧松车轮固定螺母，用千斤顶支撑起后轮，拆下车轮。

2）用专用工具拆下轮毂盖。取下开口销2和开槽垫圈，旋下后车轮轴承上的六角螺母，取出止推垫圈4（图14-18）。

3）用螺钉旋具通过制动鼓螺孔向上拨动楔形调节板9，使制动蹄10与制动鼓7放松，拉出制动鼓。

4）旋下螺栓13，从后桥体上取下制动底板总成14和短轴11。

5）按拆卸相反的顺序进行安装，注意在相对运动部位涂上机油。

（2）鼓式制动器的拆装

1）用尖嘴钳拆下制动蹄保持弹簧及弹簧座圈。

2）借助螺钉旋具、撬杆或用手从下面的支架上提起制动蹄，取出下回位弹簧。

3）用钳子拆下制动杆上的驻车制动拉索，卸下制动蹄。

4）把带压力杆的制动蹄卡紧在台虎钳上，拆下定位弹簧，取下制动蹄。

5）分解后制动分泵。如图 14-19 所示，先从后制动分泵泵体上取下防护罩、活塞、弹簧，再从活塞上拆下密封圈。

6）按拆卸相反的顺序安装。

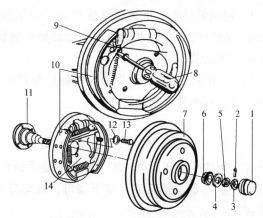

图 14-18　后轮制动器的拆装

1—润滑脂盖　2—开口销　3—锁止环　4—止推垫圈
5—螺母　6—外圆锥滚动轴承内圈　7—制动鼓　8—螺钉旋具
9—楔形调节板　10—制动蹄　11—短轴　12—弹簧垫圈
13—螺栓　14—制动底板总成

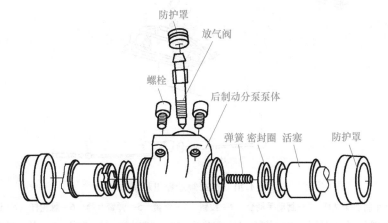

图 14-19　后制动分泵的拆装

> ★ 注　意
>
> ①装配制动轮缸时，应在活塞和密封圈上涂上润滑剂，皮碗不得有磨损及膨胀现象，装配后应检查其密封性。
>
> ②各螺钉应按规定力矩紧固。
>
> ③注意检查调整后轮轴承间隙。
>
> ④装配完成后用力踩制动踏板，使后轮制动蹄能正确就位。

（3）鼓式制动器的检查

1）制动蹄检查。检查制动蹄的磨损是否超限（标准为 5.0mm，极限为 2.5mm，均不包括底板），有无被制动液或油脂污损，如有应更换新件。

2）制动鼓检查。更换新摩擦片时，应用游标卡尺检查后制动鼓尺寸，制动鼓内径为200mm，磨损极限值为201mm。摩擦表面径向圆跳动量为0.20mm。如果超过规定标准时，应更换新制动鼓。

3）制动轮缸检查。检查橡胶皮碗是否完好，轮缸有无泄漏。如果制动轮缸出现划痕或锈蚀，则应调换整个制动轮缸。

5. 驻车制动器的拆装与检查

（1）驻车制动器的拆卸 如图14-20所示，按下按钮3，向前松动驻车制动操纵杆1，摘下驻车制动操纵杆护罩，取下驻车制动手柄套2。旋下锁紧螺母和调整螺母，从调整拉杆12上取下驻车制动钢索14。旋下螺母，从车身上取下驻车制动操纵杆1，取下棘轮掣子8和扇形齿9。

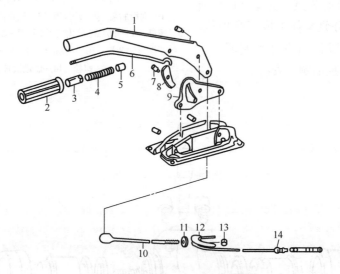

图14-20 驻车制动操纵杆拆卸

1—驻车制动操纵杆 2—制动手柄套 3—按钮 4—弹簧 5—弹簧套筒 6—棘轮杆 7—销轴
8—棘轮掣子 9—扇形齿 10—拉杆 11—限位板 12—调整拉杆 13—螺母 14—驻车制动拉索

（2）驻车制动器的装配 按驻车制动器拆卸的相反顺序进行安装。

（3）驻车制动器的检查

1）驻车制动器钢索的检查。检查钢索的内线，其应在外皮内能自由滑动且无断线和脱焊现象，并对钢索进行润滑。其方法是用机油壶注入油滑油的同时，不断旋动钢索润滑器上的螺栓，即可将机油压入驻车制动钢索中。

2）驻车制动器棘爪与棘齿板的检查。检查棘爪与棘齿板齿部的磨损与损坏情况，为保证车辆驻车的可靠性，有磨损和损坏的情况，必须更换。

（4）驻车制动器安装调整 调整时松开驻车制动操纵杆，用力踏一次制动踏板，再把驻车制动手柄拉过4个棘齿，拧紧制动钢索调整螺母，直到两个车轮用手转不动为止。然后松开驻车制动操纵杆，检查两个车轮，其应转动自如，否则应重新调整。最后旋紧驻车制动钢索锁紧螺母。

6. 液压制动系统的放气

制动系统的放气顺序：右后车轮制动轮缸→左后车轮制动轮缸→右前车轮制动钳→左前车轮制动钳。

人工放气方法是：

1）将一根软管一端接到放气螺钉上，一头插入容器中，如图 14-21 所示。

2）一人用力迅速踩下并缓慢放松制动踏板，如此反复数次后，踩下制动踏板，并保持一定高度使之不动。另一人拧松放气螺钉，管路中空气随制动液顺着胶管排出制动系统，排出空气后再将放气螺钉拧紧。

3）重复上述步骤多次，直至容器中制动液里无气泡为止。

4）取下胶管，套上防尘罩。观察储液罐制动液面高度，必要时添加制动液。

7. 制动踏板自由行程的调整

检查制动踏板自由行程时，用手轻轻压下踏板，直到手感明显变重时，测出这段行程量，其值应不大于 45mm。如果不符合规定，可松开制动主缸助力器上推力杆上的螺母，通过旋动叉头来调整推力杆长度，从而调整制动踏板自由行程，且保证踏板有效行程 135mm，总行程不小于 180mm（图 14-22）。

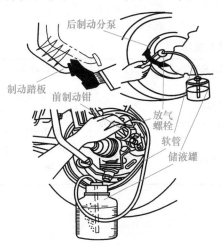

图 14-21　制动系统的放气

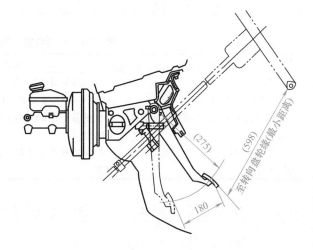

图 14-22　制动踏板与底板的距离的调整

 注　意

制动器踏板的行程大小应不受附加的地毯厚度影响。

14.1.3　实训考核与评分

1. 实训考核题目

1）正确拆装前后轮制动器、制动主缸和真空助力器、驻车制动器。

2）正确调整制动踏板自由行程，排除制动系统中的空气。

2. 实训成绩评定（表 14-2）

表 14-2　实训考核与成绩评定

序号	考核内容	配分	评分标准
1	正确使用工具、设备	10	工具或设备使用错误每次扣 2 分
2	制动主缸及真空助力器拆装	20	拆装错误每项扣 2 分
3	前轮制动器拆装	10	拆装错误每项扣 2 分
4	后轮制动器拆装	20	拆装错误每项扣 2 分
5	制动踏板自由行程的调整	10	调整错误每项扣 2 分
6	制动系统的排空	20	检查与排空错误每项扣 5 分
7	操作规范、有序、不超时	10	操作欠规范或超时每项扣 2 分
8	遵守安全规范，无人身、设备事故		出现人身、设备事故的，此次实训按 0 分计算
9	分数统计	100	

项目 14.2　气压制动系统的拆装与结构认识

14.2.1　实训内容、要求与安排（表 14-3）

表 14-3　实训内容、要求与安排

实训内容与要求	主要实训条件	实训安排
1. 熟悉汽车气压制动系统、驻车制动系统的组成与工作原理 2. 学会汽车气压制动系统各零件的正确拆装 3. 学会制动控制阀、制动控制气室的检查与调整	1. 气压制动汽车 1 辆/组 2. 气压制动系统零件 1 套/组 3. 拆装工具 1 套/组，用具盘、洗件盘、毛刷、抹布 1 套/组 4. 多媒体教室 1 间，相关的教具、录像片和教学挂图	1. 实训课时：4 学时 2. 组织安排：每 3 ~ 5 人/组，老师指导，学生动手

14.2.2　实训步骤、操作方法及注意事项【视频见配套资源项目 14.2】

1. 汽车气压制动系统的结构与认识

结合《汽车构造与原理 中册》教材第 17 章内容学习。本项目实训以东风气压汽车为例。

2. 卸载阀的拆装与调整

（1）卸载阀的拆卸　先松开卸载阀与空气压缩机及贮气筒相连的管路，再松开装在车架上的两固定螺母，取下卸载阀。

（2）卸载阀的拆装（图 14-23）　为便于装复，拆卸时，应将各个零件的相互位置做好标记。

1）将调压阀固定在合适的夹具上，松开调节螺钉 26。

2）用十字螺钉旋具取下 4 颗十字槽盘头螺钉 27，小心取下上盖 25。

3）从上盖 25 下部取下调节螺母 23，再取下其上的 O 形密封圈 24、皮碗 17 上的平衡弹簧座压板 22、弹簧 21 及弹簧座 20。

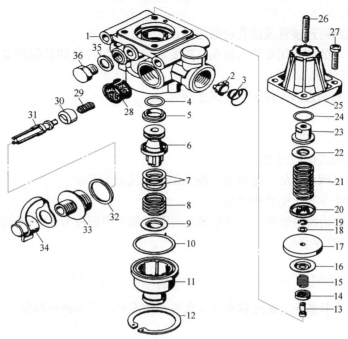

图 14-23　卸载阀

1—阀体　2—单向阀门　3—锥形弹簧　4、10、24、32—密封圈　5—排气阀门　6—活塞　7—垫片
8—排气门弹簧　9—排气门弹簧座　11—下体　12—挡圈　13—挺杆　14—阀门总成　15—回位弹簧
16—弹簧座　17—皮碗　18—盖板　19—开口挡圈　20—平衡弹簧座　21—平衡弹簧　22—平衡弹簧座压板
23—调节螺母　25—上盖　26—调节螺钉　27—十字槽盘头螺钉　28—滤网　29—附加阀回位弹簧　30—附加阀门
31—阀杆　33—外螺纹管接头　34—防护盖　35—密封垫圈　36—螺塞

4）取下皮碗总成上 13~19 各件。

5）取下防护盖 34，旋出外螺纹管接头 33、垫密圈 32，再依次取下附加阀杆 31、阀门 30、回位弹簧 29 及滤网 28。注意不要碰伤阀门 30 及滤网 28。

6）取下螺塞 36、密封垫圈 35、取出锥形弹簧 3、单向阀门 2。

7）将阀体 1 的排气口朝上并适当固定，用内卡簧钳取下挡圈 12 之后，取出下体 11、O 形密封圈 10，然后取出排气门弹簧座 9、弹簧 8 及垫片 7。

8）取出阀体中的活塞 6，并将活塞上的排气阀门 5、O 形密封圈 4 取下。

9）卸载阀的装配　首先应在运动表面、阀门及 O 形密封圈涂一层润滑脂，螺钉 27 端头涂少许中等强度粘结剂，再按拆卸步骤相反顺序进行装配。

（3）卸载阀的检查与调整

1）先从外表面观察壳体和皮碗是否变形、破裂，弹簧弹力是否减退，进排气门是否磨损起槽和关闭不严等现象，酌情及时更换。

2）观察滤芯是否堵塞。

 注　意

通气螺塞上的节流孔务必不能堵塞，否则卸荷活塞将不能回升。

（4）卸载阀在车架上的安装

1）清除卸载阀两连接管及座孔内的污垢。

2）将清洗干净的卸载阀安装入座孔，按要求力矩均匀拧紧卸载阀的紧固螺钉。加垫片调整，或更换锥形垫圈。

3）安装卸载阀两边的连接管，紧固连接管。

3. 双腔串联制动阀的拆装与检查

（1）双腔串联制动阀的拆装

1）清除制动阀表面的污泥。

2）松开与制动阀相连的管路以及与制动踏板相接触的部位。

3）松开固定于车架上的紧固螺母。

4）双腔串联制动阀的装配。在所有运动表面、加工表面及O形密封圈涂上适量的润滑脂。按拆卸时相反顺序装配。

 注 意

橡胶弹簧8在拆装和清洗过程中应避免与各类有机溶剂和油脂接触，可用纱布擦净。

（2）双腔串联制动阀的分解与装配

1）双腔串联制动阀的分解如图14-24所示。为了装配方便，拆卸前请将各个零件的相应位置做好标记。

2）将总成置于垫有铜皮或铝制品等软质材料保护的台虎钳上。用扳手卸下4颗六角头螺栓25，将上、下体两部分分别放置。

3）用卡簧钳从上体13的上端内取下孔用弹性挡圈1、防尘罩2和衬套3。

4）用卡簧钳取下弹性挡圈5、挺杆座6、弹簧座7和橡胶弹簧8。

5）取出上体13内的活塞9和弹簧12，再取下活塞上的O形密封圈10及两道导向环4和11。

6）用卡簧钳从上体13的下端取下孔用弹性挡圈20，并依次取出衬套17，锥弹簧16和阀门总成15，再取下衬套17上的内、外O形密封圈18和19。

7）从下体24上取下O形密封圈14。

8）从下体24的上侧取出中活塞22，再从活塞22上取下O形密封圈21和两个O形密

图 14-24　双腔串联制动阀

1、5、20、34—弹性挡圈　2—防尘罩　3、17、28—衬套
4、11—导向环　6—挺杆座　7—弹簧座　8—橡胶弹簧　9、22—活塞
10、14、18、19、21、23、29、30、31、32—O形密封圈
12—弹簧　13—上体　15、26—阀门总成　16、27—锥形弹簧
24—下体　25—螺栓　33—排气导向座

封圈 23。

9）用卡簧钳从下体 24 的下侧取下弹性挡圈 34，并依次取出排气导向座 33、衬套 28、锥弹簧 27 和阀门总成 26。

10）从排气导向座 33 上取下 O 形密封圈 31 和 32。

11）取下衬套 28 上 O 形密封圈 29 和 30。

12）双腔串联制动阀的安装。清除座孔内的油污，清洁各连接管。把双腔串联制动阀按规定的力矩固定在车架上。各连接管按从上往下的次序与双腔串联制动阀连接并紧固好。

（3）双腔串联制动阀的检查调整

1）进、排气阀的检查。可在试验台或汽车上进行。先把最大工作气压的调整螺钉完全旋出，然后把制动臂迅速拉到底，贮气筒中的气压应快速升至 784kPa 以上，此时，若排气口漏气，则是排气阀关闭不严。一般是减少排气阀壳与制动阀间的垫片予以调整或重修排气阀。

2）制动阀密封性的检查。在试验台或装车试验均可。把湿贮气筒的气压保持在 882~980kPa 之间。这时，开启单向阀 3（图 14-25），使压缩空气进入贮气筒 5、6，而气压表应迅速升到 784kPa 以上，在 5min 内气压表的压力下降不超过 49kPa，如下降过多，应检查各结合处漏气情况并予排除，然后逐渐放松控制臂，则气压表的压力也应随着降低。当制动控制臂停留在中间位置时，气压表的压力应保持稳定。最后，突然放松快放阀 19，气压表应迅速下降到零。

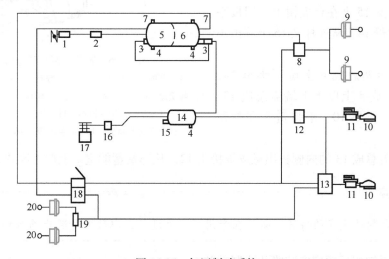

图 14-25　气压制动系统

1—排气制动阀　2—排气制动电磁阀　3—单向阀　4—放水阀　5—前贮气筒　6—后贮气筒　7—气压感应塞
8—继动阀　9—后制动气室　10—分离开关　11—连接头　12—单回路保护阀　13—双腔继动阀　14—湿贮气筒
15—取气阀　16—卸载阀　17—空气压缩机　18—串联制动阀　19—快放阀　20—前制动气室

3）气制动控制臂自由行程及最大气压的调整。气制动控制臂自由行程的调整是通过调整螺钉来进行的。一般情况下其行程为 1~3mm。当调整螺钉旋进时，自由行程减小，反之增大。

最大工作气压的调整，同样是通过调整螺钉来进行的。调整时，旋入螺钉，则工作气压变小，反之，工作气压增大。

4. 制动气室的拆装与调整

（1）制动气室的拆卸

1）把制动气室与双腔制动阀相连的空气管道松开。

2）松开连杆的连接叉。松开紧固螺栓，取下制动气室。

3）按照拆卸相反顺序安装制动气室。

（2）制动气室的分解与装配

膜片式制动腔的分解如图14-26所示。为了事后装配方便，拆卸前各个零件的相应位置应做好标记。

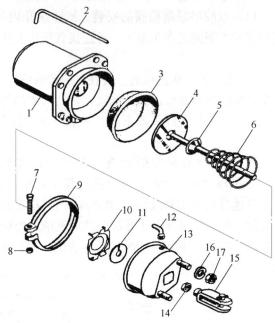

1）将总成置于平台上，在接头12处装一个带有充气管的接头，将弹簧蓄能室1用不小于600kPa的气压充气，然后将连通管2从橡皮管接头12中拔出。

2）在充气状态下，用扳手松开六角头螺栓7和六角螺母8，然后将卡箍9取下。将膜片腔整个从弹簧蓄能室1上取下。

3）通过接头12将弹簧蓄能室1放气。

4）用铜皮或软质垫片置于台虎钳口两侧，将连接杆叉15夹在台虎钳上。用扳手放松六角薄螺母14，从连杆叉15上旋出小活塞总成4。

5）从小活塞总成4上旋下螺母14，再从小活塞总成4上取下下端盖总成13、塑料垫圈11、衬垫10、锥弹簧6和弹簧座5。

图14-26　膜片式制动腔分解图

1—蓄能室　2—连通管　3—膜片　4—小活塞总成
5—弹簧座　6—锥弹簧　7—六角头螺栓　8、14、17—螺母
9—卡箍　10—衬垫　11—垫圈　12—接头
13—下端盖总成　15—连接杆叉　16—弹簧座圈

6）从端盖总成13的内侧拔出橡皮管接头12，从弹簧蓄能室1上取下膜片3。

 注　意

储能弹簧制动气室的拆装，必须在专用工具上进行，以防弹簧跳出伤人和制动失灵。

7）按照拆卸相反顺序安装膜片式制动腔。

（3）制动气室的检查调整

1）膜片式制动气室的检查。

①膜片如有裂纹、变形或老化等损坏，应更换。

②制动软管内径大小，膜片厚度，同一轴上的左右轮必须一致，否则予以调整更换。

③弹簧如有明显变形、严重锈蚀或弹力减弱、断裂，应更换。

④壳与盖如有裂纹，应更换或维修。

2）活塞式气室的检查。

①活塞皮碗、活塞密封圈、橡皮密封圈等如有变形、老化、破裂等，一律更换。

②壳体内表面必须光滑，如有划伤、凹陷、刻痕等磨损，必须更换。如轻微磨损，或用0 号细砂布磨光滑。

③活塞破裂、变形、磨损严重时应予更换

④当通入气压不大于 49kPa 的压缩空气时，活塞推杆能灵活推出，压力解除后，应能立即回到原位。当通入气压为 686kPa 的压缩空气时，在 10min 内压力下降不得大于 49kPa。

⑤活塞式制动气室其他零件的检修与膜片式的要求基本相同。

5. 空气干燥器的拆装

（1）空气干燥器的拆卸

1）拆除与空气干燥器相连的各管路、单向阀接头及连接线路。

2）拆除空气干燥器在车架上的固定螺栓。

　注　意

拆卸前先把干燥器中的放水阀打开，将湿储气筒中的油水彻底放净。

（2）空气干燥器的拆装

1）空气干燥器的分解如图 14-27 所示。为了事后装配方便，零件之间应做好相应的标记。

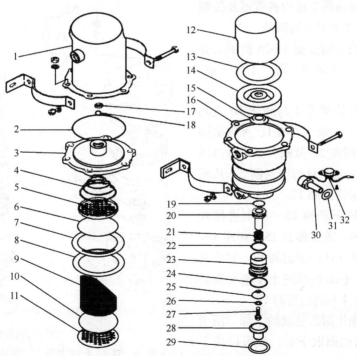

图 14-27　空气干燥器

1—清洗罐　2、19、22、24、26—O 形圈　3—节流阀盖　4—压紧弹簧　5、11—过滤网　6、10—滤纸
7、8—滤纸衬板　9—干燥剂　12—干燥盒　13—过滤网垫圈　14—过滤板　15—密封垫圈　16—下本体
17—隔板　18—钢球　20—活塞　21—阀门弹簧　23—阀本体　25—阀门　27—螺栓　28—排水口盖
29—挡圈　30—加热器　31—垫圈　32—恒温器

2）用夹紧钳子夹住上、下体，拆下阀盖上的6个螺栓。

3）拆下清洗罐1、节流阀盖3、弹簧4、O形圈2、干燥盒12及滤芯总成、过滤网垫圈13。

4）分解干燥盒总成，将里面的干燥剂9倒掉，取出滤纸6、10和过滤网5、11。

5）用卡簧钳拆掉下体下部的弹性内挡圈29，拿下排水口盖28，取出排放阀总成并分解。

6）拆下恒温器32、加热器30和垫圈31。

7）检查密封垫和螺纹是否有缺陷，若有破损应更换。

8）清洁各固定孔及连接管上脏物，按照拆卸的相反顺序安装。

注 意

①空气干燥器要垂直安装，即气缸体在上，排水阀在下，不能反装或侧置安装。

②在密封垫和螺纹上要涂上润滑脂，按照规定力矩用手把干燥筒拧到壳体上。

③当排水阀打开时，会产生一定响声。在使用中如长期听不到排气的响声，应及时查明原因，予以排除，防止因不能排水使干燥剂吸水饱和而迅速失效。

6. 继动阀的拆装

1）拆除与继动阀相连的各管道及控制绳索。拆除固定在车架上的螺母。

2）继动阀的分解如图14-28所示。分解前用煤油清洗掉外部油、泥，不得让油、泥污进入阀内腔。

3）用扳手拧掉阀盖2与阀体10之间的连接螺栓、螺母。取下支架1、弹簧垫圈和带有活塞4的阀盖2，从阀盖2中抽出活塞4。从活塞4上取下O形密封圈5，从阀体10上取下O形密封圈17。

4）用卡钳取下挡圈22，抽出进排气阀导向套总成16、回位弹簧15、阀座14。从导向套18上取下O形密封圈17。卸掉进排气阀导向套总成16底部的十字槽平头圆螺钉21，取下垫片和防尘挡圈19。

5）用圆棒顶住阀芯总成的下部。用卡钳将阀芯顶端的挡圈取下后，就可以拔下排气阀总成7，再从阀芯12上端阀座上和中部剥下两个橡胶阀座和O形密封圈。

6）所有零件应清洗干净，在所有滑动配合表面和O形密封圈的安装槽内均匀涂抹润滑脂。之后按拆卸的相反顺序装配。

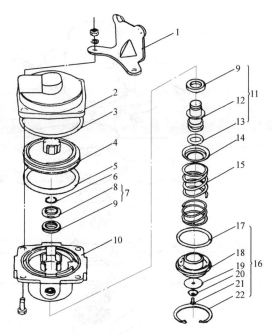

图14-28　继动阀的分解

1—支架　2—阀盖　3—密封圈　4—活塞　5—活塞密封圈
6—钢丝挡圈　7—排气阀总成　8—小阀座　9—进气阀门
10—阀体　11—阀芯总成　12—阀芯　13、17—O形密封圈
14—阀座　15—回位弹簧　16—进排气阀导向套总成
18—导向套　19—防尘挡圈　20—垫片
21—十字槽平圆头螺钉　22—孔用弹簧挡圈

装复后用压力 300~400kPa 的气体进行检查，应无漏气现象。当继动阀漏气时，应进行清洗，更换全部密封圈。

> **注 意**
>
> 继动阀安装后应检查制动与解除制动是否迅速彻底、是否发卡。

7. 制动器的拆装

该车的前后轮制动器都是鼓式的，结构原理与拆装调整与上述鼓式制动器类似，请参考进行，具体数据需要查阅维修手册。

14.2.3 实训考核与评分

1. 实训考核题目

1）正确拆装调压阀、制动控制阀、制动气室和继动阀。

2）正确装配与调整车轮制动器。

2. 实训成绩评定（表 14-4）

表 14-4 实训考核与成绩评定

序号	考核内容	配分	评分标准
1	正确使用工具、设备	10	工具或设备使用错误每次扣2分
2	调压阀拆装	10	拆装错误每项扣2分
3	制动控制阀拆装	20	拆装错误每项扣2分
4	制动气室拆装	10	拆装错误每项扣2分
5	空气干燥器拆装	10	拆装错误每项扣2分
6	制动器的装配与调整	30	拆装、检查与调整错误每项扣5分
7	操作规范、有序、不超时	10	操作欠规范或超时每项扣2分
8	遵守安全规范，无人身、设备事故		出现人身、设备事故的，此次实训按 0 分计算
9	分数统计	100	

项目 14.3 汽车制动防抱死系统（ABS）的拆装与结构认识

14.3.1 实训内容、要求与安排（表 14-5）

表 14-5 实训内容、要求与安排

实训内容与要求	主要实训条件	实训安排
1. 熟悉汽车 ABS 的组成与工作原理 2. 学会汽车 ABS 各零件的正确拆装 3. 学会 ABS 系统的检测	1. 桑塔纳 2000GSi 型轿车 1 辆/组 2. 制动系统零件 1 套/组 3. 拆装工具 1 套/组，用具盘、洗件盘、毛刷、抹布 1 套/组 4. 多媒体教室 1 间，相关的教具、录像片和教学挂图	1. 实训课时：4 学时 2. 组织安排：每 3~5 人/组，老师指导，学生动手

14.3.2　实训步骤、操作方法及注意事项【视频见配套资源项目14.3】

1. 汽车液压制动系统的结构与认识

结合《汽车构造与原理 中册》教材第 17 章内容学习。本项目实训以桑塔纳 2000GSi 型轿车为例。

2. ABS 组件的拆装

ABS 的机械部分与传统制动系统基本相同，在此主要讲述 ABS 控制器的拆装。

（1）ABS 控制器的车上拆装

1）关闭点火开关，拆下蓄电池和蓄电池支架。

2）从 ABS ECU 上拔下 25 针插头。

3）踩下踏板，并用踏板架固定。

4）在 ABS 控制器下垫一块抹布，用以吸干拆卸时流出的制动液。拆下制动主缸到 HCU 的制动油管 A 和 B（图 14-29），做好标记，立即用密封塞将开口部塞住。用软铅丝把制动油管 A 和 B 扎在一起，挂到高处，使开口处高于制动储液罐的油平面。

5）拆下 HCU 通到各轮的制动油管，并做上标记，立即塞住（图 14-30）。

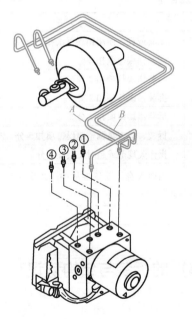

图 14-29　拆下制动油管 A 和 B

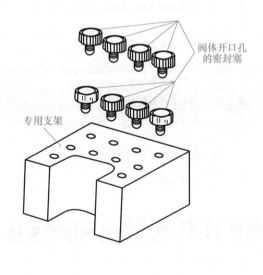

图 14-30　制动油管密封塞

 注　意

　　不要使制动液渗入到 ABS ECU 壳体中去，以免腐蚀、损坏系统。

6）把 ABS 控制器从支架上拆下来。

7）按照拆卸相反顺序安装 ABS 控制器。安装完后，还需做以下工作：

①对 ABS 充液和放气。

②如果 ABS ECU 是新更换的，必须对其重新编码。

③打开点火开关，ABS 故障指示灯必须亮 2s 后再熄灭。

④先清除故障码，再查询故障码，若仍存在故障码，则需排除故障。

⑤试车检测 ABS 功能，制动时应感到制动踏板有反弹。

（2）ABS 控制器的拆装

1）压下接头侧的锁止扣，拔下 ABS ECU 上液压泵电线插头。

2）用专用套筒扳手拆下 ABS ECU 与 HCU 的 4 个连接螺栓（图 14-31），将 ABS ECU 与 HCU 分离。

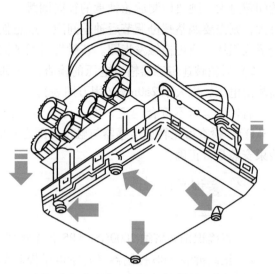

图 14-31 拆下 ABS ECU 与 HCU 连接螺栓

拆下 HCU 时要直拉，以免碰坏阀体。

3）在 ABS ECU 的电磁阀上盖一块不起毛的布，将 ABS HCU 和液压泵安放在专用支架上，以免在搬运时碰坏阀体。

4）按拆卸相反的顺序装配 ABS 控制器。

把 ABS ECU 和 HCU 组装在一起时，扭力不得超过 4N·m。线束插头必须锁扣到位。

3. ABS 传感器的检查

（1）前轮转速传感器的检查

1）前轮脉冲触发齿圈的检查。使前轮悬空，双手转动前轮感觉摆动是否正常。若前轮轴承轴向间隙过大，则要检测触发齿圈轴向摆差，正常值为小于 0.3mm。若前轮轴承损坏或间隙过大，应更换轴承。若触发齿圈与传感器擦碰等原因引起变形或损坏，应更换触发齿圈。若触发齿圈被泥块、脏物堵塞，应清除干净。

2）前轮转速传感器输出电压的检查。以 30r/min 的转速转动车轮，测量车轮速度传感器输出电压，正常值为 70~310mV（用万用表）。

若输出电压不符合规定，检查传感器是否有故障，传感器的电阻值是否正常（1.0~1.3kΩ）；检查前轮转速传感器与触发齿圈之间的间隙，调整至标准值 1.10~1.97mm；检查线束安装是否正确。`

（2）后轮转速传感器的检查

1）后轮脉冲触发齿圈的检查。使后轮悬空，双手转动车轮，感觉摆动是否正常。若后轮间隙过大，则要检测后轮轴承的径向圆跳动，标准值为小于0.05mm。若后轮轴承圆跳动过大，则需要调整螺母调节后轴承间隙，或更换轴承。若触发齿圈与传感器擦碰等原因引起变形或损坏，应更换触发齿圈。若触发齿圈被泥块、脏物堵塞，应清除干净。

2）后轮转速传感器输出电压的检查。以30r/min的转速转动车轮，测量车轮速度传感器输出电压，应大于260mV（用万用表）。

若输出电压不符合规定，检查传感器是否有故障，传感器的电阻值是否正常（1.0～1.3kΩ）；检查后轮转速传感器与触发齿圈之间的间隙，调整至标准值0.42～0.80mm；检查线束安装是否正确。

14.3.3 实训考核与评分

1. 实训考核题目

1）正确识别桑塔纳2000GSi ABS各个组成及元件的位置。

2）正确拆装ABS控制器（包括电子控制单元、液控单元、电动液压泵、4个车轮转速传感器、ABS故障警告灯、制动警告灯等）。

3）正确检查ABS前后轮传感器。

2. 实训成绩评定（表14-6）

表14-6　实训考核与成绩评定（参考）

序号	考核内容	配分	评分标准
1	正确使用工具、仪器	10	使用不当每次扣2分
2	ABS各个组成及元件识别	20	识别错扣每个扣3分
3	ABS前后轮传感器	35	检测错误每项扣5分
4	制动防抱死系统部件的拆装	25	拆装错误每项扣5分
5	操作规范，有序、不超时	10	操作欠规范或超时每项扣2分
6	遵守安全规范，无人身、设备事故		出现人身、设备事故的，此次实训按0分计算
7	分数统计	100	

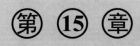

第 ⑮ 章

车身壳体及车门、车窗实训

项目 15　车身壳体及车门、车窗的拆装与结构认识

15.1.1　实训内容、要求与安排（表 15-1）

表 15-1　实训内容、要求与安排

实训内容与要求	主要实训条件	实训安排
1. 熟悉汽车车身壳体及车门、车窗的基本结构原理 2. 学会车门组件的拆装 3. 学会发动机舱盖的拆装	1. 桑塔纳 2000GSi 型轿车和别克凯越轿车每 2 组各 1 辆 2. 车身壳体及车门、车窗零部件 1 套 3. 汽车常用拆装工具 1 套/组 4. 用具盘、洗件盘、毛刷、抹布 1 套/组 5. 多媒体教室 1 间，相关的教具、录像片和教学挂图	1. 实训课时：4 学时 2. 组织安排：每 3～5 人/组，老师指导，学生动手

15.1.2　实训方法步骤【视频见配套资源项目 15】

1. 车身壳体及车门、车窗的结构与认识

结合《汽车构造与原理 中册》教材第 15 章内容学习。本项目实训以桑塔纳 2000GSi 型和别克凯越轿车为例。

2. 车门组件的拆装

（1）后视镜拆装

1）撬开饰板（图 15-1），松开如图 15-2 所示螺钉，拆下后视镜。

图 15-1　撬开饰板

图 15-2　拆下后视镜

2）按照拆卸相反顺序安装后视镜。

（2）内饰板拆装（图 15-3）

1）撬开门内拉手（图 15-3 位置 1），松开六角螺钉（图 15-3 位置 2）。

2）撬开内拉手支座（图 15-3 位置 3），松开六角螺钉（图 15-3 位置 4），拔出线束。

3）撬开胶垫（图 15-3 位置 5），并松开螺钉。

4）从门饰板下端找到裂缝较大的位置，松开饰板的卡扣，拔出线束。

5）按照拆卸相反顺序安装内饰板。

图 15-3 拆卸内饰板

 注 意

①在松开饰板上面的卡扣时不能水平方向拉，只能垂直往上拉，以免拉坏卡扣。

②拆下饰板后，不能直接把饰板拿下，记得要先拔出电线插口。

（3）车门锁的拆装

1）拧出车门锁芯的 3 个固定螺钉，取下锁芯以及车门外拉手，取下车门外把手密封垫。

2）拧出中央门锁电动机总成的固定螺钉。

3）断开中央门锁电动机总成的线束插头，取出中央锁电动机总成。

4）按照拆卸时相反顺序进行安装。

（4）玻璃升降器的拆装

1）拧下车窗玻璃开关的紧固螺钉，取出车窗玻璃开关总成，并断开其线束插头。

2）拧开车门内拉手的固定螺钉，取下车门护板总成，取下车门保护垫。

3）将玻璃升降开关与线束重新连接好，然后将车窗玻璃升到 1/3 位置。

4）拧下车窗玻璃升降器与车门的紧固螺钉，取出车窗玻璃。

5）断开车窗玻璃升降器的线束插头，取出车窗玻璃升降器。

6）按照拆卸时相反顺序进行安装。

3. 发动机舱盖的拆装（图 15-4）

1）断开发动机舱照明电路，拆下固定电线的胶带。

2）拆下风窗玻璃洗涤器喷嘴和水管。

3）拆下固定发动机舱盖的后螺母，取下发动机舱盖。

4）按照拆卸时相反顺序进行安装。注意安装时，要正确调整发动机舱盖，使之高度、水平间隙都达标（图 15-5），调整步骤如下：

①松开发动机舱盖一侧的铰链螺栓（图 15-6），移

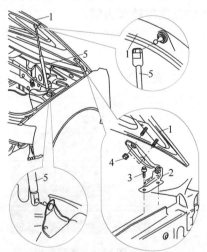

图 15-4 发动机舱盖的拆装

1—发动机舱盖 2—发动机舱盖铰链 3—螺栓

4—六角螺母 5—舱盖撑杆

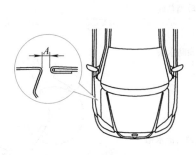

检查间隙应不大于标准值

A	4.1±1.5mm
B	5.5±1.5mm

图 15-5　发动机舱盖的间隙标准

动发动机舱盖以调整间隙至标准值，随后紧固发动机舱盖的铰链螺栓。

②检查调整后发动机舱盖的间隙（图 15-7）。

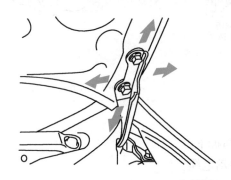

图 15-6　松开发动机舱盖一侧的铰链螺栓

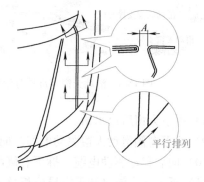

图 15-7　检查调整后发动机舱盖的间隙

4. 天窗的拆卸和密闭性检查

以别克凯越轿车为例，其天窗的组成如图 15-8 所示。

1）拆下天窗饰板总成。

2）拆下滑动天窗玻璃总成。用梅花扳手拆下 4 个螺钉，向上拉出玻璃。

3）拆下滑动天窗防水条。

4）拆下滑动天窗驱动齿轮总成。注意拆下驱动齿轮时应保证滑动天窗完全关闭。

①断开连接器，拆下 3 个螺栓和驱动齿轮。

②拆下螺钉和凸轮盘盖。如图 15-9 所示，转动驱动齿轮对齐点标记。

③装上凸轮盘盖和螺钉。注意如果安装时滑动天窗完全关闭的位置和驱动齿轮的相对位置没有排列成一直线，会造成滑动天窗无法工作。

5）拆下滑动天窗支架总成。如图 15-10 所示，依次从支架上断开 4 个排水管、6 个螺栓、2 个螺母和 4 个支架。

6）拆下滑动天窗挡板。拆下 2 个螺母和 2 块挡板。

7）拆下遮阳板总成。向后移动遮阳板拆下。

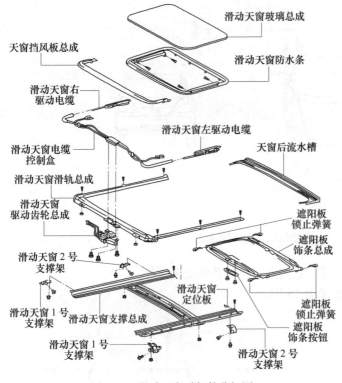

图 15-8　滑动天窗零部件分解图

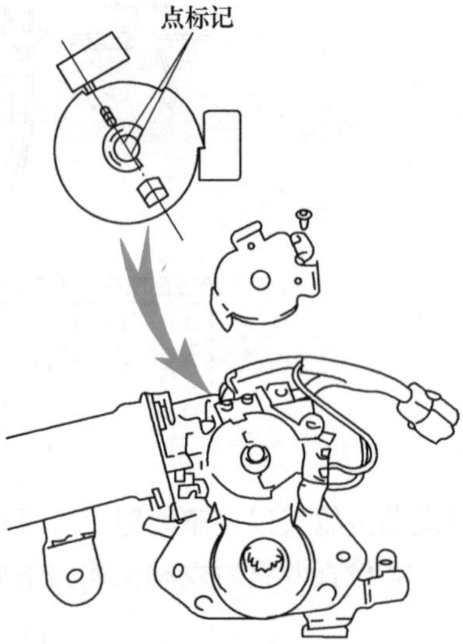

图 15-9　对齐点标记

8）拆下天窗后流水槽。

9）拆下左侧滑动天窗驱动电缆。向后移动电缆拆下。

10）向后移动驱动电缆，拆下右侧滑动天窗驱动电缆。

11）拆下 4 个螺钉和天窗导流板总成，如图 15-11 所示。

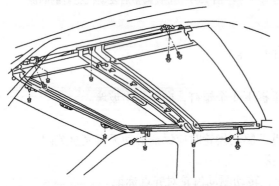

图 15-10　拆下滑动天窗支架总成

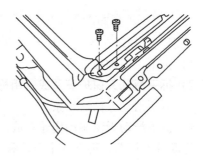

图 15-11　拆下天窗导流板总成

12）拆下滑动天窗电缆控制盒。

13）拆下滑动天窗轨道总成。拆下 6 个螺钉和滑动天窗轨道总成，如图 15-12 所示。

14）天窗的安装。按照拆卸相反的顺序进行安装。

15）安装滑动天窗玻璃总成及天窗密封性检查时应注意：

①检查滑动天窗（防水条）和天窗板间的间隙，如图 15-13 所示（后边角：0±1.5mm）。

②检查滑动天窗（玻璃）和天窗板间的间隙，如图 15-14 所示前端部和后端部：6.7mm）。注意间隙必须非常精确。

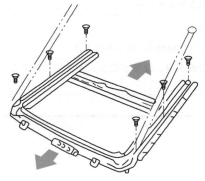

图 15-12　拆下滑动天窗轨道总成

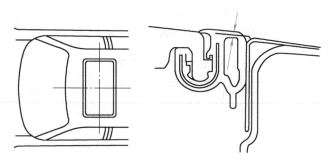

图 15-13　检查滑动天窗（防水条）和天窗板间的间隙

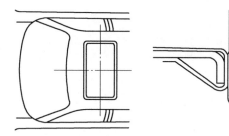

图 15-14　检查滑动天窗（玻璃）和天窗板间的间隙

③用梅花扳手松开螺钉，调整滑动天窗的位置。当调整完毕后，拧紧螺钉。

④检查是否泄漏。操作滑动天窗，检查是否有水泄漏，如果有水泄漏，应重新调整滑动天窗。

15.1.3　实训考核与评分

1. 实训考核题目

1）正确拆装车门组件。

2）正确拆装发动机舱盖。

3）正确拆装汽车天窗。

2. 实训成绩评定（表 15-2）

表 15-2　实训考核与成绩评定

序号	考核内容	配分	评分标准
1	正确使用拆装工具	10	设备使用错误每次扣 2 分
2	正确拆装后视镜	10	错误每次扣 5 分
3	正确拆装车门内饰板	10	错误每次扣 5 分

（续）

序号	考核内容	配分	评分标准
4	正确拆装车门锁	10	错误每次扣 5 分
5	正确拆装玻璃升降器	15	错误每次扣 5 分
6	正确拆装发动机舱盖	15	错误每次扣 5 分
7	正确拆装汽车天窗	20	错误每次扣 5 分
8	操作规范、有序、不超时	10	操作欠规范或超时每项扣 2 分
9	遵守安全规范，无人身、设备事故		出现人身、设备事故的，此次实训按 0 分计算
10	分数统计	100	

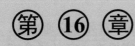

第 ⑯ 章

汽车座椅及安全防护装置实训

项目 16　汽车座椅及安全防护装置的拆装与结构认识

16.1.1　实训内容、要求与安排（表 16-1）

表 16-1　实训内容、要求与安排

实训内容与要求	主要实训条件	实训安排
1. 熟悉汽车座椅及安全防护装置的基本结构原理 2. 学会驾驶人座椅和儿童座椅的拆装 3. 学会安全带的拆装 4. 学会安全气囊装置的拆装 5. 学会汽车前后保险杠的拆装	1. 配置有安全气囊装置汽车 1 辆/组 2. 汽车座椅、儿童座椅、安全气囊及保险杠零部件 1 套 3. 汽车常用拆装工具 1 套/组 4. 用具盘、洗件盘、毛刷、抹布 1 套/组 5. 多媒体教室 1 间，相关的教具、录像片和教学挂图	1. 实训课时：3 学时 2. 组织安排：每 3~5 人/组，老师指导，学生动手

16.1.2　实训方法步骤【视频见配套资源项目 16】

1. 汽车座椅及安全防护装置的结构与认识

结合《汽车构造与原理 中册》教材第 16 章内容学习。

2. 汽车座椅的拆装

（1）前座椅的拆装

1）拆卸头枕。

2）将前座椅调整至合适的位置，拆卸座椅下的紧固螺钉（图 16-1）。

3）坐于座椅上，并将座椅位置调整装置打开，利用身体向后推动座椅，直至将座椅的移动轨道脱离固定装置，然后取下座椅。

4）装复时先去除座椅移动装置上的锈迹，涂抹合适的机油，再按照与拆卸相反的顺序安装。

（2）后座椅的拆装

图 16-1　拆卸座椅下的紧固螺钉

1）先用力将坐垫向后推动，并同时向上抬出坐垫，将其从车厢中取出。

2）将头枕导管旋转 90°，拆下后座椅头枕。

3）找到后座椅靠背下方的卡钩，并将卡钩扳直，然后搬起后座椅靠背，从车厢中取出后座椅靠背。

4）按照与拆卸相反的顺序安装，装复时要将固定锁锁好。

（3）儿童座椅的安装　据统计，我国每年超过 1.85 万名 14 岁以下儿童死于交通事故，2012 年 7 月 1 日，我国开始实施《机动车儿童乘员用约束系统》国家标准，定义了含有"ISOFIX 固定装置"的安全座椅，其最大的特点是有两根能够插入座椅内嵌固定锚点的接头（图 16-2 的箭头所示），其安装方法如下：拉开儿童安全座椅的 ISOFIX 接头（图 16-3），插入标有 ISOFIX 标示的地方（能够明显摸到里面的锚点），对准后向内用力，直到听见清脆的卡扣声完成安装。安全座椅本身对于儿童的保护方面，除了可以依靠自身的固定方式以外，也可以使用车内后排原本自带的三点式安全带。对年龄偏小的儿童，应该采用"怀抱式"固定方式，他由一根随座椅提供的安全带和护板组成（图 16-4）。

图 16-2　儿童安全座椅

图 16-3　儿童安全座椅拆装

3. 安全带的拆装（以前排安全带拆装为例）

1）用一字螺钉旋具小心撬起前门槛压板（图 16-5），用手拆下前门洞密封条。

2）用一字螺钉旋具拆下 B 柱压板（图 16-6），拆下安全带上下装饰盖。

3）用扳手松开上下固定螺母（图 16-7），取下安全带。

图 16-4　"怀抱式"固定方式的儿童安全座椅

图 16-5　撬起前门槛压板

图 16-6　拆下 B 柱压板

图 16-7　松开上下固定螺母

4）拔下安全带警告灯插件，拆下预张紧带总成。

5）按拆卸相反顺序安装。

 注 意

①立柱护板和车身应配合牢固，不允许出现松动现象；与顶棚、密封条应配合良好。

②B 柱上护板安全带调整滑道挡板应活动自如，不应影响安全带的调节，和下护板配合间隙应均匀且小于 1mm。

③B 柱下护板和前后门槛压板配合间隙应均匀且间隙应小于 1mm。

4. 安全气囊的拆装

本拆装只用于认识安全气囊结构原理，正规修理必须要经过专业培训，以免发生安全事故。

1）断开蓄电池接线柱。

2）旋转转向盘至横辐条处于垂直位置（图 16-8）。拉出转向柱，固定到下部位置。用一把 5mm 宽的螺钉旋具从背面插入转向盘毂的孔中，沿箭头方向按压螺钉旋具（安全气囊单元解锁并从转向盘毂内弹出一截）。

3）把转向盘往回转 180°，将第二个定位机构解锁。

4）小心地从转向盘上把安全气囊单元取出一截（图 6-9），用螺钉旋具把锁定件小心撬出。

5）从安全气囊单元上拆开插头（图 16-10），取下安全气囊单元。

6）按照拆卸相反顺序进行安装。

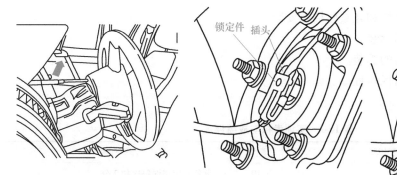
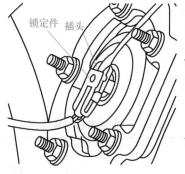
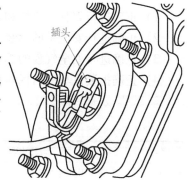

图 16-8　旋转转向盘至横辐　　图 16-9　取出一截安全气囊单元　　图 16-10　取下安全气囊单元
　　　　　条处于垂直位置

5. 汽车保险杠的拆装

（1）前保险杠的拆装

1）将车制动，用千斤顶将汽车前部顶起并稳固。

2）撑起发动机舱盖，拆下前灯和小灯。

3）拆下如图 16-11 所示的保险杠固定螺钉，取下前保险杠。

4）按与拆卸的反向顺序安装前保险杠。

（2）后保险杠的更换

1）拆卸行李箱门门框左、右下装饰板。

2）拆卸后地板电线束卡子，使后地毯尾部能够掀开。

3）拆卸后保险杠与车身连接的所有固定螺栓（图 16-12），取下后保险杠。

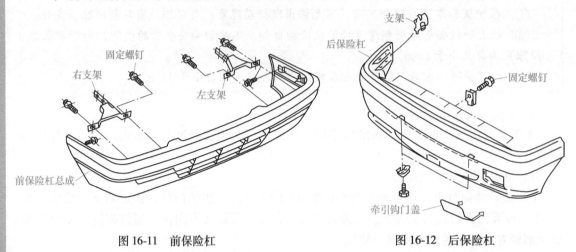

图 16-11   前保险杠   图 16-12   后保险杠

4）按与拆卸时的反向顺序安装后保险杠。

16. 1. 3   实训考核与评分

1. 实训考核题目

1）正确进行驾驶人座椅和儿童座椅的安装。

2）正确进行安全带的拆装。

3）正确进行安全气囊的拆装。

4）正确拆装汽车前后保险杠。

2. 实训成绩评定（表 16-2）

表 16-2   实训考核与成绩评定

序号	考核内容	配分	评分标准
1	正确使用拆装工具	10	设备使用错误每次扣 2 分
2	驾驶人座椅安装和儿童安全座椅的安装	25	错误每次扣 5 分
3	安全带的拆装	15	错误每次扣 2 分
4	安全气囊的拆装	25	错误每次扣 5 分
5	拆装汽车前后保险杠	15	错误每次扣 2 分
6	操作规范、有序、不超时	10	操作欠规范或超时每项扣 2 分
7	遵守安全规范，无人身、设备事故		出现人身、设备事故的，此次实训按 0 分计算
8	分数统计	100	

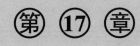

第 ⑰ 章

专用汽车车身结构原理及改装实训

项目 17　专用汽车车身结构认识

17.1.1　实训内容、要求与安排（表 17-1）

表 17-1　实训内容、要求与安排

实训内容与要求	主要实训条件	实训安排
1. 学会专用汽车种类的识别 2. 了解常用专用汽车的基本结构 3. 学会半挂车的连接	1. 常用专用汽车 2. 专用汽车零部件 1 套 3. 多媒体教室 1 间，相关的教具、录像片和教学挂图	1. 实训课时：4 学时 2. 组织安排：实训室和企业参观学习

17.1.2　实训方法步骤【视频见配套资源项目 17】

专用汽车种类繁多，结构各异，教师可根据本地实际条件，选择常用的一些专用汽车，结合《汽车构造与原理中册》教材第 17 章内容，在实训室和企业现场参观学习。

1. 消防车的结构认识

观察一辆消防车，熟悉其主要功能，了解其基本结构和灭火方法和原理。

2. 清扫车的结构认识

观察一辆清扫车，熟悉其主要功能，了解其基本结构和清扫方法和原理。

3. 自卸车的结构认识

观察一辆自卸车，熟悉其主要功能，了解其基本结构和自卸方法和原理。

4. 救护车的结构认识

观察一辆救护车，熟悉其主要功能，了解其基本结构和车内救护医疗设备配置。

5. 仓栅式汽车的结构认识

观察一辆仓栅式汽车，熟悉其主要功能，了解其基本结构和原理。

6. 集装箱车的结构认识

观察一辆集装箱车，熟悉其主要功能，了解其基本结构和原理。

7. 油罐车的结构认识

观察一辆油罐车，熟悉其主要功能，了解其基本结构原理和使用安全事项。

8. 混凝土搅拌运输车的结构认识

观察一辆混凝土搅拌运输车，熟悉其主要功能，了解其基本结构和工作原理。

9. 房车的结构认识

观察一辆房车，熟悉其主要功能，了解其基本组成结构。

10. 半挂车的结构认识

观察一辆半挂车，熟悉其主要功能，了解其基本结构原理，学会半挂车与主车的连接。

17.1.3 考核与评分

1. 实训考核题目

1）辨认不同类型的专用汽车。

2）说明 3 种类型专用汽车的功能和基本结构。

2. 实训成绩评定（表 17-2）

表 17-2 实训考核与成绩评定

序号	考核内容	配分	评分标准
1	正确辨认专用汽车类型	40	错误每项扣 5 分
2	说明 3 种类型专用汽车的功能和基本结构	60	错误每次扣 5 分
3	遵守安全规范，无人身、设备事故		出现人身、设备事故的，此次实训按 0 分计算
4	分数统计	100	

第 18 章

汽车电源系统实训

项目 18.1 蓄电池的结构认识与拆装使用

18.1.1 实训内容、要求与安排（表18-1）

表18-1 实训内容、要求与安排

实训内容与要求	主要实训条件	实训安排
1. 熟悉蓄电池的基本结构原理 2. 学会蓄电池的拆装 3. 学会蓄电池电解液高度、密度和电压的检查 4. 学会蓄电池的充电	1. 解剖的普通型蓄电池及免充电蓄电池各1个 2. 性能良好的普通型蓄电池1个/组 3. 充电机1台/组，蓄电池电解液原料（蒸馏水、纯硫酸） 4. 玻璃管、比重计、高率放电计各1个/组 5. 用具盘、洗件盘、毛刷、抹布1套/组 6. 多媒体教室1间，相关的教具、录像片和教学挂图	1. 实训课时：4学时 2. 组织安排：每3~5人/组，老师指导，学生动手

18.1.2 实训方法步骤【视频见配套资源项目18.1】

1. 蓄电池的结构与认识

结合《汽车构造与原理 下册》教材第18章内容学习。本项目实训以桑塔纳2000GSi型汽车为例。

2. 蓄电池的拆装

1）先拆下蓄电池的搭铁线，再拆正极接线。

2）拆下蓄电池压板，从支架中取出蓄电池。

3）蓄电池的安装按拆卸相反次序进行。

 注 意

拆卸蓄电池时应先拆卸搭铁线，再拆正极接线。安装时，则先将蓄电池正极接线接上，然后连接搭铁线。

3. 蓄电池的检查

（1）免维护蓄电池存电情况检查 可以通过蓄电池表面的圆形观察孔向内观看，绿色表示合格，说明蓄电池放电在25%以下；黑色表示亏电，要补充充电；白色表示电池损坏需要更换。（有的免维护蓄电池存电颜色显示有所不同，蓝色表示合格，白色表示亏电，红色表示电池损坏需要更换）。

（2）蓄电池电解液液面高度检查（图18-1）

用一内径6~8mm，长约150mm的玻璃管，垂直插入加液口内，直到极板上缘为止，然后用拇指压紧管的上口，取出玻璃管，玻璃管中的电解液高度即为蓄电池内电解液平面高出极板的高度，应为10~15mm。

使用半透明塑料容器的蓄电池，可以直接观察到液面高度，正常液面高度应在外壳平面的"max"和"min"两条高度指示线之间。

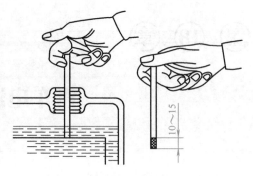

图18-1 蓄电池电解液液面高度检查

 注 意

若电解液不足，应该分析原因，如果是由于水分蒸发，只能用蒸馏水补充，绝不能随意添加其他不干净的水；如果是因为电解液外漏，就应补充电解液。

电解液可以市购，也可以自己配制，采用密度为1.835g/cm³的化学纯硫酸与蒸馏水按表18-2所示比例配制。

表18-2 硫酸与蒸馏水比例

密度/(g/cm³)	质量比		体积比	
	硫酸	蒸馏水	硫酸	蒸馏水
1.12	1	4.9	1	8.7
1.16	1	3.5	1	6.2
1.20	1	2.6	1	4.6
1.24	1	2.1	1	3.7
1.28	1	1.7	1	2.8
1.30	1	1.5	1	2.6

注：1. 表列比例为近似值，具体密度应该以密度计实际测量为准。

2. 表列电解液密度以20℃时计算，温度每升高1℃，应在原读数基础上加0.00075g/cm³予以修正。

（3）蓄电池电解液密度检查 测量电解液密度，可使用电解液密度计，如图18-2所示，吸入密度计中的蓄电池电解液密度越大，浮子升起越高。从密度计刻度上可读出电解液密度值。蓄电池电解液正常的密度值见表18-2。

若各电池槽中的电解液密度相互间的偏差不超过0.02g/cm³，可对蓄电池进行充电，以恢复其性能；若在一个或两个相邻电池槽中的电解液密度明显地下降，说明蓄电池有短路故障，应对其进行修复或更换。

（4）蓄电池电压检查 用高率放电计（图18-3）的触针用力压在单格电池的两个极柱或蓄电池的两个极桩上，每次时间不超过5s，观察指针移动情况，确定蓄电池的存放电情况。若桑塔纳2000系列汽车负载电流为110A，则最小电压不得低于9.6V。在测试（5~10s）过程中，若电

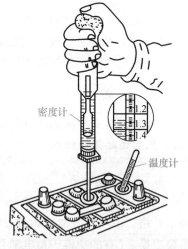

密度计

温度计

图18-2 蓄电池电解液密度检查

压低于规定的数值，可能为蓄电池已放完电或损坏。

表18-3 蓄电池电解液密度

温度条件	蓄电池状态	电解液密度/（g/cm³）
常温下	放电	1.12
	半充电	1.20
	全充电	1.28
在热带地区	放电	1.08
	半充电	1.14
	全充电	1.23

4. 蓄电池的充电

（1）常规充电

1）打开蓄电池加液孔盖，检查电解液液面高度，如电解液不足，应先补充蒸馏水。

2）将蓄电池的正、负极与充电机的正、负极对应连接。

3）接通充电机，根据蓄电池的容量调节充电电流，一般为额定容量的10%。如54A·h的蓄电池，其充电电流约为5.4A。

4）每1h测量三次电解液密度和电压，直至不再上升，且所有的电解槽都开始沸腾时，停止充电。充足电的电解液密度应为1.28g/cm³（热带地区：1.23g/cm³），蓄电池总电压应为15.6~16.2V（桑塔纳2000系列汽车）。

（2）快速充电 快速充电应使用专用快速充电机进行充电。

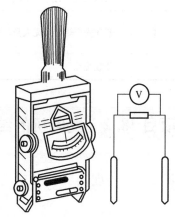

图18-3 高率放电计

①在蓄电池充电室内不能有明火，不得吸烟，室内禁止存放精密仪器。

②在充电过程中应随时测量电解液温度。若温度超过40℃，应停止充电或者减小充电电流，直到温度降低到40℃以下。

18.1.3 实训考核与评分

1. 实训考核题目

1）正确在车上拆装蓄电池。

2）正确检查免维护蓄电池存电情况。

3）正确检查蓄电池电解液高度、密度和电压。

4）正确进行蓄电池充电。

2. 实训成绩评定（表 18-4）

表 18-4　实训考核与成绩评定

序号	考核内容	配分	评分标准
1	正确使用工具、设备	10	工具或设备使用错误每次扣 2 分
2	蓄电池拆装	15	拆装错误每项扣 2 分
3	蓄电池电解液高度检查	15	检查错误每项扣 2 分
4	蓄电池电解液密度检查	15	检查错误每项扣 2 分
5	蓄电池电压检查	15	检查错误每项扣 2 分
6	蓄电池充电	20	工作错误每项扣 5 分
7	操作规范、有序、不超时	10	操作欠规范或超时每项扣 2 分
8	遵守安全规范，无人身、设备事故		出现人身、设备事故的，此次实训按 0 分计算
9	分数统计	100	

项目 18.2　发电机的结构认识与拆装检查

18.2.1　实训内容、要求与安排（表 18-5）

表 18-5　实训内容、要求与安排

实训内容与要求	主要实训条件	实训安排
1. 熟悉发电机及其调节器的基本结构原理 2. 学会发电机的拆装 3. 学会发电机的检查与调整 4. 学会调节器的检查与调整	1. 解剖的发电机 1 台 2. 性能良好的发电机和调节器各 1 台/组 3. 发电机及其调节器零部件 1 批/组 4. 拆装工具 1 套/组；万用表 1 个/组 5. 用具盘、洗件盘、毛刷、抹布 1 套/组 6. 多媒体教室 1 间，相关的教具、录像片和教学挂图	1. 实训课时：2 学时 2. 组织安排：每 3～5 人/组，老师指导，学生动手

18.2.2　实训方法步骤【视频见配套资源项目 18.2】

1. 发电机及其调节器的结构与认识

结合《汽车构造与原理　下册》教材第 18 章内容学习，本项目实训以桑塔纳 2000Gsi 汽车发电机为例。

2. 汽车发电机拆装

（1）发电机在车上的拆装　用专用扳手固定发电机 V 带轮，旋下紧固螺母，发电机即可拆下（图 18-4）。安装发电机时可按拆卸相反的顺序进行。

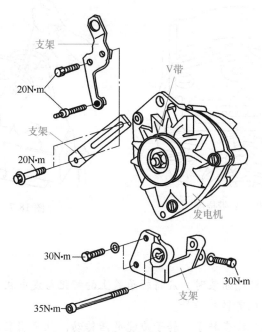

图 18-4　发电机拆装

 注 意

①发电机安装后，应注意检查发电机 V 带与带轮的啮合情况（图 18-5）。

②发电机安装后，应注意检查和调整带轮张紧度，检查 V 带张紧度的方法是用拇指将 V 带下压，其挠度在 2mm（新）～5mm（旧）为合适，如不符合规定，应进行调整，调整方法如图 18-6 所示，拧松卡板和发电机上的所有紧固螺栓，用扭力扳手转动张紧螺母使 V 带挠度符合规值，然后用 35N·m 力矩拧紧张紧螺母上的紧固螺栓，将张紧螺栓紧固，用 20N·m 的力矩将支架紧固在气缸盖吊耳上。

（2）发电机分解与装配

1）拆卸带轮。如图 18-7 所示，用台虎钳夹住带轮，从发电机上旋下螺母，取下带轮和风扇，再从发电机上拆下护罩。

2）拆下前端盖连接螺栓，分解前端盖、带轮、转子、后端盖、整流调压器。

3）拆下定子绕组端头，从后端盖上取出定子。

4）拆下电刷架，取出电刷总成、二极管、换向器及电容器。

5）拆下带轮固定螺母，取下带轮、半圆键、风扇、轴套，使转子和前端盖分离。

6）按拆卸相反次序安装发电机。

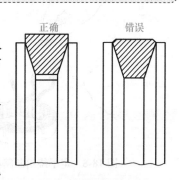

图 18-5　检查发电机 V 带啮合情况

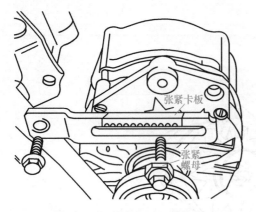

图 18-6 调整发电机 V 带挠度

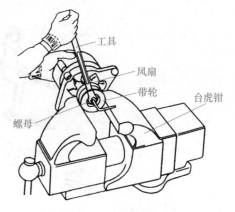

图 18-7 带轮的拆卸

> **注　意**
> ①轴承盖与发电机外壳组装时，应将轴承盖上的标记与发电机外壳上的标记对齐。
> ②各紧固螺母应按规定转矩拧紧。
> ③发电机装配完成后检查转子，转子应能灵活转动，且无明显的轴间窜动。

3. 汽车发电机与调节器的检查

（1）定子检查

1）定子表面检查。定子表面不得有刮痕，导线表面不得有碰伤、绝缘漆剥落现象。

2）定子绕组断路检查，如图 18-8 所示，用万用表欧姆档（R×1 档）检查绕组引线之间，应导通，否则应更换定子。

3）定子绕组搭铁检查　如图 18-9 所示，用万用表欧姆档（R×1 档）检查绕组引线和定子铁心之间，应不导通，否则应更换定子。

图 18-8 定子绕组断路检测

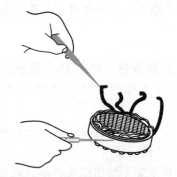

图 18-9 定子绕组搭铁检测

（2）转子检查

1）转子表面检查。转子表面不得有刮痕，否则表明轴承松旷，应更换前后轴承。集电环表面应光洁平整，两集电环之间的槽内不得有油污和异物。

2）转子绕组搭铁检查。如图 18-10 所示，用万用表检查集电环与转子之间的电阻，其数值应为∞，否则为有搭铁故障。对于有故障的转子应更换，有条件的可对集电环或线圈进行修理。

3）转子绕组断路及短路检查。如图 18-11 所示，用万用表检查两集电环之间的电阻，其数值应为 3~4Ω。大于此值，表明有断路故障；小于 3Ω 时，说明有短路故障。

图 18-10　转子绕组搭铁检查

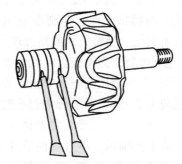

图 18-11　转子绕组断路及短路检查

4）转子轴与集电环的检查。转子轴的径向圆跳动可用百分表检测（图 18-12），其径向圆跳动不得超过 0.01mm，否则应予以校正。集电环表面如烧蚀严重或失圆，可用车床进行修整，其最大偏摆量应不超过 0.05mm，最后用细砂布抛光并吹净粉屑。

（3）二极管检查

1）二极管正向电阻检查。将万用表的负表笔接二极管底板上的粗螺栓，正表笔依次接与定子绕组相接的各结合点，每次测量的电阻值均应为 50~80Ω。

2）二极管反向电阻检查。将万用表正表笔接散热架（负极），负表笔依次与各结合点相接，每次测量的电阻值均须大于 10kΩ。

3）励磁二极管检查。将万用表负表笔接二极管底板上的细螺栓，正表笔依次接各结合点，每次测量的电阻值均须为 50~80Ω。

以上各测量值若与标准不符，必须更换二极管底板。

（4）调节器检查

1）调节器工作状态的检查。如图 18-13 所示，将调节器连接 12V 的蓄电池和直流试灯时，试灯应亮；接 16~18V 电压时，试灯应不亮。否则应更换调节器。

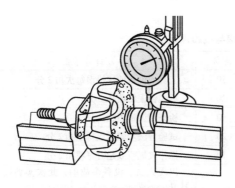

图 18-12　转子轴与集电环的检查

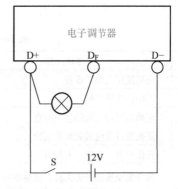

图 18-13　调节器的工作状态的检查

2）调节器管压降的检查。调节器管压降的检测电路如图18-14所示。接通开关S，调节可变电阻R使电流表（A）的读数为4A时，电压表的读数应不大于1.5V。

（5）电刷及电刷架检查

1）电刷高度检查。新电刷的长度为13mm，允许磨损极限为5mm，超过此极限值时应予更换。电刷表面如有油污，应用干布擦拭干净，电刷在电刷架内应滑动自如。电刷架不得有裂纹、弹簧折断或锈蚀现象，否则应更换。

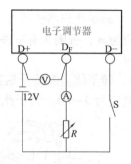

图18-14　调节器管压降的检查

2）电刷弹簧压力检查。电刷弹簧弹力的检测方法如图18-15所示，当电刷从电刷架中露出长度为2mm时，天平秤上指示的读数即为电刷弹簧压力，其值应为2~3N，弹簧弹力过小时，应更换新电刷。

（6）其他部件的检查　发电机壳体不得有裂纹，若轴承内缺油，应更换轴承，不宜加油后继续使用。V带槽内不能有飞边，以免损伤V带。V带轴孔与轴的配合过盈量为0.01~0.04mm，若松旷，应加工修复。转子轴承的轴向和径向间隙不得大于0.20mm，否则应更换。

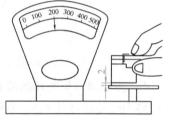

图18-15　电刷弹簧压力检查

（7）发电机装复后试验　发电机装复后应进行发电试验。试验接线方法如图18-16所示。试验时应先用蓄电池对发电机进行励磁，其方法是当发电机转速提高时，闭合一下开关S₁，然后再打开。将发电机转速逐渐提高，当电压表的读数达到12.4~14.5V时，发电机的转速应不大于1050r/min，如读数不符合要求，应检查调节器或发电机。

18.2.3　实训考核与评分

1. 实训考核题目

1）正确进行发电机的拆装。

2）正确进行发电机的各项检查。

3）正确进行调节器的检查。

4）正确进行发电机装复后的试验。

2. 实训成绩评定（表18-6）

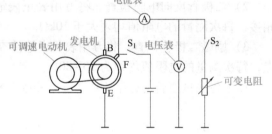

图18-16　发电机装复后试验

表18-6　实训考核与成绩评定

序号	考核内容	配分	评分标准
1	正确使用工具、设备	10	工具或设备使用错误每次扣2分
2	正确拆装发电机	20	拆装错误每项扣2分
3	正确进行发电机的各项检查	40	检查错误每项扣2分
4	正确进行发电机装复后试验	20	试验方法步骤错误每项扣2分
5	操作规范、有序、不超时	10	操作欠规范或超时每项扣2分
6	遵守安全规范，无人身、设备事故		出现人身、设备事故的，此次实训按0分计算
7	分数统计	100	

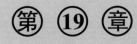

第 ⑲ 章

汽车仪表及警示系统实训

19.1.1　实训内容、要求与安排（表 19-1）

表 19-1　实训内容、要求与安排

实训内容与要求	主要实训条件	实训安排
1. 熟悉各种汽车仪表及警示装置的基本结构与工作原理 2. 学会主要汽车仪表及警示装置的拆装 3. 学会主要汽车仪表及警示装置的检查	1. 解剖的桑塔纳汽车 1 辆 2. 桑塔纳 2000GSi 型汽车 1 辆/组 3. 汽车冷却液温度表、燃油量表、机油压力表、车速里程表、发动机转速表 1 套/组 4. 拆装工具 1 套/组 5. 用具盘、洗件盘、毛刷、抹布 1 套/组 6. 多媒体教室 1 间，相关的教具、录像片和教学挂图	1. 实训课时：3 学时 2. 组织安排：每 3~5 人/组，老师指导，学生动手

19.1.2　实训方法步骤【视频见配套资源项目 19】

1. 汽车仪表及警示装置的结构与认识

结合《汽车构造与原理 下册》教材第 19 章内容学习。本项目实训以桑塔纳 2000GSi 型汽车为例。

2. 汽车仪表板的拆装

1）关闭点火开关，拆去蓄电池的搭铁线。

2）用一字螺钉旋具轻轻撬下仪表板的装饰条，拆下外饰板上的螺钉，取下外饰板。

3）拆下副仪表板、杂物箱、左右衬里。

4）拆下转向盘（图 19-1），断开喇叭电路。

5）拆下组合仪表盘座框螺钉，使仪表盘外倾，分开电路插接器，取下仪表盘总成。

6）拆下收放机（图 19-2），分开插接器。

7）依次拆下各种开关接线口、警告灯、侧面出风口、通风调节机构饰板、通风调节机构固定螺钉，断开喇叭电路。

8）从发动机舱内拧下仪表板的固定螺母，拆下电气电路的胶带，拆下仪表板总成。

9）分解仪表盘，如图 19-3 所示。

10）照拆卸相反的顺序进行装配。

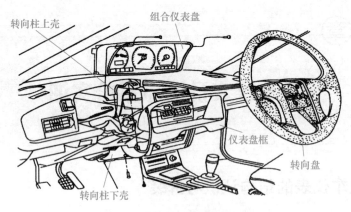

图 19-1　拆下转向盘和仪表盘

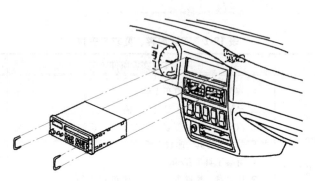

图 19-2　拆下收放机

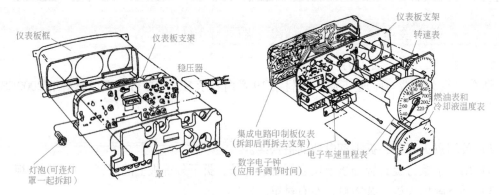

图 19-3　仪表盘的分解

 注 意

①拆卸转向盘固定螺钉和取下仪表板总成时，需要两人配合。

②拆卸各灯光开关时切不可用螺钉旋具强行撬压，应按相应顺序拆卸。

③初学者在拆卸线束插头时，可在插头上做上标记，以防错乱。

3. 汽车仪表的检测

（1）电热式冷却液温度表的检测

1）打开点火开关，查看表针是否上升。

2）若不上升，先查看散热器是否缺水。

3）若不缺水，则拔下冷却液温度感应器线束插头，用一根导线短接其正负极插孔，此时表针应快速上升，否则说明水温表或其电路上有问题。

在电路方面不要忽视对冷却液不足指示控制器的检查。温度表指示不准往往是冷却液温度感应器失效造成的，应根据其温度特性检查。

（2）电热式燃油量表的检测

1）打开点火开关，燃油表针应上升指示一定油量。

2）若不上升，先查看油箱有无燃油，若油箱有油，则拔下其线束插头，取一根导线快速短接其正负极插孔，此时燃油表针应快速上升。若不上升，说明油量表或其电路有故障。

燃油表与水温表共用一个稳压器，当稳压器失效时，两个表的表针都不准确。

（3）机油压力指示系统的检测

1）打开点火开关，机油压力指示灯应点亮，起动发动机后熄灭。

2）如果指示灯在打开点火开关时不亮或在发动机运转时不熄灭都为不正常。若在打开点火开关时不亮，则拔下机油感应塞单线插头直接搭铁，指示灯应点亮。

3）若还不亮，则检查机油指示灯及其电路。灯泡烧坏应更换，电路方面要注意短路和断路现象，另外还要检查组合仪表内部的油压检测控制器。

（4）电子式车速里程表的检测

1）当汽车行驶时，车速里程表针应指示相应的车速。

2）若无反应，则停车后拔下变速器上的车速传感器插头，参照电路图找出向仪表传输信号的导线插孔。

3）取两节 1.5V 干电池串联后，正极接入信号线插孔，负极快速间断搭铁，此时车速里程表针应摆动，否则说明里程表及其电路有问题。

在现代电控汽车上，如果车速传感器损坏，不但会使里程表表针无反应，而且会引起其他功能的失效。

（5）发动机转速表的检测 其检测方法同车速表的检测，若表针无反应，则拔下曲轴带轮处的转速传感器插头，取两节 1.5V 干电池串联后，"+" 极接一根导线插入其正极插孔，"－" 极接一导线后快速间断插入和拔出转速传感器的负极插孔，此时表针应摆动，否则发动机转速表及其电路有故障。

（6）汽车警示装置检测　汽车警示装置一般都由警告灯或音响组成，检查方法比较简单，可以采用更换指示灯或音响置换方法进行验证或万用表进行检查。

19.1.3　实训考核与评分

1. 实训考核题目

1）正确拆装和分解汽车仪表板。

2）正确检测冷却液温度表、燃油量表和机油压力表。

3）正确检测车速里程表和发动机转速表。

2. 实训成绩评定（表 19-2）

表 19-2　实训考核与成绩评定

序号	考核内容	配分	评分标准
1	正确使用工具设备	15	使用不当每次扣 2 分
2	汽车仪表板拆装与分解	25	错误每项扣 2 分
3	冷却液温度表、燃油量表、机油压力表检测	30	检查方法及结果不对，每项扣 5 分
4	车速里程表、发动机转速表检测	20	检查方法及结果不对，每项扣 5 分
5	操作规范、有序、不超时	10	操作欠规范或超时每项扣 2 分
6	操作现场整洁，安全用电和防火，无人身、设备事故		因操作不当发生重大事故，此次实训按 0 分计
7	分数总计	100	

第 20 章

汽车照明及信号系统实训

项目 20 汽车照明及信号装置的拆装与调整

20.1.1 实训内容、要求与安排（表 20-1）

表 20-1 实训内容、要求与安排

实训内容与要求	主要实训条件	实训安排
1. 熟悉汽车照明、信号装置的基本结构原理 2. 学会汽车主要照明、信号装置的拆装 3. 学会汽车主要照明、信号装置的检查调整	1. 桑塔纳 2000GSi 型汽车 1 辆/组 2. 汽车仪表、灯光、喇叭等 1 套/组 3. FD-2 型灯光检测仪 1 台 4. 汽车常用拆装工具 1 套/组 5. 用具盘、洗件盘、毛刷、抹布 1 套/组 6. 多媒体教室 1 间，相关的教具、录像片和教学挂图	1. 实训课时：2 学时 2. 组织安排：每 3~5 人/组，老师指导，学生动手

20.1.2 实训方法步骤【视频见配套资源项目 20】

1. 汽车照明及信号装置的结构与认识

结合《汽车构造与原理 下册》教材第 20 章内容学习。本项目实训以桑塔纳 2000GSi 型汽车为例。

2. 汽车前照灯、转向灯和雾灯的拆装与调整

（1）前照灯的拆装（图 20-1）

1）将发动机熄火，拆下蓄电池正负极，取下蓄电池及其支架。拔下左前照灯后面的线束插头。

2）用小棘轮套筒扳手加接长接杆旋下前照灯后面的四个小螺母。将左前照灯由后到前取下。

3）拆下发动机空气滤清器壳体，拔下右前照灯后部的线束插头。

4）用同样的工具、同样的方法拆下右前照灯。

5）分解前照灯（图 20-2）。

6）安装顺序与拆卸顺序相反。

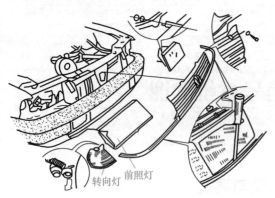

图 20-1　桑塔纳 2000 的前照灯拆装

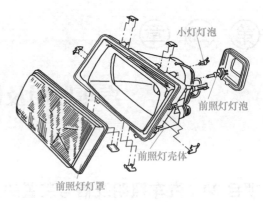

图 20-2　分解前照灯

　注　意

前照灯安装后应进行调节（后述），在拆卸前照灯时应防止空气进入。

（2）转向灯的拆装　从前照灯上拆下固定弹簧，即可拆卸转向灯更换灯泡。

（3）前雾灯的拆装（图 20-3）

1）拔下左右前雾灯的线束插头。

2）用棘轮扳手旋下其后的三颗固定螺钉，取下左右前雾灯即可。

3）安装顺序与拆卸顺序相反。

（4）汽车前照灯和雾灯的检查与调整　我国汽车前照灯检测与调整时，按 GB/T 7258—2012《机动车运行安全技术条件》规定执行，双光束灯以调整近光光束为主，对于单光束灯，以调整远光光束为主。

检验时，检验用场地应平整，屏幕与地面垂直，汽车轮胎气压符合标准，汽车空载（驾驶室内允许乘坐一名驾驶人），蓄电池性能良好，存电足，前照灯安装牢固。

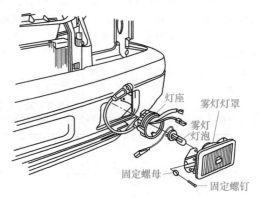

图 20-3　前雾灯拆装

1）前照灯光束照射位置及发光强度要求。机动车在检验前照灯的近光光束照射位置时，前照灯在距离屏幕 10m 处，光束明暗截止线转角或中心的高度应为 $(0.6\sim0.8)H$（H 为前照灯基准中心高度），如图 20-4 所示，其水平方向位置向左向右偏均不得超过 100mm。

四灯制前照灯其远光单光束灯的调整，要求在屏幕上光束中心离地高度应为 $(0.85\sim0.90)H$，水平位置要求左灯

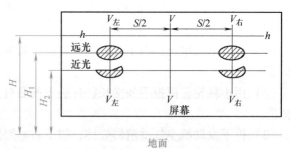

图 20-4　光束在屏幕上的位置

H—前照灯中心高度　S—左右前照灯中心距

H_1—$(0.85\sim0.9)H$　　H_2—$(0.6\sim0.8)H$

向左偏不得大于 100mm、向右偏不得大于 170mm，右灯向右偏或向左偏均不得大于 170mm。

对于安装两只前照灯的机动车，每只灯的发光强度，在用车应为 12000cd 以上，新注册车应为 15000cd。对于安装四只前照灯的机动车，每只灯的发光强度，在用车应在 10000cd 以上，新注册车应为 15000cd。

2）投影式前照灯检测仪使用方法。FD-2 型灯光检测仪由光接收箱和行走机构两大部分组成，仪器的外形结构如图 20-5 所示。

检测前，应使被检车辆应停放在检测仪的前方，并使其前照灯的基准中心（配光镜表面中心）到仪器的光接收箱前面聚光镜的距离为 1m，此距离可用仪器光接收箱下部的卷尺进行测量。

检测时，要求被检车辆的纵向中心线与仪器的光学中心线平行，利用仪器光接收箱顶部的对准瞄准镜可检查是否平行。在被检车辆上选定前后相隔 1m 以上的两点（该两点应与汽车纵向中心线平行），用于对准镜的观察。如果上述两点均在瞄准镜十字分划板的垂直线上，说明车辆已经摆正。否则，可旋转对准旋钮 15，使光接收箱在一定范围内转动，以使前述两点落在垂直线上。这样，仪器与被检车辆相对位置已摆正，可以进行检测。

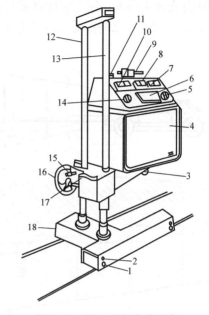

图 20-5　FD-2 型灯光检测仪

1—偏心轴　2—加油孔　3—测距卷尺　4—聚光镜
5—光轴上下刻度盘　6—屏幕　7—光轴上下平衡表
8—发光强度表　9—对准瞄准器　10—光轴左右平衡表
11—开关　12—后立柱　13—前立柱　14—左右刻度盘
15—对准旋钮　16—上下运动手轮
17—左右运动拉手　18—底座

检测步骤如下：

①把仪器移动到被检前照灯的前方，打开仪器后盖上影像瞄准器上的影像盖子，从盖子的反射镜上可观察到被检前照灯在影像瞄准器上的影像，移动光接收箱的位置，使被检前照灯的影像处于瞄准器的正中央（图 20-6）。推拉左、右运动拉手，可使仪器沿导轨水平运动，旋转上下运动手轮，可使光接收箱在垂直方向上运动，以使仪器与被检前照灯对准。对于四灯制，应逐只灯对正并进行检测，把暂时不检的灯遮住。

②开亮前照灯（远光），将仪器的电源开关转到"400"位置，给仪器通电。反复旋转面板上的光轴刻度旋钮（左、右及上、下），使光轴平衡指示（左、右及上、下）均指在正中位置。此时光轴刻度盘上所指示的读数，就是被检前照灯的光偏移量。同时在发光强度指示表上指示出的数值，就是被检前照灯的发光强度，若指针超出刻度范围，可将电源开关转至"800"并在 80000cd 档测量。

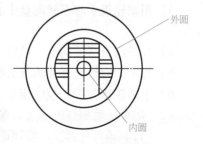

图 20-6　影像瞄准器

③对各只前照灯进行上述两项操作，以测得其光轴偏移量和发光强度。

3）前照灯的调整。桑塔纳 2000 汽车每行驶 6000km 或更换前照灯时需要对灯光进行调整。前照灯灯光应按如图 20-7 所示进行调整，灯光倾斜距离 e 为 10cm（此时，车上负载为后座 1 人或 70kg 重物或空载）。

前照灯与雾灯灯光的调整部位如图 20-8 所示，用十字螺钉旋具顺时针转动调整螺钉 A 时，可使灯光光束降低。用十字螺钉旋具逆时针转动调整螺钉 A 时，可使灯光光束升高。转动调整螺钉 B 时，可以调整前照灯光束水平方向的位置。雾灯的光束用雾灯调整螺钉 C 进行调整。

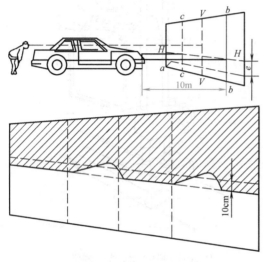

图 20-7　前照灯灯光的调整

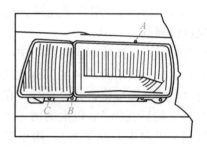

图 20-8　前照灯与雾灯灯光的调整部位

3. 其他灯光部件的拆装与调整

（1）汽车组合开关的拆装　桑塔纳 2000 汽车组合开关安装在转向柱上，结构如图 20-9 所示。拆装步骤如下：

1）关闭点火开关，拆掉蓄电池负极线。

2）打开转向盘上的盖板，拔掉喇叭开关插头。

3）用棘轮扳手卸下转向盘中心的六角紧固螺母，取下转向盘及其垫片、压紧弹簧和接触环。

4）拆下组合开关的上下护罩，拔下组合开关上的线束插头。

5）拆下固定组合开关的圆头螺栓，取下组合开关。

6）组装顺序与拆卸顺序相反。

（2）尾灯、牌照灯的拆装　参照如图 20-10 所示拆卸固定螺钉即可拆卸尾灯和牌照灯。

（3）行李箱灯的拆装　参照图 20-11 拆卸固定螺钉即可。

（4）发动机舱照明灯的拆装　参照图 20-12 进行拆装。

（5）车内照明灯的拆装　参照图 20-13 进行拆装。

4. 汽车喇叭的拆装与调整

（1）喇叭的拆装

1）用举升机举起车辆 1.6~1.7m，站立在车辆下面，拔掉喇叭线束插头。

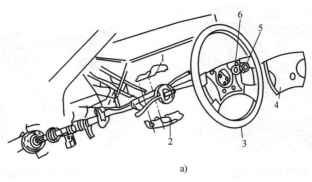

a)

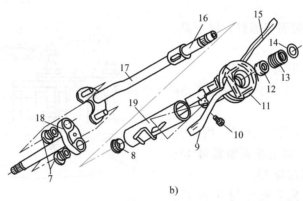

b)

图 20-9　桑塔纳 2000 汽车组合开关

1—上装饰罩　2—下装饰罩　3—转向盘　4—盖板　5—六角螺母

6—弹簧垫片　7—衬套　8—支承环　9—转向灯开关　10—圆头螺栓

11—喇叭簧片　12—接触环　13—压紧弹簧　14—垫片　15—刮水器清洗开关

16—转向管柱上端　17—转向管柱中部　18—转向管柱下端　19—套管

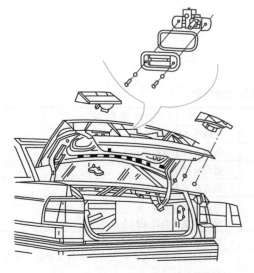

图 20-10　尾灯、牌照灯的拆装

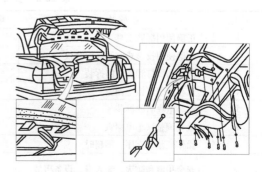

图 20-11　行李箱灯的拆装

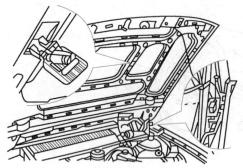

图 20-12　发动机舱照明灯的拆装

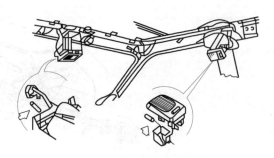

图 20-13　车内照明灯的拆装

2）拆下喇叭支架固定螺钉，取下高、低音喇叭。

3）按拆卸相反顺序进行安装。

（2）喇叭的音量和音调调整（图 20-14）

1）音量调整。若增大音量，则用扳手旋松锁紧螺母 14，再旋松调整螺母 13；若减小音量，则旋紧螺母 13。

2）音调调整。先旋松螺母 8 和 12，再旋松调整螺母 7，转动衔铁 10，此时音调变高，反之，则音调变低。

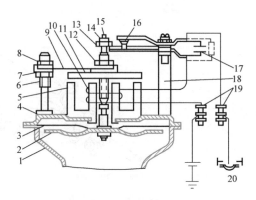

图 20-14　电喇叭的构造

1—喇叭筒　2—共鸣板　3—振动膜片　4—底板　5—山形铁心　6—螺柱　7、13—调整螺母　8、12、14—锁紧螺母　9—弹簧片　10—衔铁　11—线圈　15—中心杆　16—触点　17—电容器　18—导线　19—接线柱　20—按钮

20.1.3　实训考核与评分

1. 实训考核题目

1）正确拆装汽车前照灯和雾灯。

2）正确检查调整汽车前照灯和雾灯。

3）正确检拆装和调整汽车电喇叭。

2. 实训成绩评定（表 20-2）

表 20-2　实训考核与成绩评定

序号	考核内容	配分	评分标准
1	正确使用拆装工具	10	使用不当每次扣 2 分
2	正确使用投影式前照灯检测仪	20	使用方法不当每项扣 3 分
3	汽车前照灯和雾灯的拆装	20	错误每项扣 3 分
4	汽车前照灯检查调整	15	检查调整不当每项扣 5 分
5	汽车电喇叭的拆装	10	错误每项扣 3 分
6	检查调整汽车电喇叭	15	检查调整不当每项扣 5 分
7	操作规范、有序、不超时	10	操作欠规范或超时每项扣 2 分
8	安全用电和防火，无人身、设备事故		因违反操作安全发生重大人身和设备事故，此次实训按 0 分计
9	分数统计	100	

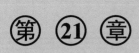

第 ㉑ 章

汽车空调系统实训

项目 21.1　汽车空调系统拆装

21.1.1　实训内容、要求与安排（表 21-1）

表 21-1　实训内容、要求与安排

实训内容与要求	主要实训条件	实训安排
1. 熟悉汽车空调系统组成与基本结构原理 2. 学会汽车空调压缩机的拆装 3. 学会汽车空调冷凝器、蒸发器的拆装 4. 学会汽车暖风装置的调整	1. 桑塔纳 2000GSi 汽车 1 辆/组，空调系统零部件 1 套 2. 汽车空调实验台架 1 台/组 3. 拆装工具 1 套/组 4. 用具盘、洗件盘、毛刷、抹布 1 套/组 5. 多媒体教室 1 间，相关的教具、录像片和教学挂图	1. 实训课时：3 学时 2. 组织安排：每 3~5 人/组，老师指导，学生动手

21.1.2　实训方法步骤【视频见配套资源项目 21.1】

1. 汽车空调系统的结构与认识

结合《汽车构造与原理 下册》教材第 21 章内容学习。本项目实训以桑塔纳 2000GSi 型汽车为例。

2. 制冷系统主要部件的拆装

（1）空调压缩机的拆装与检查

1）空调压缩机从车上拆卸。拔下蓄电池插头，排放制冷剂，拆卸高低压管并封口，拆卸电磁离合器导线，拆卸压缩机固定螺栓，取下空调压缩机。

2）空调压缩机分解（图 21-1）。

①拆卸电磁离合器总成 20、缸盖 1，然后分解压缩机 6。

②用专用工具固定住前板（图 21-2），用扳手旋下主轴的六角螺母。

③用顶拔器取下离合器前板（图 21-3），用一字螺钉旋具撬下半圆键，再用尖嘴钳拆下弹性挡圈。

④用顶拔器将压缩机 V 带轮拆下（图 21-4）。

⑤拆卸磁场线圈（图 21-5）。

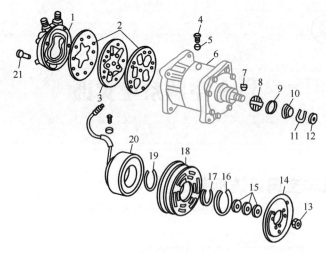

图 21-1　空调压缩机分解图

1—缸盖　2—密封垫　3—阀板　4—注油孔塞　5、9—O形圈　6—压缩机　7—键　8—油封
10—油封座　11、19—卡环（挡圈）　12—毡环　13—螺母　14—前板　15—垫圈
16—卡环　17—轴用弹性挡圈　18—转子V带轮　20—离合器总成　21—螺栓

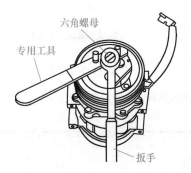

图 21-2　拆卸主轴螺母

图 21-3　拆卸离合器前板

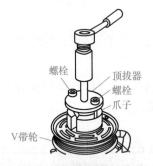

图 21-4　拆卸压缩机V带轮

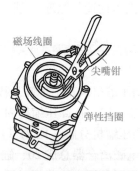

图 21-5　拆卸磁场线圈

⑥用尖嘴钳拆下弹性挡圈。再如图 21-6 所示，用专用轴油封座拆卸器取下油封座。

⑦如图 21-7 所示，拆卸缸盖。旋下全部螺栓后，用一个小锤和衬垫刮刀轻撬缸盖的周边，直至缸盖与阀板脱开。再从缸体上取下阀板及密封圈。

图 21-6 拆卸轴油封座

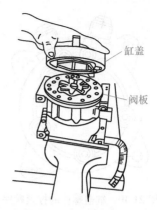

图 21-7 拆卸缸盖

3）空调压缩机零部件的检查。

①拆下压缩机电磁离合器接线插头。如图 21-8 所示，用万用表测量电磁离合器线圈的电阻值，其值应为 3.5Ω（20℃时）左右，否则应更换电磁线圈。

②检查离合器前板的摩擦面和 V 带轮与前板的摩擦表面，若有烧损或深沟纹现象，应更换前板。

③如图 21-9 所示，对阀板、密封垫和限位板进行检查，如有破损和划痕，应更换。

④检查缸盖、缸体等的磨损与变形情况，如有损坏，均应更换。

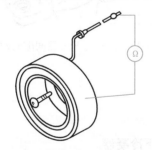

图 21-8 测量电磁离合器线圈的电阻

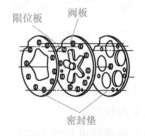

图 21-9 阀板的检查

4）空调压缩机的组装。按分解相反的顺序进行。

 注 意

①安装缸盖与阀板要使用新的密封垫，并在密封垫上涂上冷冻机油，装上定位销阀板和缸盖后，按图 21-10 的顺序，旋紧缸盖螺栓，拧紧力矩为 30~33N·m。

②安装压缩机油封时，先彻底清理密封槽的冷冻机油和杂物，并用压缩空气吹干。再在油封的接触面上涂上冷冻机油，用油封装卸工具（图 21-11）将油封总成牢固地装入压缩机的密封槽中。装上 O 形密封圈，在轴油封座上涂上冷冻机油，用图 21-12 所示工具压入压缩机轴，直到轻轻地与油封接触为止。再安装弹性挡圈、离合调整垫片和新毡环。

③安装电磁离合器线圈时，如图 21-13 所示，旋紧前板 1 的固定螺母 2，拧紧力矩为 34~44N·m；用塞尺 3 检查前板 1 与 V 带轮 4 的间隙，应在 0.45~0.75mm，必要时用垫片进行调整。

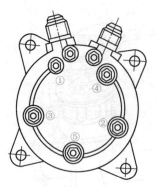

图 21-10　缸盖螺栓的拧紧顺序

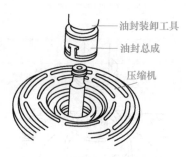

图 21-11　压缩机油封的安装

图 21-12　压缩机轴的安装

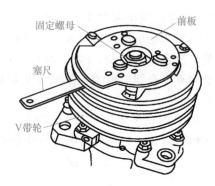

图 21-13　前板与 V 带轮间隙的检查

（2）冷凝器的拆装

1）排放制冷系统的制冷剂。

2）拆下散热器。

3）拆下冷凝器进口管和出口管，拧下固定螺栓，拆下冷凝器。

4）安装按拆卸相反顺序进行。

 注　意

①安装前应充分清洗冷凝器，确保有足够的空气流经冷凝器盘管，使其充分散热。

②安装时注意冷凝器下部的正确位置，上端与发动机舱盖的间隙不得小于5mm。

（3）蒸发器的拆装

1）排放制冷系统的制冷剂。

2）拆下新鲜空气风箱盖，拆下蒸发器外壳。

3）依次拆下低压管及固定件及高压管固定件压缩机管路，并封住管子端部。

4）依次拆下仪表板右侧下部挡板及网罩、蒸发器口的感应管、蒸发盘，取出蒸发器。

5）按拆卸的相反顺序安装蒸发器。

（4）储液干燥器的拆装

1）排放制冷系统的制冷剂。

2）拆下管路接头，封住管子端部。

3）拆下储液干燥器。

4）按拆卸的相反顺序安装储液干燥器。

注　意

①直立型储液干燥器应尽量垂直安装，垂直倾斜不超过15°，冷凝器的出口接储液干燥器入口。

②在抽真空之前方可将导管接至储液干燥器入口。

③主要部件拧紧力矩应符合维修手册要求。

3. 供暖、通风和空气净化装置的调整

（1）供暖调节阀的调整

1）将温度选择拨杆置于如图21-14所示位置。

2）松开暖风调节阀拉索的压片，将连接杆推至极限位置（图21-15）。

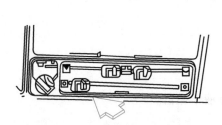

图21-14　温度选择拨杆位置

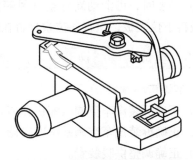

图21-15　将连接杆推至极限位置

3）如果这时拉索无法调整，应检查拉索在暖风调节装置上的位置是否正确，检查前，应拆下仪表板，拉索接头应紧靠相应的极限（见图21-16中箭头 *C* 所示的位置）。

（2）供暖拉索的调整

1）移动气流分布拨杆 *A*（控制除霜及中央风门）、*B*（控制脚向风门）到图21-17所示的位置。

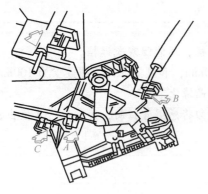

图 21-16　拉索接头

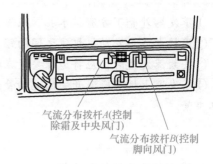

气流分布拨杆A(控制
除霜及中央风门)

气流分布拨杆B(控制
脚向风门)

图 21-17　气流分布拨杆的位置

2）将仪表板下部挡板及网罩一起移动，可调整脚向风门拉索（图 21-18）。

3）移动仪表左侧下部挡板，可调整除霜及中央风门拉索（图 21-19）。

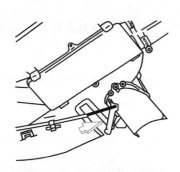

图 21-18　调整脚向风门拉索

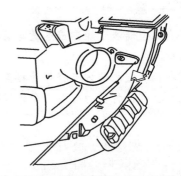

图 21-19　调整除霜及中央风门拉索

4）必要时，可滑动新鲜空气风箱底座上的拉索护套进行调整。如果这时拉索无法调整，应拆下仪表板，检查各拉索是否在暖风调节装置上的正确位置。

21.1.3　实训考核与评分（控制脚向风门）

1. 实训考核题目

1）正确拆装汽车空调压缩机和离合器。

2）正确拆装汽车空调系统冷凝器、蒸发器、储液干燥器。

3）正确调整供暖装置。

2. 实训成绩评定（表 21-2）

表 21-2　实训考核与成绩评定

序号	考核内容	配分	评分标准
1	正确使用设备、仪器	10	错误每项扣 2 分
2	拆装汽车空调压缩机和离合器	40	错误每项扣 5 分
3	拆装汽车空调系统冷凝器、蒸发器、储液干燥器	20	错误每项扣 3 分

（续）

序号	考核内容	配分	评分标准
4	正确调整供暖装置	20	错误每项扣 2 分
5	操作规范、有序、不超时	10	操作欠规范或超时每项扣 2 分
6	遵守安全规范，无人身、设备事故		出现人身、设备事故的，此次实训按 0 分计算
7	分数统计	100	

项目 21.2　汽车空调系统制冷剂的充注

21.2.1　实训内容、要求与安排（表 21-3）

表 21-3　实训内容、要求与安排

实训内容与要求	主要实训条件	实训安排
1. 熟悉汽车空调制冷剂充注的相关设备的基本结构原理 2. 学会汽车空调系统的检漏 3. 学会汽车空调系统制冷剂的排放和抽真空 4. 学会汽车空调系统制冷剂的充注	1. 桑塔纳 2000GSi 轿车 1 辆/组 2. 汽车空调实验台架 1 台/组 3. 汽车空调真空泵、检漏仪、压力表、加注阀、制冷剂等 1 套/组 4. 拆装工具 1 套/组 5. 用具盘、洗件盘、毛刷、抹布 1 套/组 6. 多媒体教室 1 间，相关的教具、录像片和教学挂图	1. 实训课时：3 学时 2. 组织安排：每 3～5 人/组，老师指导，学生动手

21.2.2　实训方法步骤【视频见配套资源项目 21.2】

1. 制冷系统的检漏

制冷系统检漏方法常见的有目测检漏、电子检漏仪、压力检漏和抽真空检漏等。

（1）目测检漏　用眼睛观看制冷剂循环系统管路，如有冷冻油痕迹存在，说明该处有制冷剂泄漏。

（2）电子检漏仪检漏　用电子检漏仪（图 21-20）沿制冷剂循环系统管路进行探测，听到连续急促的"嘀嘀嘀"异响，说明该处有制冷剂泄漏。也可以采用卤素检漏仪试漏。

（3）压力检漏　用增压机往空调管内注入一定压力的氮气，再用肥皂泡分别在空调管路的连接处试漏，如有气泡出现，说明该处有制冷剂泄漏。

（4）真空检漏　用真空泵抽空调管路的真空到 -0.1MPa，观察真空表上的读数是否会回升，如回升，则有泄漏。

2. 制冷系统中制冷剂的排放

除了压缩机拆卸时可以使用维修阀与制冷系统隔离，单独进行操作外，其他部件拆卸前必须将制冷剂放掉。其卸压步骤如下：

1）安装歧管压力表（图 21-21）。注意先关闭歧管压力表的高、低压手动阀，不要起动发动机。

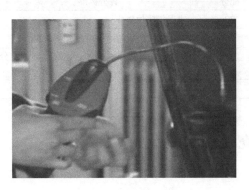

图 21-20　电子检漏仪

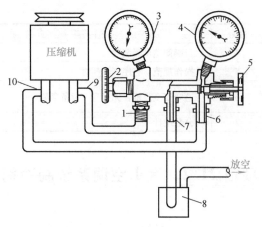

图 21-21　制冷系统制冷剂的排放
1—低压管　2—低压手动阀　3—低压表　4—高压表
5—高压手动阀　6—高压管　7—中间管　8—量杯
9—低压侧检修阀　10—高压侧检修阀

2）慢慢打开高压手动阀，缓缓排放制冷剂，如果有冷冻油一起流出，就要减小高压手动阀的开关。

3）当高压表的压力降到340kPa时，再慢慢打开低压手动阀，开度不要太大。此时制冷剂从系统的高低压两侧同时排出，当高、低压侧压力表的指示值时下降到0时，制冷剂排放结束，此时应关闭歧管压力表的高、低压手动阀。

4）在排放过程中，如有不慎，使冷冻机油大量流出，则在充注制冷剂之前，应根据量杯里流出的油量，加入等量的新的冷冻机油。

> **注　意**
>
> ①在打开制冷系统时，必须戴手套及防护眼镜，以免制冷剂冻伤皮肤。一旦皮肤上溅到制冷剂，要立即用大量冷水清洗，千万不可用手搓。
>
> ②排空作业要在通风良好的场所进行，以免造成窒息危险。制冷剂不要靠近火焰，以免产生对人体有害的物质。
>
> ③制冷剂排放时不得过于迅速，以免系统里的冷冻机油被制冷剂一起带出。

3. 制冷系统的抽真空

系统抽真空即排除系统内空气和水分的过程。在安装或检修、更换制冷系统部件时，会有一定数量的空气进入系统中，这些空气是含有微量水分的，如不及时抽真空排出水分，这些水分将会与制冷剂结合形成强腐蚀性物质，损害制冷系统。因此，在安装、检修后或在系统未注入制冷剂之前，都应对系统进行抽真空。抽真空并不是把水抽出系统，而是产生真空后，降低了水的沸点，水在较低温度下沸腾，以蒸汽的形式抽出系统。抽真空步骤如下：

1）连接歧管压力表、真空泵。分别将高压表接管接入储液干燥器上的高压维修阀，将低压表接入自蒸发器至压缩泵低压管路上的维修阀上，中间注入软管安装于真空泵接口上（图21-22）。

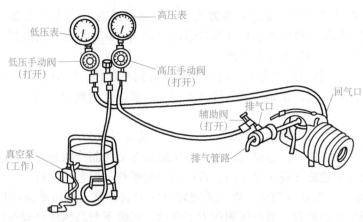

图 21-22　制冷系统抽真空

2）开动真空泵，打开歧管压力表的高、低压手动阀。对系统抽真空，使真空度达到 100Pa 左右（低压表指示）。抽真空时间 5~6min，若达不到该真空值，应关闭高、低压两侧手动阀，停止抽真空，检查泄漏处。

3）关闭高、低压压力表的手动阀。静止 5min，观察压力表指示，若真空度下降，则表明有泄漏处。此时，可从低压端注入少量制冷剂，当压力达到 100kPa 左右时，迅速关闭制冷剂瓶和低压手动阀。用肥皂水或电子检漏仪检查漏点并消除漏点。若系统正常，则可继续下面步骤。

4）继续抽真空 15~30min，因为水分的蒸发需要一定的时间，时间越长，系统内残余的水分也就越少。抽真空结束时，应先将高低压手动阀关闭，然后关闭真空泵，目的是防止空气进入系统。为了最大限度地将系统内的空气及湿气抽出，必须采用重复抽真空法，即第一次抽真空完毕后再连续抽 30min 以上，使其真空压力表指针稳定。从真空泵的接口拆下中间注入软管，为后面进行向系统充注制冷剂做好准备。

4. 制冷系统的制冷剂充注

1）在对制冷系统检漏、再次抽真空后，关闭歧管压力表的高、低压手动阀，断开真空泵，将注入阀连接在制冷剂罐上，将中间软管安装在注入阀接口上。顺时针拧紧注入阀手柄，使阀上的顶针将制冷罐顶开一个小孔。逆时针旋松注入阀手柄，退出顶针，使制冷剂进入中间注入软管（图 21-23）。如一罐用完，再用第 2、3 罐时，仍应先关闭压力表的手动阀。

2）打开制冷剂罐，拧松中间注入软管歧管压力表侧的螺母，如看到白色制冷剂气体外溢，或听到嘶嘶声，说明注入软管中的空气已排出，可以拧紧该螺母。

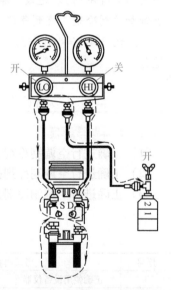

图 21-23　从制冷系统低压侧
充入气态制冷剂

3）旋开高压表侧手动阀，将制冷剂罐倒立，使制冷剂以液态注入制冷系统。在充注时不得起动发动机和打开空调，以防制冷剂倒罐，这次应灌入制冷剂 200g 以上，加注后用手转动压缩机若干次。

4）关上高压手动阀，打开低压手动阀，让制冷剂罐正立，使制冷剂以气态的形式进入

制冷系统的低压侧（正立时，罐的上部为气态，下部为液态，以防止液态制冷剂进入制冷系统的低压侧对空调压缩机的进、排气阀片造成"液击"）。当低压侧的制冷剂压力不再增加时，关闭歧管压力表的低压侧手动阀。

5）起动发动机，打开空调开关，将风机开关打到高速档，同时将车门打开。再次打开歧管压力表的低压手动阀，让制冷剂继续进入制冷系统。达到规定压力后，关闭歧管压力表的低压手动阀和制冷剂罐。

当注入制冷剂时，可以将制冷剂灌放在热水（最高温度为50℃左右）中，以减少充注时间，当制冷剂注入缓慢时，起动发动机，使压缩机在最大制冷状态下运转，以便加速充注制冷剂，此时绝对不能旋开高压手动阀，否则会引起爆炸，损害压缩机。

6）加注完毕后，发动机熄火，首先关闭歧管压力表的高、低压手动阀以及注入阀，拆下与低压维修阀连接的软管。当高压侧压力下降后，再拆下与高压维修阀连接的软管。

> **注　意**
>
> ①起动发动机加注制冷剂绝对不能旋开高压手动阀，否则会引起爆炸。
>
> ②加入制冷剂过多或不足时，都将会使制冷效果变差，可采用以下方法确定制冷剂的加注量是否符合规定：
>
> 起动发动机，调整发动机转速为1340~1500r/min。打开空调系统，将风速置于高档。当充至预定数量时，关掉低压手动阀，观察视液镜制冷剂情况及吸、排气压力（低压侧的压力应为147~192kPa，高压侧的压力应为1373~1668kPa，此值随不同车型、不同环境温度而略有不同）。通过观察干燥瓶的观察窗，若有气泡出现，则说明制冷剂不足，需要继续加注制冷剂，直到气泡消失才说明制冷剂的加注量符合规定。
>
> 上述汽车空调制冷剂的加注，有条件的也可以采用专用的汽车空调制冷剂加注机进行。

21.2.3　实训考核与评分

1. 实训考核题目

1）正确进行空调制冷剂检漏。

2）正确进行空调制冷剂排放和抽真空。

3）正确进行空调制冷剂充注。

2. 实训成绩评定（表21-4）

表21-4　实训考核与成绩评定

序号	考核内容	配分	评分标准
1	正确使用设备仪器	10	错误每项扣2分
2	空调制冷剂检漏	20	错误每项扣3分
3	空调制冷剂排放和抽真空	20	错误每项扣3分
4	空调制冷剂充注	40	错误每项扣5分
5	操作规范、有序、不超时	10	操作欠规范或超时每项扣2分
6	遵守安全规范，无人身、设备事故		出现人身、设备事故的，此次实训按0分计算
7	分数统计	100	

第 22 章

汽车防盗系统实训

项目 22　汽车防盗系统结构认识与拆装

22.1.1　实训内容、要求与安排（表 22-1）

表 22-1　实训内容、要求与安排

实训内容与要求	主要实训条件	实训安排
1. 熟悉汽车防盗系统的基本组成和工作原理 2. 学会汽车机械式防盗装置的使用 3. 学会汽车电子式防盗系统的拆装 4. 学会一种汽车钥匙匹配	1. 桑塔纳 2000GSi 型汽车 1 辆/组 2. 汽车防盗系统零部件 1 个/组 3. 拆装工具 1 套/组 4. 用具盘、洗件盘、毛刷、抹布 1 套/组 5. 多媒体教室 1 间，相关的教具、录像片和教学挂图	1. 实训课时：3 学时 2. 组织安排：每 3~5 人/组，老师指导，学生动手

22.1.2　实训方法步骤【视频见配套资源项目 22】

1. 汽车防盗系统的结构与认识

结合《汽车构造与原理 下册》教材第 22 章内容学习。

2. 汽车机械式防盗锁的使用

在实训室练习转向盘锁使用、变速杆锁使用、制动器锁使用和车轮锁的使用。

3. 汽车电子式防盗系统的拆装

以桑塔纳 2000GSi 型汽车防盗系统为例，其主要由汽车钥匙（带脉冲转发器）、识读线圈、防盗器 ECU、发动机 ECU（带可变代码）以及防盗器警告灯等组成（图 22-1）。拆装步骤如下：

1）点火开关置于 OFF 位置，拆卸蓄电池搭铁线。

2）拆卸识读线圈（在点火开关锁的外面）的固定螺钉（图 22-2），取下识读线圈。

3）拆卸仪表台下端装饰板，在转向柱左边支架中央线路板上方，拆卸系统主机、防盗器 ECU 等部件。

4）拆卸仪表台中部面板上的防盗警告灯。

5）按照拆卸相反顺序进行安装。

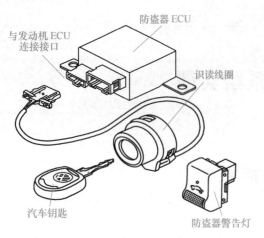

图 22-1　桑塔纳 2000GSi 型汽车防盗系统

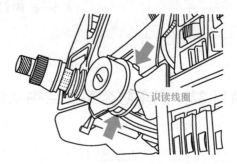

图 22-2　拆卸识读线圈的固定螺钉

注　意

①确认防盗系统各电路连接正确无误。

②完成安装后应进行性能测试，将所有功能演示一遍，确认无误。

4. 匹配汽车钥匙

桑塔纳 2000GSi 型汽车新配汽车钥匙或更换防盗器 ECU，都必须用专用仪器进行一次钥匙匹配。此功能能将以前所有合法钥匙的代码清除，重编新的合法代码。如果用户遗失一把合法的钥匙，只要将其他钥匙重新完成一次钥匙匹配程序，丢失的钥匙就会变为非法钥匙，不能起动发动机。匹配钥匙最多不能超过 8 把。匹配汽车钥匙步骤如下：

图 22-3　大众公司专用电脑诊断仪 V. A. G1552

1）必须知道密码。如果遗忘，可用仪器查出 14 位字符后，向大众公司服务热线求得。

2）连接大众公司专用电脑诊断仪 V. A. G1552（图 22-3），打开点火开关，输入防盗器地址码 "25"，按 Q 键确认。按 "→" 键选择输密码功能。输入 "11"，按 Q 键确认。

3）输入密码时在 4 位密码数字前加 "0"，按 Q 键确认，如正确，则可回到功能菜单去进行下一步 "匹配"。

Channel 21 Adaptation 5	→
Changed value is stored	
频道 21 匹配 5	→
改变的钥匙已储存	

图 22-4　屏幕显示

4）匹配钥匙。输入 "10"（匹配功能）并按 Q 键确认。汽车钥匙数量可根据需要输入 0~8 数字，如需匹配 5 把钥匙，则输入 "00005"，并按 "Q" 键确认。继续按 "Q" 键，直到屏幕显示 "改变的钥匙已储存"（图 22-4），按 "→" 键，回到待机状态，输入 "06" 结束

输出功能，按"Q"键确认。此时在汽车点火锁上，这把钥匙匹配完毕。关闭点火开关，然后换入另一把钥匙插，打开点火开关至少 1s 后，重复上述操作，把所有的钥匙都匹配完毕。

①匹配钥匙的操作过程应在30s内完成，并必须打开点火开关，否则无效。

②如果操作过程中发现错误，如将已匹配好的钥匙再次进行匹配，则防盗警告灯将快速闪亮（每秒 2 次）报警，读出过程自动中断。

③如果要匹配的钥匙中转发器是坏的，或钥匙没有转发器，匹配将不能完成。

④每次匹配钥匙的操作过程顺利完成后，防盗警告灯将点亮 2s，然后熄灭 0.5s，再亮 0.5s 后熄灭。表示过程完成。

⑤匹配好的钥匙都必须试用一下或进入"02"故障查询功能检查，以确认完成匹配。

22.1.3　实训考核与评分

1. 实训考核题目

1）正确使用机械式防盗装置。

2）正确拆装电子式防盗系统。

3）正确匹配汽车钥匙。

2. 实训成绩评定（表 22-2）

表 22-2　实训考核与成绩评定

序号	考核内容	配分	评分标准
1	正确使用工具、仪器设备	20	使用错误每次扣 3 分
2	防盗系统组件的识别	20	识别错误每项扣 5 分
3	防盗系统的安装	25	拆装错误每项扣 2 分
4	匹配汽车钥匙	25	拆装错误每项扣 2 分
5	操作规范、有序、不超时	10	操作欠规范或超时每项扣 2 分
6	遵守安全规范，无人身、设备事故		出现人身、设备事故的，此次实训按 0 分计算
7	分数统计	100	

第 23 章

汽车影音与导航系统实训

项目 23　汽车影音与导航系统结构认识与拆装

23.1.1　实训内容、要求与安排（表 23-1）

表 23-1　实训内容、要求与安排

实训内容与要求	主要实训条件	实训安排
1. 熟悉汽车影音与导航系统的基本结构与工作原理 2. 学会汽车影音与导航系统的正确使用 3. 学会汽车影音系统的基本拆装 4. 学会汽车影音系统主要零部件的检测 5. 学会汽车影音系统的解码	1. 汽车影音系统示教板 1 台/组，便携式导航系统 1 个/组 2. 汽车影音与导航系统零部件 1 套/组 3. 汽车万用表 1 个/组 4. 拆装工具 1 套/组 5. 用具盘、洗件盘、毛刷、抹布 1 套/组 6. 多媒体教室 1 间，相关的教具、录像片和教学挂图	1. 实训课时：4 学时 2. 组织安排：每 3~5 人/组，老师指导，学生动手

23.1.2　实训方法步骤【视频见配套资源项目 23】

1. 汽车影音与导航系统的结构认识

结合《汽车构造与原理 下册》教材第 23 章内容学习。

2. 汽车影音系统使用

不同汽车音响，使用方法有所不同，可根据使用说明书进行。下面以别克汽车为例说明，音响系统面板见《汽车构造与原理 下册》第 23 章图 23-4。

将点火钥匙旋转至"ACC"或"ON"位置时，音响系统可以工作。

收音机接收调幅广播和调频广播时，拉杆天线应拉出，确保收听效果，拉杆天线应保持干燥、无锈蚀并升降灵活。

打开收音机开关，通过选择按钮选择收音模式 FM1、FM2、AM，通过音量控制旋钮调节音量。

数字式收音机可存储电台的频段，使用时可以将平时经常收听的节目存储在收音机内，以便重新开机时使用。

音响效果的优劣，很大程度上取决于高音音平和低音音平的混合，通常是根据高音与低

音的合适混合来取得较好的音响效果。保持左、右立体声通道和前、后音平的良好平衡也十分重要。

　　CD/VCD 播放机使用时按下弹出按钮，将 CD 或 VCD 碟片放入碟片槽中，再次按下弹出按钮，碟片入槽播放音乐或视频。

　　注意光盘插入箱盒时，须拿住唱片的边缘，避免在唱片上沾上指纹，特别是有光泽的一面（图 23-1），不要使用低质量或污垢、擦伤、弯曲、划伤的光盘。

3. 汽车影音系统拆装

　　汽车影音系统一般都集成在仪表板上（喇叭等除外），通过拆卸相应固定螺钉即可取出。

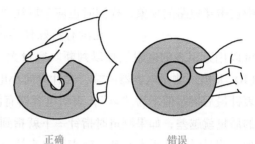

正确　　　　　错误

图 23-1　手持光盘方法

4. 汽车影音系统常见零部件检测

　　（1）电阻、电压、电流、二极管检测　　见项目 0.1 中数字万用表使用相关内容。

　　（2）电位器的检测　　在控制电路中（如音量、音调的调节），由于频繁地使用电位器，一段时间后电位器易发生故障。电位器产生的故障在整机上表现比较明显，如旋动电位器时噪声很大、声音时大时小、电源开关失灵等。

　　电位器的好坏可以用万用表的欧姆档进行检查。方法：用适当的欧姆档测量电位器 1-3 端（图 23-2）的总阻值，看是否在规定范围内。然后将表笔接于 1-2 或 2-3 引脚间，反复慢慢地旋动电位器轴，看万用表的指针是否连续、均匀地变化。其阻值应在零至标称值之间连续变化。如变化不连续（跳动）或变化过程中电阻值不稳定，则说明接触不良。测量电位器各引脚与外壳（金属）及旋转轴之间的绝缘电阻，看其绝缘电阻是否趋于 ∞，测量电位器电源开关是否起作用，接触是否良好。

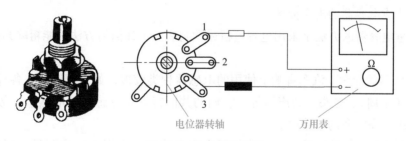

电位器转轴　　　　　万用表

图 23-2　电位器的检测

　　（3）PTC 热敏电阻器的检测　　先在常温下检测（室内温度接近 25℃），将两表笔接触 PTC 的两引脚，测出其实际阻值，并与标称阻值相对比，二者相差在 2Ω 即为正常，若相差过大，则说明其性能不良或已损坏。再加温检测，将一热源（例如电烙铁）靠近 PTC 对其加热，同时用万用表检测其电阻值是否随温度的升高而增大，若是，说明热敏电阻正常；若阻值无变化，说明其性能不良，不能再继续使用。

　　（4）熔断电阻器的检测　　在电路中，当熔断电阻器熔断，可根据经验做出判断。若发现熔断电阻器表面发黑或烧焦，可断定这是其负荷过重很多所致；如果其表面无任何痕迹而

断路，则表明流过的电流刚好等于或稍大于其额定熔断值。对于表面无任何痕迹的熔断电阻器好坏的判断，可借助万用表电阻档来测量，为保证测量准确，应将熔断电阻器一端从电路上焊下。若测得的阻值为无穷大，则说明此熔断电阻器已失效断路，若测得的阻值与标称值相差甚远，表明电阻变值，也不宜再使用。在维修实践中发现，也有少数熔断电阻器在电路中被击穿短路的现象，检测时也应予以注意。

（5）电容器的检测　在没有特殊仪表的条件下，判断固定电容器的好坏及质量高低，可以用万用表的电阻档加以判断。容量大（1pF 以上）的固定电容器可用万用表的欧姆档（R×1k 档）测量电容器两端，表针应向小电阻值摆动，然后慢慢回摆至"∞"附近。如果表针最后指示值不为"∞"，表明电容器有漏电现象，其电阻值越小，漏电越大，该电容器的质量就越差；如果测量时指针一下就指到"0"不向回摆，就表明该电容已短路（击穿）；如果测量时表针根本不动，就表明电容器已失去容量；如果表针摆动不回到起始点，则表明电容器漏电很大。根据上述原理，可以预先测量几个已知好的电容器，记下表针摆幅与被测电容器的表针摆幅，对比后就可以大致估测其电容值。

对于容量较小的固定电容器，用万用表测量时往往看不出表针摆动（即便用 R×1k 或 R×10k 档测量也无法判断），这时，可借助于一个外加直流电压，用万用表直流电压档进行测量，具体做法如下：

把万用表调到相应的直流电压档，负表笔接直流电源负极，正表笔串接被测电容器后接电源正极。一个良好的电容器在接通电源的瞬间，电表针应有较大的摆幅，电容器容量越大，表针摆幅越大，然后表针逐渐返回零点。如果电容器与电源接触瞬间表针不摆动，说明电容器失效或断路；如果表针一直指示电源电压而不摆动，则说明电容器已短路（击穿）；如果表针摆动正常但不返回零点，说明电容器有漏电现象存在，指示电压数越高，表明漏电越大。需要注意的是，测量小电容器时，用的辅助直流电压不要超过被测电容器的耐压，以免因测量而造成电容器的击穿损坏。

准确测量电容器的方法是采用电容电桥或欧姆表，上述简易方法只能粗略判断电容器的好坏。

（6）电感器的检测　汽车音响上使用的电感器种类较多，如天线绕组、各种振荡绕组、中频变压器（中周）、磁头、扬声器等。它们的共同特点是电感器的电感量一般都比较小，工作在欠电压、高频率的电路中。

如果需要检测其标准电感量，应该使用专用电感表（欧姆表）来测量。测量时应该注意选择相应的工作频率，这样得出的数据才有意义。

对于通常意义的检查，可以用万用表的电阻档测量电感器的通断及电阻值大小，来粗略判断其好坏，具体方法如下：

使用电阻档检测，若被测电感器电阻值为零，说明电感器内部绕组有断路故障。注意，测试操作时，一定要先将万用表调零，并仔细观察指针向右摆动的位置是否确实到达零位，以免造成误判。当怀疑电感器内部有短路性故障时，最好用 R×1 档反复多测几次，或者使用数字万用表测量，这样才能做出正确的鉴别。

若被测电感器有电阻值，电感器直流电阻值的大小与绕组电感器线圈所用的漆包线径、

绕制圈数有直接关系，线径越细，圈数越多，则电阻值越大。一般情况下用万用表 R×1 档测量，只要能测出电阻值，则可认为被测电感器是正常的。需要注意的是，有些电感器（如扬声器、磁头等器件），在它们参数上标注的阻抗值通常大于使用电阻档的测量值。

若被测电感器的电阻值为无穷大（这种现象比较容易区分），说明电感器内部的绕组或引出脚与绕组接点处发生了断路故障。最后需要检测的是各种绕组之间与金属外壳之间有无相碰造成短路。

（7）晶体管的检测

1）判别基极和管子的类型。选用万用表欧姆档的 R×100（或 R×1k）档，先用红表笔接一个引脚，黑表笔接另一个引脚，可测出两个电阻值，然后再用红表笔接另一个引脚，重复上述步骤，又测得一组电阻值，这样测 3 次，其中有一组两个阻值都很小的，对应测得这组值的红表笔接的为基极，且管子是 PNP 型的；反之，若用黑表笔接一个引脚，重复上述做法，若测得两个阻值都小，对应黑表笔为基极，且管子是 NPN 型的。

2）判别集电极。因为晶体管发射极和集电极正确连接时 β 大（表针摆动幅度大），反接时 β 就小得多。因此，先假设一个集电极，用万用表欧姆档连接（对 NPN 型管，发射极接黑表笔，集电极接红表笔）。测量时，用手捏住基极和假设的集电极，两极不能接触，若指针摆动幅度大，而把两极对调后指针摆动小，则说明假设是正确的，从而确定集电极和发射极。

3）电流放大系数 β 的估算。选用万用表欧姆档的 R×100（或 R×1k）档，对 NPN 型管，红表笔接发射极，黑表笔接集电极，测量时，只要比较用手捏住基极和集电极（两极不能接触），和把手放开两种情况小指针摆动的大小即可，摆动越大，β 值越高。

4）晶体管的穿透电流检测。万用表电阻的量程一般选用 R×100 或 R×1k 档，对于 PNP 管，黑表管接 e 极，红表笔接 c 极，对于 NPN 型晶体管，黑表笔接 c 极，红表笔接 e 极。要求测得的电阻越大越好。e—c 间的阻值越大，说明管子的穿透电流越小；反之，所测阻值越小，说明被测管的穿透电流越大。一般说来，中、小功率硅管、锗材料低频管，其阻值应分别在几百千欧、几十千欧及十几千欧以上，如果阻值很小或测试时万用表指针来回晃动，则表明穿透电流很大，管子的性能不稳定。

5）电压检测判断。在实际应用中，晶体管多直接焊接在印刷电路板上，由于元件的安装密度大，拆卸比较麻烦，所以在检测时常常用万用表直流电压档，去测量被测晶体管各引脚的电压值，来推断其工作是否正常，进而判断其好坏。

（8）场效应晶体管的检测

1）结型场效应晶体管（JFET）检测。将万用表置于 R×100 档，用黑表笔任接一个电极，用红表笔依次触碰另外两个电极，如果两次测得的阻值基本相等，且为低阻值（几百欧姆至 1000Ω），说明所测得的 JTET 是正向电阻，此时黑表笔所接触的便是栅极 G，并且被测管为 N 沟道的场效应晶体管；如果两次测得的电阻值都很大，而是 P 沟道类型。由于结型场效应晶体管的源极和漏极在结构上具有对称性，所以一般可互换使用，通常两个电极不必再进一步区分。当用万用表测量源极 S 与漏极 D 之间的电阻时，正反向电阻均相同，正常时为几千欧姆。对于已知引脚排列的 JTET，根据上述规律，即可基本判明晶体管的好坏。

2）绝缘栅型场效应晶体管（MOSFET）检测。首先，测量源极 S 和漏极 D 之间的电阻。将万用表置于 R×10 或 R×100 档，测量源极 S 和漏极 D 之间的电阻值，正常时，一般在几十欧姆到几千欧姆之间，不同型号的晶体管略有差异。当用黑表笔接 D，红表笔接 S 时，电阻值要比红表笔接 D，黑表笔接 S 所测得的电阻值大些。这两个电极之间的电阻值若大于正常值或为无穷大，说明晶体管存在内部接触不良或内部断路。若接近于零，则说明内部已被击穿。

其次，测量其余各引脚之间的电阻。将万用表置于 R×10 档，表笔不分正负，测量栅极 G1 和 G2 之间、栅极与源极之间、栅极与漏极之间的电阻。正常时，这些电阻值均为无穷大。若阻值不是无穷大，则说明晶体管已经损坏。注意，这种方法对于内部电阻断路性故障是无法判断的，只能采用替换法。

（9）集成电路的检测

1）测量在线电压。测量在线电压是指在不拆下集成电路的情况下，对故障机通电，在通电状态下测量其各引脚对地电压。虽然集成电路上汽车音响整机的信号处理中心很少损坏，但是排除故障时通常对其有关引脚电压进行测量，并与正常值比较，以判断集成电路本身或其外围元件是否正常。正常电压值可以从有关资料、图样或同型号的好机器测量得到。因集成电路引脚多且密集，测量点应选在测试点或与集成电路引脚相连的其他元件的焊点上，注意不要让万用表笔将相邻引脚短路，以防损坏集成电路。另外，在测量 CMOS 集成电路时，最好用数字万用表。

2）测量非在线电阻。集成电路至少有一个搭铁脚，称之为"地脚"，其他各脚与地脚之间都有固定的阻值。可用万用表测量各引脚与地脚之间的直流电阻，并将它们与正常值相比较，如果相差过大，则说明电路内部损坏。由于集成电路内部有大量非线性元件，因此测量时必须将万用表的两表笔位置互换，即一次用红表笔搭铁，另一次用黑表笔搭铁，测量的两组阻值中只要有一组与标准值相差较大，就可以断定集成电路内部损坏。不同批量的产品，由于参数的离散性，测量的结果可能有所差异。另外，不同型号的万用表或万用表电阻档不同的量程，其内部电池的电压可能不同，因此测量结果也可能不同。但这并不影响判断，用同一只万用表测量并比较结果即可判断出其好坏。测量时需用指针式万用表，建议使用测量规范指定的万用表，以便与维修资料中的数据一致。

3）测量在线电阻。在线电阻的测量方法与非在线电阻相同，只是集成电路接在电路中，且是在整机通电的情况下测量。

5. 汽车音响系统解码

（1）音响解码方法简介　音响解码一般有已知密码解码、通用码解码和无密码解码 3 种方法。

1）已知密码解码。音响密码的获取主要有以下 2 种方法：一是在原车上查找，如音响使用手册中的密码卡、音响机壳上某一部位、点烟器盒背面的某一地方、文件箱内或其背面的某一位置、驾驶人侧的车门上的某一部位、行李箱 CD 机机壳的某一位置、发动机 ECU 的背面某一部位等；二是使用读码器读取。汽车音响防盗密码存储集成电路一般采用 EEP-ROM（电力擦除可编程只读存储器），并以串行形式连接在电路中，其中以 24C、93C 系列

应用较多。如果不小心丢失了密码，就必须使用数据编程器来读出音响里面 EEPROM 原来的密码数据，加以换算，得到正确的密码。

查到密码后，按正确的方式输入密码即可解码，其输入方式有 2 种：顺序输入和逐位输入。

顺序输入：如果密码为 3456，则依次按音响面板上的 3、4、5、6 键（通常为选台预置键）就可以了，该方法适用于宝马、奥迪 A6、本田等系列车型。

逐位输入：如果密码 3456，则按面板上的选台预置键，1 键 3 次、2 键 4 次、3 键 5 次、4 键 6 次就可以了，这种方法适用于沃尔沃、绅宝、道奇子弹头等车型。

如果输入的是错误密码，将出现蜂鸣声，或液晶显示屏上出现"SAFE"等字样，这时需耐心等待 1h 后方可重新输入密码；如果多次输入了错误的密码，则需等待更长时间方可重新输入密码，甚至有可能将音响永久锁死。

2）用通用码解码。在不知本机密码的情况下，可以输入该系列音响的通用码进行解码。如宝马系列车型的阿尔派音响的通用码为 62463 或 22222，起亚系列车型通用码为 12345 或 6263，沃尔沃车型通用码为 3111 或 3113，本田车型通用码为 3443。采用通用码解码的方法只能运用一次，如以前已使用过一次，则不能再使用。

3）无密码的解码。如果不知本机密码，通用码也无法解码时，就需要用逻辑分析仪或专用音响解码器来解码。

先打开音响机身上盖，拆下磁带舱，露出底层的主电路板仔细查看，必要时打开机身下盖，寻找如下几种型号的集成电路：93C46、85C82，24C81A、4558 等。这些集成电路都是 1kB 的可擦写存储器，音响在出厂时已将密码写入了这些存储器中，存储器中的内容是可以调出和重新写入的。

可以用热风枪来焊下这些存储器，把它们插在专用插座上，用逻辑分析仪或专用解码器调出密码（也可改动密码），然后再把存储器焊上，按照所调出的密码用键重新输入。这些密码存储器在接收到正确的密码后，向主 CPU 输入一个指令，命令主 CPU 启动引导程序，音响就可以正常工作了。

如果没有专用的逻辑分析仪或音响解码器，对本田雅阁车型也可将密码集成电路 93C46 焊下来，即可永久解锁，但失去了防盗功能。

（2）汽车音响解码实例　以奥迪 100V6 汽车为例。

打开音响电源开关，显示屏上显示"SAFE"，则表示音响已被锁死。

同时按住 U 键和 M 键，待显示屏上显示"1000"后松开。此后不能再同时按此两键，否则"1000"将作为密码输入。

调谐预置键 1、2、3、4 兼作解码键，用 1 键输入千位码，是几就按几下；用 2 键输入百位码，以此类推，显示屏上将同时显示出输入的密码。

同时按下 U 键和 M 键，待显示屏上显示"SAFE"后松开，稍后显示屏自动显示一个频率，此时锁死的音响已被打开，恢复使用。

如果输入的密码是错误的，"SAFE"不会消失，这时可重新输入密码；如果两次输入的密码都是错误的，则"SAFE"需 1h 后才能消失，在这 1h 之中不能再输入密码，但在这期

间应一直打开音响，直至 1h 后"SAFE"消失后才可再输入密码。

6. 手机 APP 汽车导航

1）打开手机 GPS 定位开关，点击打开已经安装的导航地图软件 APP（高德地图、百度地图、GOOGLE 地图等），进入地图。

2）在弹出页面中，查找目的地栏输入导航目的地，在地址列表中选择适合的地址和路径。

3）点击导航，软件就会自动进入导航模式（图 23-3），开启语音导航和提示功能，遇到有限速摄像、隧道、加油站等时，手机导航将自动语音播报。导航页面中的加号和减号可以实时放大和缩小地图，并显示离目的地的距离和大概的剩余时间，当目的地到达之后导航自动结束。

图 23-3 手机 APP 汽车导航

23.1.3 实训考核与评分

1. 实训考核题目

1）汽车影音系统的正确使用。

2）汽车影音系统的正确拆装。

3）汽车影音系统主要零部件的检测。

4）汽车影音系统的解码。

5）汽车导航系统的使用。

2. 实训成绩评定（表 23-2）

表 23-2 实训考核与成绩评定

序号	考核内容	配分	评分标准
1	仪器设备选用	10	错误每项扣 2 分
2	汽车影音与导航系统的使用	20	错误每项扣 5 分
3	汽车影音系统的拆装	10	错误每项扣 2 分
4	汽车影音系统主要零部件的检测	30	错误每项扣 5 分
5	汽车影音系统的解码	20	错误每项扣 2 分
6	操作规范、有序、不超时	10	操作欠规范或超时每项扣 2 分
7	遵守安全规范，无人身、设备事故		出现人身、设备事故的，此次实训按 0 分计算
8	分数统计	100	

第 ㉔ 章

车载网络系统实训

项目 24 车载网络系统结构认识与原理实验

24.1.1 实训内容、要求与安排（表 24-1）

表 24-1 实训内容、要求与安排

实训内容与要求	主要实训条件	实训安排
1. 熟悉车载网络系统的组成与基本结构原理 2. 学会车载网络系统连接 3. 学会 CAN 总线网络数据检测 4. 学会 CAN 总线网络诊断	1. 车载网络系统台架 1 台/组 2. 车载网络系统零部件 1 套/组 3. CAN 总线分析仪 1 套/组 4. 示波器和万用表 1 套/组 5. 各种导线、用具盘、擦布 1 套/组 6. 多媒体教室 1 间，相关的教具、录像片和教学挂图	1. 实训课时：4 学时 2. 组织安排：每 3~5 人/组，老师指导，学生动手

24.1.2 实训方法步骤【视频见配套资源项目 24】

1. 车载网络系统的结构与认识

结合《汽车构造与原理 下册》教材第 24 章内容学习。本项目实训以大众帕萨特 B5 汽车网络系统为例。

2. 车载网络系统连接

参照图 24-1 大众帕萨特 B5 CAN-BUS 舒适系统示教台，进行车载网络系统连接实训。

在平台上，可以掌握汽车数据传输网络系统的组成结构和电路连接。通过组合仪表的网关控制，可把动力系统数据网络和舒适系统数据网络连接，组成完整的车载 CAN 总线网络系统；在组合仪表中集中显示网络传输数据；操纵电动车窗、后视镜、中控门锁等硬件，观察数据变化。

设置模块间的 CAN 总线故障，通过面板上的实物演示以及检测端子进行功能测试与故障分析，完整地掌握 CAN 总线网络的结构和理论知识，了解 CAN 总线网络各电控元器件的作用、原理、故障现象。

1）接通实训台电源，插上钥匙后向右旋转，直到仪表板的灯亮为止。

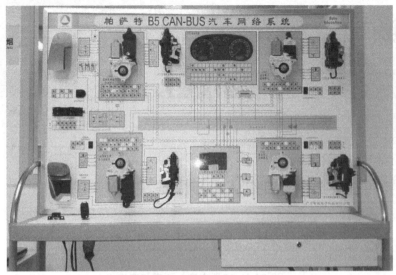

图 24-1　大众帕萨特 B5 CAN-BUS 舒适系统示教台

2）在面板上找出带有标示符号的接口，如图 24-2 所示：第六号接口为 CAN-H 接口，第 15 号接口为 CAN-L 接口。

3）将接线柱插入到接口中，红色为 CAN-H，黑色为 CAN-L，将 CAN-DB9 转接线连接到 CAN 总线分析仪上（本实训采用 Kvaser 公司 USB 接口的 CAN 总线分析仪，其他类型/品牌分析仪操作类似）。确保计算机驱动已经正确安装并且硬件能够正常工作，当总线分析仪电源灯稳定长亮时，说明硬件能够正常工作，如图 24-3 所示。

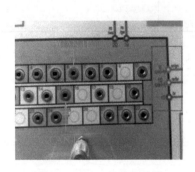

图 24-2　CAN 总线接线端

图 24-3　CAN 总线分析仪接线图

3. 舒适系统面板控制实训

1）车门控制实训。打开面板开关之后，按动舒适系统中的驾驶人侧升降开关以及副门与后门升降开关，可以使对应的车窗电动机动作，童锁锁上即后门侧的玻璃升降按钮失效。向上按动门锁开关则前后门锁全部锁上，向下按则全部车门解锁。

2）后视镜控制实训。将后视镜控制按钮向上扭时，用户可以同时控制左右侧后视镜，通过上下左右四个方向掰动按钮可以同时控制两个后视镜的转动方向；将后视镜控制按钮旋转水平位置时，用户无法进行后视镜控制；当继续将后视镜控制按钮向下扭时，用户可以控制副驾驶侧后视镜，方向控制方法同上。

4. CAN 总线网络数据检测与控制

CanKing 是简易的 CAN 总线数据接收发软件，可以从 Kvaser 公司官网免费下载。CAN 总线网络数据检测步骤如下：

（1）接收 CAN 总线网络数据　点击电脑的"开始"菜单选择"所有程序"里面的 Kvaser CanKing，即可进入 CanKing 软件。软件的主界面如图 24-4 所示，通道的控制窗口主要用于选择波特率以及滤波器，收发数据的消息窗口用于将已经发送的以及测试仪接收的数据显示在窗口上。

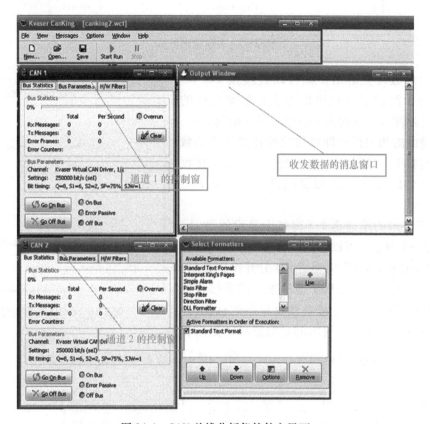

图 24-4　CAN 总线分析仪软件主界面

根据用户的实际情况，选中 CAN1 或 CAN2 窗口，在 CAN Controlers 里面设定总线参数。

　注　意

①波特率必须和硬件的默认波特率匹配，若不匹配，则在接收硬件发送来的数据时显示窗口会显示错误帧，如图 24-5 所示。

②采样率最好把范围设定在 60%~90%。一般该值选择默认值。

③选择模式主要有两种，普通模式支持接收和发送数据，silent 模式只监听总线接收数据而不对接收到的数据进行确认，因此在一对一的网络上不可采用该模式。设置参数如图 24-6 所示。

Output Window
Chn Identifier Flg DLC D0...1...2...3...4...5...6..D7 Time
0 0 ErrorFrame 69.634
0 0 ErrorFrame 69.636
0 0 ErrorFrame 69.637
0 0 ErrorFrame 69.642
0 0 ErrorFrame 69.643
0 0 ErrorFrame 69.645
0 0 ErrorFrame 69.652
0 0 ErrorFrame 69.653
0 0 ErrorFrame 69.655
0 0 ErrorFrame 69.656

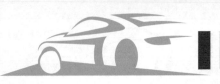

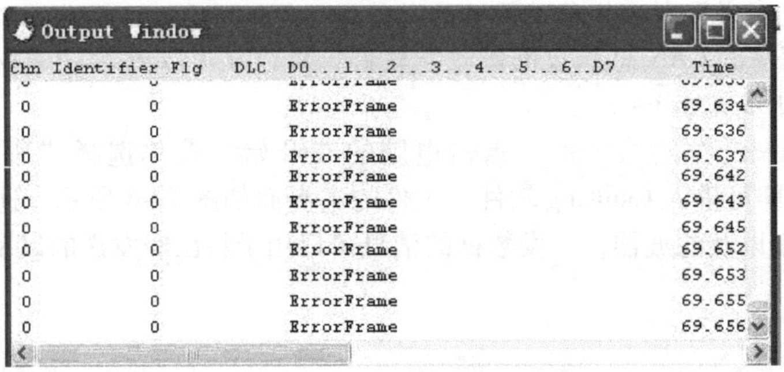

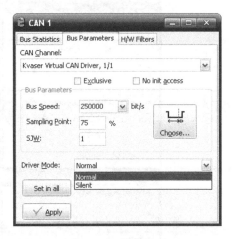

图 24-5　接收错误显示

以上的参数设置好后，就可以直接按 GO ON BUS 按钮开始测试了（也可以点击设置菜单栏的 Start Run 开始测试，这时两个通道同时开始测试）。

完成前面的相关设计即可接收硬件发送来的数据。在本实验中，采用 CAN 总线分析仪通道 1 接收数据，实验台的 CAN 总线收发消息窗口如图 24-7 所示。

CAN 1
Bus Statistics
Bus Parameters
H/W Filters
CAN Channel:
Kvaser Virtual CAN Driver, 1/1
Exclusive
No init access
Bus Parameters
Bus Speed:
250000
bit/s
Sampling Point:
75
%
SJW:
1
Choose...
Driver Mode:
Normal
Normal
Silent
Set in all
Apply

图 24-6　CAN1 参数设置

图 24-7 显示的是通道 1（窗口中显示的是 chn 0）发送的一个数据，可以在窗口空白处单击右键然后选择“Fixed positions”让各个 ID 分开排列显示。图中 chn 表示该数据是由哪个通道发送或者接收到的，Identifier Flg 表示发送或者接收数据的标识符。DLC 是数据帧长度代码，表示的是数据域的数据长

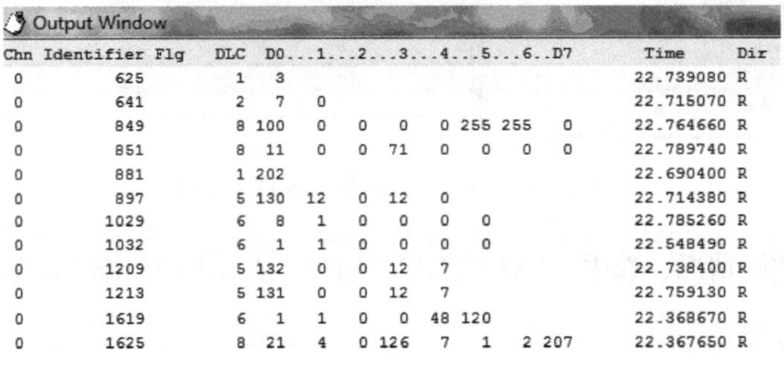

Output Window
Chn Identifier Flg DLC D0...1...2...3...4...5...6..D7 Time Dir
0 625 1 3 22.739080 R
0 641 2 7 0 22.715070 R
0 849 8 100 0 0 0 0 255 255 0 22.764660 R
0 851 8 11 0 0 71 0 0 0 0 22.789740 R
0 881 1 202 22.690400 R
0 897 5 130 12 0 12 0 22.714380 R
0 1029 6 8 1 0 0 0 0 22.785260 R
0 1032 6 1 1 0 0 0 0 22.548490 R
0 1209 5 132 0 0 12 7 22.738400 R
0 1213 5 131 0 0 12 7 22.759130 R
0 1619 6 1 1 0 0 48 120 22.368670 R
0 1625 8 21 4 0 126 7 1 2 207 22.367650 R

图 24-7　收发消息窗口

度（紧跟在后面的 D0~D7）。D0~D6 表示的是接收到的数据内容，共 7 个字节。Time 表示的是发送或者接收数据的时间，每次点击 GO ON BUS 按钮或者 Start Run 按键开始测试时，时间就从零开始计算。

（2）发送数据到 CAN 总线网络　下面讲述通过 CanKing 发送数据的步骤。

1）点击菜单栏的 Messages 菜单，Universal 选项表示发送通用的消息，CAN Kingdom 选项表示采用 CAN Kingdom 协议发送消息。通常情况下选择 Universal 选项。

2）点击 Universal 选项，可以看到如图 24-8 所示的窗口。

窗口中 CAN Identifier 设置的是待发送数据的标识符，在 CAN 总线协议中，标识符越小，优先级越高。Channel 对应的是发送的通道，DLC 表示数据帧长度，Byte0~Byte7 表示的是将要发送的数据内容，点击 Send 按键，可以将设置好的数据发送出去。若输入的数据为教学台各个模块的控制信号，即对应的模块会发生动作。

图 24-8 Universal 选项窗口

（3）CAN 总线控制单元报文接送与控制信息解析

帕萨特 B5 CAN 总线控制单元报文接送与控制信息解析数据见表 24-2，其中斜体文字部分的信号为控制信号，其他则为状态接收信号。将控制信号通过软件发送到总线上可以控制对应的模块动作。

表 24-2 帕萨特 B5 CAN 总线控制单元报文接送与控制信息解析数据

控制单元	ID	DLC	bit	描述说明				
后视镜控制按钮	1537	1	D0	16（打向 L，激活两个后视镜）	32（打向 R，激活右后视镜）			
驾驶室后视镜	1281	2	D0	0-17-0（触发两个同时向上）	0-34-0（触发两个同时向下）	0-132-0（触发两个同时向左）	0-72-0（触发两个同时向右）	
	1537	1	D0	16（激活两个后视镜）	16-17-16（触发两个同时向上）	16-18-16（触发两个同时向下）	16-20-16（触发两个同时向左）	16-24-16（触发两个同时向右）
副驾驶后视镜	1281	2	D0	0-16-0（触发向上）	0-32-0（触发向下）	0-64-0（触发向左）	0-128-0（触发向右）	
	1537	1	D0	32-33-32（触发向上）	32-34-32（触发向下）	32-36-32（触发向左）	32-40-32（触发向右）	
门锁控制	641	2	D1	0	0-2-0（触发锁上）	0-1-0（触发解锁）		
	689			2（锁上）	7（解锁）			
	897	5	D0	132（已锁上）130（解锁）	196（按住锁定键）	162（按住解锁键）		
	949	5	D0	131（锁上）	133（解锁）			
	1209	5	D4	2（锁上）	7（解锁）			
	1209	5	D0	130（锁上）	132（解锁）			
	1213	5	D0	133（锁上）	131（解锁）			
	1425	3	D1	1（锁上）	0（解锁）			

（续）

控制单元	ID	DLC	bit	描述说明			
驾驶人侧车窗控制（主控）	897	5	D1	12-76-12（左按逆时针触发电动机逆时针转动）	12-28-12（右按顺时针触发电动机顺时针转动）	12-76-140-76-12（左按下，逆时针转动）12-76-12（停止）	
	897	5	D3	0（停止）	1（顺时针转动）	2（逆时针转动）	当D3=12时顺时针转动到达上限（升窗到顶）
副驾驶侧车窗控制（主控）	385	3	D0	0（停止）	0-64-0（左按触发，顺时针转动）	0-16-0（右按触发，逆时针转动）	0-64-128-64-0（按下，顺时针转动）0-64-0（停止）
	949	5	D3	0（停止）	2（顺时针转动）	1（逆时针转动）	当D3=12时逆时针转动到达上限
左后车窗控制（主控）	385	3	D1	0（停止）	0-4-0（左按触发，逆时针转动）	0-1-0（右按触发，顺时针转动）	
	1209	5	D3	0（停止）	0-2-0（左按触发，逆时针转动）	0-1-0（右按触发，顺时针转动）	当D3=12时顺时针转动到达上限
右后车窗控制（主控）	385	3	D1	0（停止）	0-16-0（右按触发，逆时针转动）	0-64-0（左按触发，顺时针转动）	
	1213	5	D3	0（停止），12（上限）	1（右按触发，逆时针转动）	0-2-0（左按触发，顺时针转动）	当D3=12时逆时针转动到达上限
童锁	897	5	D1	0（锁上）	12（解锁）		
副驾驶侧车窗控制	949	5	D1、D3	0-16-0、0-1-0（逆时针转动）	0-64-0、0-2-0（顺时针转动）	当D3=12时逆时针转动到达上限	
左后车窗控制	1209	5	D1、D3	0-64-0、0-2-0（下按触发，逆时针转动）	0-16-0、0-1-0（上按触发，顺时针转动）	当D3=12时顺时针转动到达上限	
右后车窗控制	1213	5	D1、D3	0-16-0、0-1-0（逆时针转动）	0-64-0、0-2-0（顺时针转动）	当D3=12时逆时针转动到达上限	

5. CAN 数据总线系统诊断分析

CAN总线故障通过故障诊断仪及总线分析仪进行诊断分析，也可以通过示波器测量波形来检测。

汽车 CAN 总线常见故障现象及原因见表 24-3。

表 24-3 CAN 总线常见故障

故障现象	故障原因
动力传动系统、车身系统、安全系统、信息系统功能失常	• 通信电路短路、断路（含 CAN-H 和 CAN-L 短路、CAN-H 对正极短路、CAN-H 搭铁短路、CAN-H 断路、CAN-L 对正极短路 、CAN-L 搭铁短路和 CAN-L 断路共七种故障） • 通信电路质量不符合要求引起通信信号衰减或失真 • 汽车电源欠电压 • 电控模块 ECM 失效 • 数据传输终端电阻损坏

（1）故障存储器阅读仪基本操作 通过 CAN 总线系统进入（下面以 VAG1551 故障阅读仪为例）CAN 总线自诊断接口 J533 的自诊断地址。

1）连接 VAG1551 故障阅读仪，选择"快速数据传递"，打开点火开关，输入地址码"19"。

2）按"1"和"9"键，选择"入口"，按"Q"确认输入，故障阅读仪显示屏显示：

6N0909901	入口 K

3）按→键，故障阅读仪显示屏显示：

快速数据传递	帮助
选择功能××	

（2）查询故障存储器 显示的故障信息，只有在启动自诊断功能"05——清除故障存储器"时才能不断更新。

1）在故障阅读仪显示屏显示如下的情况时，按"0"和"2"选择"查询故障存储器"。

快速数据传递	帮助
选择功能××	

按"Q"键确认输入，故障阅读仪显示屏显示存储的故障数量如下：

有 X 个故障

2）如果故障阅读仪显示屏显示"无故障！"，则按→键，回到起始状态。如果显示其他内容，请查阅故障阅读仪的使用说明书。

3）用"06"功能结束输出。

4）关闭点火开关并拔下自诊断插头。

（3）清除故障存储器 清除故障存储器后，其内容自动消失，如果无法清除故障存储器，应再次查询故障存储器并排除故障（清除故障存储器前提条件：已经查询过故障存储器；已经排除所有故障）。

1）查询故障存储器后，按"0"和"5"键选择"清除故障存储器"，按"Q"键确认输入，故障阅读仪显示屏显示：

快速数据传递	→
故障存储器已清除	

此时故障存储器已被清除。

2）按→键，故障阅读仪显示屏显示：

快速数据传递	帮助
选择功能××	

如果故障阅读仪显示屏显示：

注意!
未查询故障存储器

说明检测顺序有错误，应严格按照检测顺序：先查询故障存储器，排除故障后再清除故障存储器。

（4）读取测量数据块

1）连接 VAG1551 故障阅读仪，选择"快速数据传递"，打开点火开关，输入地址码17。按→键，按"0"和"8"键选择"读取测量数据块"，按 Q 键确认输入，故障阅读仪显示屏显示：

快速数据传递	帮助
输入显示组号××	

2）按0、0和1键选择"显示组001"（显示组001只是示例，用来说明过程），按 Q 键确认输入，故障阅读仪显示屏显示：

读取测量数据块	1		→
1	2	3	4

3）按 C 键后，故障阅读仪显示屏显示：

.

此时输入所希望的显示组号。

说明：显示屏显示的是传感器的实际值，组合仪表上的值已经修正，可能与此不同；显示组125显示的是数据总线的状态；对于不存在的控制单元，其显示区无显示。

各显示组显示内容及相关解释见表24-4：

表 24-4　显示组 125 的分析结果

显示区	名　称	显示内容	故障排除
1	发动机控制单元	Motor 1＝i. o.（发动机控制单元经数据总线的数据接收正常） Motor 0＝nicht i. o.（发动机控制单元经数据总线的数据接收不正常）	如果数据接收不正常，则应按照电路图检查控制单元的数据总线
2	自动变速器控制单元	Getr. 1＝i. o.（自动变速器控制单元经数据总线的数据接收正常） Getr. 0＝nicht i. o.（自动变速器控制单元经数据总线的数据接收不正常）	
3	ABS 控制单元	ABS 1＝i. o.（ABS 控制单元经数据总线的数据接收正常） ABS 0＝nicht i. o.（ABS 控制单元经数据总线的数据接收不正常）	

24.1.3　实训考核与评分

1. 实训考核题目

1）正确进行车载网络系统的连接。

2）正确进行 CAN 总线网络数据的检测。

3）正确进行 CAN 总线网络故障的诊断。

2. 实训成绩评定（表 24-5）

表 24-5　实训考核与成绩评定

序号	考核内容	配分	评分标准
1	正确使用工具	10	工具使用错误每次扣 2 分
2	正确进行车载网络系统的连接	15	错误每次扣 2 分
3	正确进行 CAN 总线网络数据的检测	25	错误每次扣 2 分
4	正确进行 CAN 总线网络故障的诊断	25	错误每次扣 2 分
5	结构原理叙述清楚无误	15	叙述错误每次扣 2 分
6	操作规范、有序、不超时	10	操作欠规范或超时每项扣 2 分
7	遵守安全规范，无人身、设备事故		出现人身、设备事故的，此次实训按 0 分计算
8	分数统计	100	

第 ㉕ 章

汽车其他电器设备实训

项目 25 汽车其他电器设备结构认识与拆装

25.1.1 实训内容、要求与安排（表 25-1）

表 25-1 实训内容、要求与安排

实训内容与要求	主要实训条件	实训安排
1. 熟悉汽车其他电器设备的基本结构原理 2. 学会电动刮水器的拆装与检测 3. 学会风窗洗涤器的拆装与检测 4. 学会电动后视镜的拆装与检测 5. 学会巡航控制系统的使用	1. 带有巡航控制系统的汽车 1 辆/组 2. 电动刮水器、风窗洗涤器、电动后视镜、汽车巡航控制系统 1 套/组 3. 拆装工具 1 套/组 4. 用具盘、抹布 1 套/组 5. 多媒体教室 1 间，相关的教具、录像片和教学挂图	1. 实训课时：3 学时 2. 组织安排：每 3~5 人/组，老师指导，学生动手

25.1.2 实训方法步骤【视频见配套资源项目 25】

1. 汽车其他电器设备的结构与认识

结合《汽车构造与原理 下册》教材第 25 章内容学习。

2. 电动刮水器的拆装与检测

（1）电动刮水器的总体功能检测　将钥匙打到"ON"位置，检测如下功能：

1）刮水器在各档位下工作是否正常（图 25-1）。刮水器在停止位置刮水器应该停止工作，1 档（间歇档 INT）刮水器应该低速间歇工作，2 档（低速档 LO）刮水器应该低速连续工作，3 档（高速档 HI）刮水器应该高速连续工作，控制杆从停止位置上推（除雾档 MIST）刮水器应该点动工作一次。

2）刮水状况。检查刮水器在各档位下的刮水效果，不得有条纹式水痕或刮拭不彻底现象。

（2）刮水器橡胶条的拆装

1）用鲤鱼钳把刮水橡胶条被封住的一侧的两块钢片钳

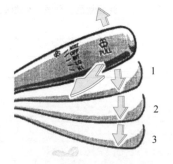

图 25-1　刮水器各档工作检测

在一起，从上面的夹子里取出，并把橡胶条连同钢片从刮水片其余的几个夹子里拉出。检查

橡胶条是否老化变形或磨损损坏，如有应更换。

2）把新的刮水橡胶条塞进刮水片下面的夹子里，并把它扎紧。

3）把两块钢片插入刮水橡胶条的第一条槽口，对准橡胶条并插入槽内的橡胶条凸缘内。

4）用鲤鱼钳把两块钢片与橡胶条重新钳紧，并插入上端夹子，使夹子两边的凸缘均进入刮水橡胶条的限位槽内。

不同刮水器有不同拆装方法，应该具体分析拆装。

（3）曲柄定位位置的调整

1）使刮水器电动机转到极限位置。

2）装上曲柄，并调整到能看见管内螺纹为止。

3）刮水器支座的更换　刮水器支座一经拆卸，就应进行更换。在拆卸刮水器支座时，用割刀切断铆钉，如图 25-2 所示。安装刮水器支座时，支座应支撑牢固，如图 25-3 所示。

图 25-2　刮水器支座的拆卸

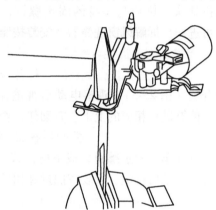

图 25-3　刮水器支座的安装

（4）刮水器电动机的拆装与检测　永磁式刮水器电动机结构分解如图 25-4 所示。

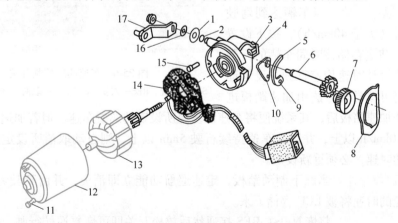

图 25-4　永磁式刮水器电动机结构分解

1—平垫圈　2—O 形圈　3—减速器壳　4—弹簧　5—复位开关顶杆　6　输出齿轮和轴　7　惰轮和涡轮

8—减速器盖　9—放在凸轮表面的部分　10—定位板　11—长螺钉　12—电动机外壳和磁铁总成　13—电枢

14—电刷安装板和复位开关总成　15—销子　16—弹簧垫圈　17—输出臂

1）拆卸蓄电池负极电缆线。

2）拔下刮水器电动机插头，拆卸驾驶侧刮水臂螺母，取下刮水片总成。

3）用相同方法拆卸副驾驶侧刮水片总成。

4）拆卸电动机固定螺栓，取下电动机与连杆总成。

5）拆卸电动机与连杆总成连接螺母，分解电动机。

6）参照第18章发电机检查实训，用万用表检测电动机电枢的通断和搭铁情况、电刷磨损情况和惰轮、蜗杆等零部件情况，酌情更换。

7）按照拆卸相反顺序安装电动机。

3. 风窗洗涤器的拆装与检测

1）风窗洗涤器的功能检测。按下风窗洗涤器按钮，洗涤器电动机应有运转声，而且喷水有力，角度正确。

2）风窗洗涤器的拆装。拆卸风窗洗涤器的水管，拔下电动机插头，旋松与车身的固定螺钉，即可取下风窗洗涤器，可进一步拆解风窗洗涤器。安装按照拆卸相反顺序进行。

4. 电动后视镜拆装与检测

1）电动后视镜的功能检测。打开车门边电动后视镜的控制开关（图25-5），观察电动后视镜在不同档位的响应动作，应能够进行相应的上下左右动作，否则说明有故障。

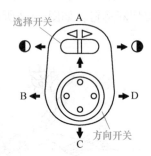

图25-5　电动后视镜控制开关

2）电动后视镜拆装。拆卸后视镜固定螺钉，移动开塑胶板，拆卸车门固定螺钉，拔下电源线，取下后视镜，可进一步拆解电动后视镜。安装按照拆卸相反顺序进行。

5. 汽车巡航控制系统使用实训

1）启动车速巡航控制系统。将定速巡航控制开关置于"ON"位置，即可接通定速巡航控制系统（图25-6）。

2）设定巡航车速。当车辆达到驾驶者所需时速时（大于40km/h），按下设置按钮SET后，将会存储该时间车辆的行驶速度，并保持设计时速均速行驶。设定巡航车速后，仍可按常规方法用加速踏板进行加速，

按键式

手柄式

图25-6　车速巡航控制开关

SET—设置　RES—恢复　CANCEL—取消　COAST—减速

松开加速踏板后，其系统便将车速恢复至所设定的巡航车速。但若加速后，车速超过巡航车速10km/h以上，并以此车速持续行驶5min以上，则自动取消所设定的时速。如需设定目前的时速，必须重新设定。

3）解除巡航车速。当踩下制动踏板，定速巡航功能立即消失，并由驾驶者控制车速，而上次所设定的时速将被ECU存储下来。

4）恢复巡航车速。将恢复开关RES接通然后放松开关即可恢复巡航行驶。但如果车速已降低至40km/h以下，或实际车速低于设定车速16km/h以上，则不能恢复。

5）速度微调升高。当车辆处于定速巡航情况下，无须踩踏加速踏板，按动一次设定加速开关再立即松开（时间不超过0.6s），巡航设定车速就升高约1.6km/h。

6）速度微调下降。当车辆处于定速巡航情况下，无须踩踏加速踏板，按动一次设定减速开关再立即松开（时间不超过0.6s），巡航设定车速就降低约1.6km/h。

7）关闭定速巡航。踩下制动踏板，将定速巡航系统开关拨至"OFF"位置，即可暂时关闭系统，若需要恢复设定的巡航车速，松开制动踏板或离合器踏板，重新按下定速恢复功能按钮即可。

注　意

①雨、冰、雪路面、大坡道或大风路况下不要使用定速巡航功能。

②不使用定速巡航时，主开关应关闭。

③定速巡航指示灯亮时表明有故障，应停止使用。

25.1.3　实训考核与评分

1. 实训考核题目

1）正确进行电动刮水器的拆装与检测。

2）正确进行风窗洗涤器的拆装与检测。

3）正确进行电动后视镜的拆装与检测。

4）正确使用汽车巡航控制系统。

2. 实训成绩评定（表25-2）

表25-2　实训考核与成绩评定（参考）

序号	考核内容	配分	评分标准
1	正确使用工具设备	15	使用不当每次扣2分
2	电动刮水器的拆装与检测	35	错误每项扣3分
3	风窗洗涤器的拆装与检测	10	错误每项扣2分
4	电动后视镜的拆装与检测	15	错误每项扣2分
5	正确使用汽车巡航控制系统	15	错误每项扣3分
6	操作规范、有序、不超时	10	操作欠规范或超时每项扣2分
7	操作现场整洁，安全用电和防火，无人身、设备事故		因操作不当发生重大事故，此次实训按0分计
8	分数总计	100	

第 ㉖ 章

汽车总电路实训

项目 26　汽车电路识别、接线与检测

26.1.1　实训内容、要求与安排（表 26-1）

表 26-1　实训内容、要求与安排

实训内容与要求	主要实训条件	实训安排
1. 熟悉汽车电路的基本组成与工作原理 2. 学会读取和分析汽车电路 3. 学会汽车电路的接线 4. 学会汽车电路的检测	1. 桑塔纳汽车全车电路试验台 1 台/组 2. 桑塔纳 2000GSi 型汽车 1 辆/组 3. 汽车专用万用表 1 个/组 4. 拆装工具 1 套/组 5. 用具盘、导线、抹布 1 套/组 6. 多媒体教室 1 间，相关的教具、录像片和教学挂图	1. 实训课时：4 学时 2. 组织安排：每 3~5 人/组，老师指导，学生动手

26.1.2　实训方法步骤【视频见配套资源项目 26】

1. 汽车总电路组成认识

结合《汽车构造与原理 下册》教材第 26 章内容学习。本项目实训以桑塔纳 2000GSi 型汽车为例。

2. 汽车整车电路识别

一般来说，每种车型的全车电路分为几大线束，如发动机舱线束、发动机舱左侧线束、仪表板线束、空调线束、后尾灯线束、室内灯光照明线束等。在这些线束中包含着几大系统电路，例如起动电路、充电电路、仪表信号电路、照明电路、点火电路或发动机电控系统电路，以及辅助用电器电路等。

（1）汽车电路试验台电路识别　参照桑塔纳 2000GSi 型汽车电路试验台（图 26-1），识别出该车的起动电路、充电电路、点火电路、电控燃油喷射电路、仪表和信号电路、照明电

图 26-1　桑塔纳 2000GSi 型汽车电路试验台

路、刮水和洗涤电路等。

（2）实车电路识别　以桑塔纳 2000 的发动机左侧线束和喇叭电路为例来了解发动机左侧线束的组成以及喇叭电路的走向。

1）关闭汽车的点火开关，取下转向盘左侧下方的中央配电器护板，将中央配电器从其支架上取下，找到通向发动机舱的线束。

2）打开发动机舱盖，在发动机舱与驾驶室的隔墙上找到来自中央配电器的发动机左侧线束，按照它的线束走向，依次找到刮水器储水箱上的刮水器电动机线束插头、左转向灯线束插头、左侧小灯线束插头、左前照灯线束插头、雾灯线束插头、双温开关线束插头、散热风扇电动机线束插头、喇叭线束插头、右转向灯线束插头、右前照灯线束插头、右侧小灯线束插头、右侧雾灯线束插头。

3）参照喇叭电路图（图 26-2），找到中央配电器上面的 18 号熔丝，检查其好坏；再找到 6 号继电器位置，拔下喇叭继电器，检查其好坏。

4）插上喇叭继电器，找到中央配电器后部 L 区线束插头第 4 号棕蓝色导线，顺着导线走向找到转向盘上部的喇叭开关，用万用表欧姆档测量 L 区第 4 号导线到喇叭开关的导通性。

5）检查 16 号熔丝，找到 C 区 13 号黑黄色导线，顺着发动机左侧线束走向，找到发动机舱内喇叭的线束插头，用万用表测量这根导线的导通性。找到喇叭的另一根棕黑色导线，顺着发动机左侧线束找到中央配电器后部的 C 区第 15 号棕黑色导线，测量其导通性。

6）用万用表测量 B 区第 25 号棕黑色导线与 L 区第 2 号棕黑色导线的导通性，拔下喇叭继电器，测量继电器插座上标有 3/87 的插孔与 L 区第 2 号导线的导通性。

7）拔下喇叭继电器，测量标有 2/30 插孔与 L 区第 3 号棕色导线的导通性。

8）顺着 L 区第 3 号棕色导线走向找到中央配电器右侧的星形搭铁架，并测量其通断。

3. 汽车电路连接实训

参照图 26-3 桑塔纳 2000GSi 型汽车交流发电机、蓄电池、起动机、点火开关局部电路图，进行汽车电路连接实训。

4. 汽车整车电路检查

汽车电路故障一般是由于电路断路、短路、搭铁或开关、熔断器等损坏而引起。可根据仪表的指示情况和各电器的工作情况，用万用表或汽车电器专用检测仪器依照电路图逐一检查。常用的检查步骤是：接通点火开关，起动发动机，将发动机转速逐渐提高到 1500 ~ 2000r/min，再顺序操纵各控制开关，同时观察各步操作中仪表的指示和各电器的工作是否正常。

1）电流表指示　不充电、充电电流过小或过大、不稳定等均可由电流表指示看出，此类故障属于充电系统故障，应按充电系统内所述有关方法进行故障检查与排除。

2）起动机不运转、运转无力和空转，可按起动系统所述有关方法进行故障检查与排除。

3）发动机因点火系统故障不能发动或突然停转　发动机因个别气缸不点火而运转不均匀，发动机动力不足，发动机起动时反转，加速时爆燃，发动机高速运转不稳等故障，属于点火系统故障，可按点火系统有关内容所述方法进行故障检查与排除。

4）前照灯远、近光都不亮　检查电源总开关是否闭合和电源电路的各线端是否松脱或

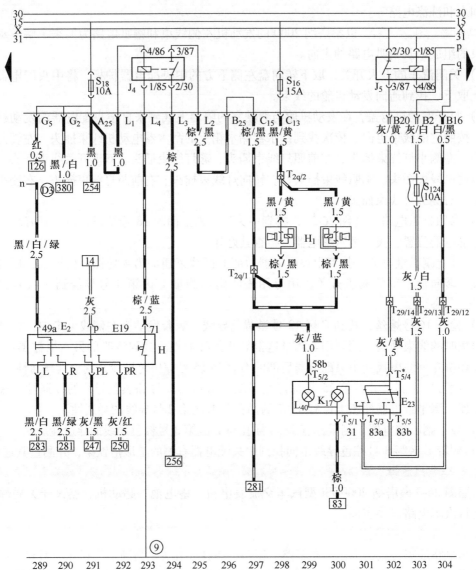

图 26-2　桑塔纳 2000GSi 型汽车双音喇叭、转向灯开关、停车灯开关、雾灯开关电路图

E2—转向灯开关　E19—停车灯开关　E23—雾灯开关　H—双音喇叭开关　H1—双音喇叭　J4—喇叭继电器

J5—雾灯继电器　K17—雾灯指示灯　L40—雾灯开关照明灯　S16—喇叭熔丝（15A）　S18—喇叭继电器、灯光开关、

ABS 警告熔丝（10A）　S124—后雾灯熔丝（10A）　T2q—前照灯线束与喇叭线束插头连接（2 针，在喇叭上方）

T5—仪表板开关线束与雾灯开关插头连接（5 针，在雾灯开关上）　T29—仪表板线束与仪表板开关线束插头连接

（29 针，在组合仪表下方）　⑨—自身搭铁　D3—正极连接线（在仪表板线束内）

因氧化而接触不良，再检查电源电路和电流表电路是否有断路。若均为正常，而前照灯远、近光都不亮，其原因可能是熔丝烧断、灯光继电器故障、脚踏变光器故障（如插头松脱）、车灯开关故障、连接线松脱或接触不良、灯泡烧坏、搭铁不良等。

此类故障一般采用从用电设备向电源方向按电路逆向分段排除检查法。首先将前照灯相线从接线柱上拆下（或插接器上拔下），在灯开关接通的情况下，检查该接线柱上电源方向

来线是否有电，有电证明灯泡坏或灯泡灯丝搭铁不亮；无电证明故障在电路前方。再查熔丝是否烧断，脚踏变光器插头是否松脱，灯光继电器和灯光开关的接线是否松动等，若均良好，应检查灯光继电器。

用导线将灯光继电器电源接线柱和线圈接线柱短接，如果能听到"咔嗒声"（触点闭合声）则表明该继电器是坏的，应予以更换。如灯光继电器是好的，则故障出在变光开关或车灯开关，应将其拆开进行修理或更换。

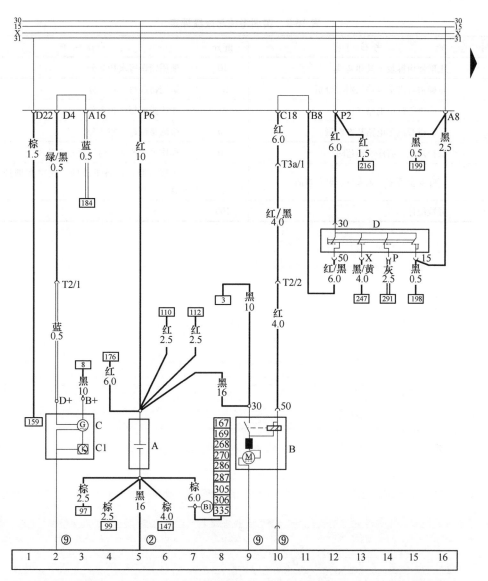

图 26-3　桑塔纳 2000GSi 型汽车交流发动机、蓄电池、起动机、点火开关局部电路图

A—蓄电池　B—起动机　C—交流发电机　C1—调压器　D—点火开关　T2—发动机线束与发电机线束插头连接（2针，在发动机舱中间支架上）　T3a—发动机线束与前照灯线束插头连接（3针，在中央线路板后面）

②—搭铁点（在蓄电池支架上）　⑨—自身搭铁　Bl—搭铁连接线（在前照灯线束内）

26.1.3 实训考核与评分

1. 实训考核题目

1）正确识别与分析汽车电路。

2）正确进行汽车电路连接。

3）正确进行汽车电路基本检测。

2. 实训成绩评定（表26-2）

表 26-2　实训考核与成绩评定

序号	考核内容	配分	评分标准
1	正确使用拆装工具和夹具	10	使用错误每次扣2分
2	正确进行汽车电路识别与分析	25	识别错误每次扣3分
3	正确进行汽车电路连接	25	连接错误每次扣3分
4	正确进行汽车电路基本检测	30	检测错误每次扣3分
5	操作规范、有序、不超时	10	操作欠规范或超时每次扣2分
6	遵守安全规范，无人身、设备事故		出现人身、设备事故的，此次实训按0分计算
7	分数统计	100	

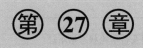

第 27 章

电动汽车实训

项目 27.1　纯电动汽车结构认识与使用

27.1.1　实训内容、要求与安排（表 27-1）

表 27-1　实训内容、要求与安排

实训内容与要求	主要实训条件	实训安排
1. 熟悉纯电动汽车的基本组成与结构原理 2. 能够读取和分析纯电动汽车仪表板信息 3. 学会纯电动汽车的充电	1. 解剖的纯电动汽车 1 辆，充电器 1 套 2. 比亚迪 e6 纯电动汽车 3. 纯电动汽车动力电池、电动机、EV 控制器各 1 套/组 4. 拆装工具 1 套/组 5. 用具盘、抹布 1 套/组 6. 多媒体教室 1 间，相关的教具、录像片和教学挂图	1. 实训课时：2 学时 2. 组织安排：每 3~5 人/组，老师指导，学生动手

27.1.2　实训方法步骤【视频见配套资源项目 27.1】

1. 比亚迪 e6 纯电动汽车结构原理认识

结合《汽车构造与原理 下册》教材第 27 章内容学习。本项目实训以比亚迪 e6 纯电动汽车为例。

2. 比亚迪 e6 纯电动汽车仪表板信息读取

教师驾驶汽车，学生随车观察记录汽车在起动、低速、中速、高速、减速和制动工况下仪表板的各种信息数据，并进行分析比较。比亚迪 e6 纯电动汽车仪表板如图 27-1 所示，其仪表板指示标志含义见表 27-2。

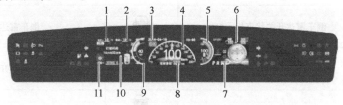

图 27-1　比亚迪 e6 纯电动汽车仪表板

1—车外温度指示　2—车内设定温度指示　3—时间指示　4—车速表　5—蓄电池电量表　6—罗盘指示
7—档位指示　8—续驶里程表　9—功率表　10—能量流程图　11—里程表

汽车构造与原理实训（第 4 版）

表 27-2　比亚迪 e6 纯电动汽车仪表板指示标志含义

	车门及行李箱状态指示灯		车门及行李箱状态指示灯
	驾驶人座椅安全带指示灯 *		前排乘员座椅安全带指示灯 *
	安全气囊故障警告灯		前排乘员安全气囊开关状态指示灯 *
	DC 系统警告灯 *		小灯指示灯
	前雾灯指示灯		远光指示灯
	转向信号指示灯		后雾灯指示灯
	电机冷却液温度过高警告灯 *		动力系统故障警告灯 *
	制动系统故障警告灯 *	ABS	防抱死制动系统故障警告灯 *
P/S	EHPS 故障警告灯 *		动力电池过热警告灯 *
	动力电池充电连接指示灯 *		动力蓄电池电量低警告灯 *
OK	OK 指示灯 *		动力蓄电池故障警告灯 *
	电机过热警告灯 *		胎压系统警告灯（装有时）*
	智能钥匙系统警告灯		防盗指示灯
SPORT	运动模式指示灯	ECO	经济模式指示灯
	定速巡航主显示指示灯	SET	定速巡航主控制指示灯
P	倒车雷达开关状态指示灯		倒车雷达提示信息
	主告警指示灯		灯光总开关指示灯
	ESC 故障警告灯（装有时）		ESC OFF 指示灯（装有时）

3. 比亚迪 e6 纯电动汽车充电实训

1）教师现场介绍家用 C10 充电柜、充电桩、家用 220V/10A 标准两级带搭铁插座 3 种充电设备及其使用方法。

2）学生采用家用 220V/10A 标准两级带接地插座对比亚迪 e6 纯电动汽车进行充电。

比亚迪 e6 电动汽车电池充电接口在汽车侧面，左侧是 380V 快速接口，右侧是 220V 普通接口，充电时，仪表板会亮起相应的指示灯（图 27-2）。

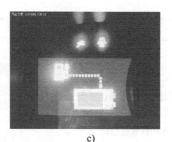

a)　　　　　　　　　　b)　　　　　　　　　　c)

图 27-2　比亚迪 e6 汽车充电

a）充电接口位置　b）充电接口　c）充电显示

注　意

充电时，取下负极上的搭铁电缆并在最后将其安装。使用工具时避免同时接触电池的正、负端子，以免造成短路。充电口严禁溅入水和粉尘。

27.1.3　实训考核与评分

1. 实训考核题目

1）正确说出比亚迪 e6 纯电动汽车总体组成、工作原理和主要零部件。

2）正确读取比亚迪 e6 纯电动汽车仪表盘信息。

3）正确给比亚迪 e6 纯电动汽车充电。

2. 实训成绩评定（表 27-3）

表 27-3　实训考核与成绩评定

序号	考核内容	配分	评分标准
1	正确说出比亚迪 e6 纯电动汽车总体组成、工作原理和主要零部件	20	错误每项扣 2 分
2	正确读取比亚迪 e6 汽车仪表盘信息（含起动、发动机怠速、汽车中速行驶、高速行驶、减速和制动工况）	50	错误每项扣 5 分
3	正确使用充电设备和拆装工具	10	设备使用错误每次扣 2 分
4	正确进行比亚迪 e6 家用 220V 普通充电	10	错误每项扣 2 分
5	操作规范、有序、不超时	10	操作欠规范或超时每项扣 2 分
6	遵守安全规范，无人身、设备事故		出现人身、设备事故的，此次实训按 0 分计算
7	分数统计	100	

项目 27.2　混合动力电动汽车结构认识与使用

27.2.1　实训内容、要求与安排（表27-4）

表 27-4　实训内容、要求与安排

实训内容与要求	主要实训条件	实训安排
1. 熟悉混合动力电动汽车的基本组成与结构原理 2. 能够读取和分析混合动力电动汽车的仪表板信息 3. 学会混合动力电动汽车的充电 4. 学会混合动力电动实验车主要部件的拆装	1. 解剖的混合动力电动汽车 1 辆，充电器 1 套 2. 比亚迪秦混合动力电动汽车 1 辆，实验车 1 辆 3. 混合动力电动汽车动力电池、电动机、HEV 控制器各 1 套/组 4. 拆装工具 1 套/组 5. 用具盘、抹布 1 套/组 6. 多媒体教室 1 间，相关的教具、录像片和教学挂图	1. 实训课时：2 学时 2. 组织安排：每 3~5 人/组，老师指导，学生动手

27.2.2　实训方法步骤【视频见配套资源项目27.2】

1. 比亚迪秦混合动力电动汽车结构原理认识

结合《汽车构造与原理 下册》教材第 27 章内容学习。本项目实训以比亚迪秦混合动力电动汽车为例。

2. 比亚迪秦混合动力电动汽车仪表板信息读取

教师驾驶汽车，学生随车观察记录汽车在纯电动和混合动力工况下，起动、低速、中速、高速、减速和制动时仪表板各种信息数据，并进行分析比较。比亚迪秦混合动力电动汽车仪表板信息如图 27-3 所示，仪表板指示标志含义同表 27-2。增加的 HEV 符号代表混合动力电动汽车。

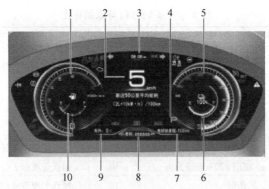

图 27-3　比亚迪秦混合动力电动汽车仪表板信息
1—转速表　2—车速表　3—时间指示　4—挡位指示　5—功率表　6—蓄电池电量表
7—续驶里程表　8—里程表　9—车外温度指示　10—燃油表

3. 比亚迪秦混合动力电动汽车充电实训

学生参照比亚迪 e6 电动汽车电池充电方法对比亚迪秦混合动力电动汽车进行充电。

4. 比亚迪秦工作模式切换操作

比亚迪秦工作模式通过切换开关（图 27-4）进行，"EV"按键上的指示灯（绿色）点亮表示在 BEV 模式。如果这时逆时针旋转中间的旋钮，就进入到 ECO（经济）模式，在保证动力的情况下，最大限度节约电量；如果这时顺时针旋转中间的旋钮，则进入到 SPORT（运动）模式，以保证较好的动力性能。

图 27-4 模式切换开关

当"HEV"按钮上的指示灯（绿色）点亮时表示在 HEV 模式，这时逆时针旋转旋钮，进入到 ECO 模式，此时为了保证较好的经济性和动力性：①电量低于 5%时，发动机会一直起动；②当电量大于 5%，且车速较低时，将不会起动发动机；如果顺时针旋转旋钮，则进入到 SPORT（运动）模式，发动机会一直工作，来保持最充沛的动力。

BEV 模式行驶过程中，在高压系统无故障、发动机无起动需求的情况下，当电量下降到 15%时，整车自动由 BEV 模式切换到 HEV 模式。若仍需进入 BEV 模式，可长按"EV"按钮 3s 以上，直到仪表上 EV 指示灯持续闪烁，表明整车进入"EV-ECO 模式"，此时输出功率受到一定限制，直到电量下降到 5%时，整车将自动切换到"HEV-ECO 模式"。

 注 意

急加速、车速过高、爬坡、温度高、温度低、电量低等情况下，车辆可能会自动切换到 HEV 模式，如需继续 EV 模式行驶，需手动切回。温度高或者低时建议继续使用 HEV 模式。

27.2.3 实训考核与评分

1. 实训考核题目

1）正确说出比亚迪秦混合动力电动汽车的总体组成、工作原理和主要零部件。

2）正确读取比亚迪秦混合动力电动汽车仪表盘信息。

3）正确给比亚迪秦混合动力电动汽车充电。

4）正确进行模式切换操作

2. 实训成绩评定（表 27-5）

表 27-5　实训考核与成绩评定

序号	考核内容	配分	评分标准
1	正确说出比亚迪秦混合动力电动汽车总体组成、工作原理和主要零部件	20	错误每项扣2分
2	正确读取比亚迪秦混合动力汽车仪表盘信息（含纯电动、混合动力、起动、发动机怠速、汽车中速行驶、高速行驶、减速和制动工况）	25	错误每项扣5分
3	正确使用充电设备和拆装工具	10	设备使用错误每次扣2分
4	正确利用家用220V电源给比亚迪秦汽车充电	25	错误每项扣2分
5	正确进行模式切换操作	10	错误每项扣2分
6	操作规范、有序、不超时	10	操作欠规范或超时每项扣2分
7	遵守安全规范，无人身、设备事故		出现人身、设备事故的，此次实训按0分计算
8	分数统计	100	

第 ㉘ 章

燃气汽车实训

项目28.1 压缩天然气（CNG）汽车燃料供给系统结构认识与拆装

28.1.1 实训内容、要求与安排（表28-1）

表28-1 实训内容、要求与安排

实训内容与要求	主要实训条件	实训安排
1. 熟悉压缩天然气（CNG）汽车燃料供给系统的基本组成与结构原理 2. 能够进行压缩天然气（CNG）汽车燃料供给系统的拆装 3. 能够进行压缩天然气（CNG）燃料汽车的使用维护	1. 捷达压缩天然气（CNG）双燃料汽车1台/组 2. 捷达压缩天然气（CNG）双燃料汽车发动机实验台1台 3. 压缩天然气（CNG）汽车发动机燃料系统零部件1套/组 4. 拆装工具1套/组 5. 用具盘、清洗盘、抹布1套/组 6. 多媒体教室1间，相关的教具、录像片和教学挂图	1. 实训课时：3学时 2. 组织安排：每3~5人/组，老师指导，学生动手

28.1.2 实训方法步骤【视频见配套资源项目28.1】

1. 燃气汽车结构原理认识

结合《汽车构造与原理 下册》教材第28章内容学习。本项目实训以捷达压缩天然气（CNG）双燃料汽车为例，其结构如图28-1所示。

2. 减压器拆装

（1）从汽车上拆卸减压器总成

1）关闭储气瓶手动截止阀；起动发动机，将高压管路及减压器内残存的燃料使用完毕直至发动机自然熄火；断开蓄电池搭铁线。

2）拔下减压器上电磁阀线束插头；拔下压力表和温度传感器线束插头；松开固定真空管的卡箍，拔下减压器上真空管。

3）拆下减压器出水管：松开减压器出水口处紧固喉箍，将水管从减压器出水接头上拔下，将管路中冷却液放入接水盘中；拆下减压器进水管：松开减压器进水口处紧固喉箍，将水管从减压器进水接头上拔下，将管路中冷却液放入接水盘中。

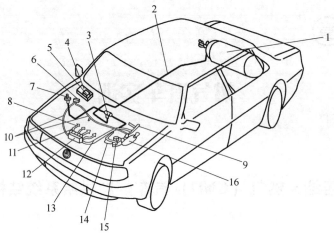

图 28-1　捷达压缩天然气（CNG）双燃料汽车

1—天然气瓶　2—高压钢管　3—三通连接件（插销式充气阀无此部件）　4—控制器

5—点火提前角调节器　6—压差传感器　7—充气阀　8—喷嘴弯头　9—减压器出水管

10—真空管　11—分配气管　12—高频电磁阀组　13—低压气管

14—减压器进水管　15—压力表　16—减压器

4）拆下高压管路：松开紧固螺母，将高压管从减压器高压进口中拆下。

5）将低压管路从减压器出口上拆下；松开并拆下减压器与支架间的固定螺母和螺栓，将减压器从车上取下。

（2）减压器拆解

1）高压部分拆卸（图 28-2）。

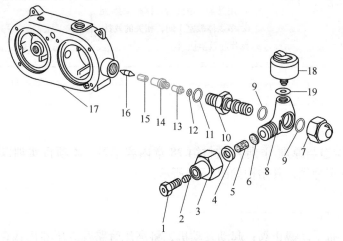

图 28-2　减压器高压部分拆解

1—连接螺母　2—密封双锥　3—高压进口座　4—铝密封圈　5—滤芯　6—滤网　7—高压进口压帽

8—压力表接头　9、11、12—O形圈　10—高压进口体　13—高压阀座　14—高压柱塞座

15—高压柱塞　16—调节杠　17—中间体　18—压力表　19—密封垫

①高压进口（过滤部分）拆卸。依次拆卸连接螺母1、密封双锥2、高压进口座3（从压力表接头8上拧下），依次取出下铝密封圈4、滤芯5和滤网6。

②高压调节部分拆卸。拧下高压进口压帽 7 和高压进口体 10，依次取下压力表接头 8 和 O 形圈 9，从中间体 17 上依次取下 O 形圈 11、12、高压阀座 13、高压柱塞座 14、高压柱塞 15 和调节杠 16。

③压力表拆卸。从压力表接头 8 上拧下压力表 18，取出密封垫 19。

2）减压器一级腔拆解（图 28-3）。对角松开 4 个六角螺钉 1，从中间体 13 上依次取下一级腔盖 2、一级腔调压弹簧 3、弹簧定位螺母 4，用一字螺钉旋具插在一级膜片连杆 11 的槽内，将一级膜片连杆 11 拧下，依次取下一级腔膜片弹簧 5、一级腔膜片弹簧座 6、调压膜片 7，拆卸 2 个螺钉 8，从中间体 13 上依次取下一级摇臂 9、摇臂柱销 10、一级膜片连杆 11、连杆弹簧 12。

3）减压器二级腔拆解（图 28-4）。

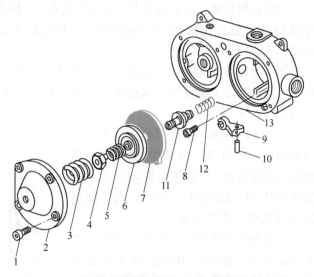

图 28-3　减压器一级腔拆解

1—六角螺钉　2—一级腔盖　3—一级腔调压弹簧　4—弹簧定位螺母
5—一级腔膜片弹簧　6—一级腔膜片弹簧座　7—调压膜片　8—螺钉
9—一级摇臂　10—摇臂柱销　11—一级膜片连杆
12—连杆弹簧　13—中间体

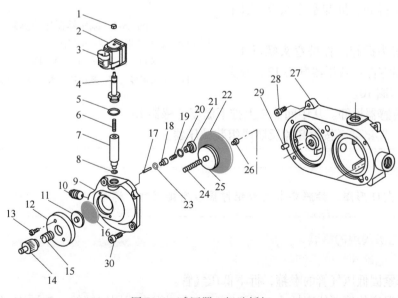

图 28-4　减压器二级腔拆解

1—螺母　2—线圈护板　3—电磁阀线圈　4—电磁阀套　5、8、20、23—O 形圈　6—电磁阀弹簧
7—电磁阀芯　9—稳压腔盖　10—六角螺塞　11—辅助调压弹簧座　12—辅助调压座　13、30—内六角圆柱头螺钉
14—压力调节盖形螺母　15—辅助调压弹簧　16—辅助调压膜片　17—辅助调节杠　18—辅助调节阀芯
19—辅助调节弹簧　21—辅助调节压帽　22—稳压膜片　24—稳压弹簧　25—稳压膜片座
26—安装螺钉　27—中间体　28—紧固螺钉　29—稳压旁通口

①电磁阀拆卸。从电磁阀套4中拧下螺母1，依次取下以下零件：线圈护板2、电磁阀线圈3；从稳压腔盖9上拧下电磁阀套4，依次取下以下零件：O形圈5、电磁阀弹簧6、电磁阀芯7、O形圈8。

②压力调节腔拆卸。从辅助调节座12上依次取下压力调节盖形螺母14、辅助调压弹簧15、内六角圆柱头螺钉13；从稳压腔盖9上依次取下辅助调节座12、辅助调节弹簧座11、辅助调压膜片16。

③稳压腔拆卸。依次对角松开4个内六角圆柱头螺钉30，并从中间体27上依次取下稳压腔盖9、稳压弹簧24，取下由稳压膜片22、稳压膜片座25、安装螺钉26组成的稳压膜片总成。

④辅助调节机构。从稳压腔盖9上拧下辅助调节压帽21，并依次取下O形圈20、辅助调节弹簧19、辅助调节阀芯18、O形圈23、辅助调节杠17。

4）减压器低压腔拆解（图28-5）

①低压腔体拆卸。依次对角松开中间体2上的4个内六角圆柱头螺钉1，移开端盖6，依次取下密封膜片3、安装口4、O形圈5、7。

②水弯头拆卸。拆卸水弯头9，取下O形圈8。

③出气接头拆卸。拧松弯头螺母11，依次取下下列零件：减压器弯头12、弯头螺母11、O形圈10。

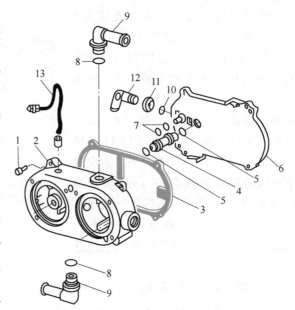

图28-5　减压器低压腔拆卸
1—内六角圆柱头螺钉　2—中间体　6—端盖　3—密封膜片
4—安装口　5、7、8、10—O形圈　9—水弯头
11—弯头螺母　12—减压器弯头　13—温度传感器

④温度传感器拆卸。从中间体2上拧下温度传感器13。

（3）减压器组装　按拆卸相反顺序组装减压器。

注　意

不要漏装O形圈，按照要求的力矩拧紧各连接螺钉、螺母。

3. 高频电磁阀组的拆装

（1）高频电磁阀组的拆卸

1）松开紧固低压气管的喉箍，拆下低压气管。

2）拆下温度传感器线束插头；拆下高频电磁阀组支架固定螺栓；拆下固定高频电磁阀组的两颗M6螺母，取下高频电磁阀组支架。

3）拔掉电磁阀线束插头（4组）；松开4根分配气管的卡箍，拆掉4根分配气管。

4）拆掉与高频电磁阀组传感器堵头连接的气管，取下高频电磁阀组。

（2）高频电磁阀组的拆解（图28-6）

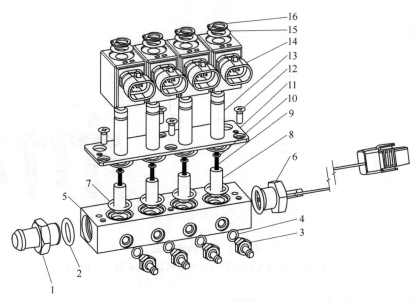

图 28-6　解体高频电磁阀芯

1—低压接头　3—分配器接头　5—阀体　2、4、7、10—O 形圈　6—传感器堵头　8—电磁阀芯　9—阀芯弹簧
11—压板　12—平头螺钉　13—电磁阀套　14—电磁阀线圈　15—弹性垫片　16—弹性挡圈

1）解体高频电磁阀芯。将弹性挡圈 16 和弹性垫片 15 从电磁阀套 13 上取下，使电磁阀线圈 14 松开，将电磁阀线圈 14 从电磁阀套 13 上取下；拧开平头螺钉 12，用手压住压板 11，同阀体 5 一起翻转，将压板 11 和电磁阀套 13 从阀体 5 中取下，将电磁阀芯 8 从电磁阀套 13 中取出，从阀体 5 中取出阀芯弹簧 9 和 O 形圈 7、10。

2）解体高频电磁阀机座。将低压接头 1 从阀体 5 上拧下，取下 O 形圈 2，将 4 只分配器接头 3 拧下，取下 O 形圈 4，将传感器堵头 6 拧下，取下 O 形圈 2。

（3）高频电磁阀组的装配安装

1）高频电磁阀基座安装。在分配器接头 3 螺纹处涂抹适量密封胶，将 O 形圈 4 套在分配器接头 3 上，旋入阀体 5 的安装孔内，将 O 形圈 2 套在低压接头 1 上，并旋入阀体 5 的安装孔内（螺纹处涂抹适量密封胶），将 O 形圈 2 套在传感器堵头 6 上，并旋入阀体 5 上的安装孔内（螺纹处涂抹适量密封胶）。

2）高频电磁阀芯安装。用一只手握住专用工具（图 28-7a），食指轻微用力下压推杆，另一只手将 O 形圈套在推杆上，然后拿起电磁阀套 13，将专用工具伸入电磁阀套 13 内部，至压杆底面与阀套顶部接触，松开推杆，轻轻取出专用工具，将 O 形圈 10 压入阀套凹槽内，注意不能装偏。让 O 形圈 10 进入阀套定位槽内（图 28-7b 中的 A），将阀芯弹簧 9 装入电磁阀芯 8 后一并放入电磁阀套 13 中（注意安装方向），将四组电磁阀套 13 连同电磁阀芯 8 一并装入压板 11，应保证四组阀芯顶部在同一水平线上（图 28-7c）；将 O 形圈 7 放入阀体 5 相应安装孔中，轻轻倒置阀体 5 扣在压板 11 上，用手压住压板 11 和阀体 5 一起翻转，依次用四个平头螺钉 12 将压板 11 紧固在阀体 5 上；将电磁阀线圈 14 装在电磁阀套 13 上，依次将弹性垫片 15 和弹性挡圈 16 套入电磁阀套 13，压入至电磁阀套 13 凹部，使电磁阀线圈 14 固定。

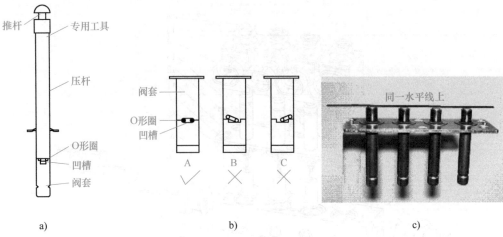

图 28-7　高频电磁阀芯安装

a）专用工具　b）O 形圈安装　c）四组阀芯顶部在同一水平线上

3）高频电磁阀组解体、组装注意事项。

①压板与阀体之间的紧固螺钉比较紧固，需用冲击改锥拆卸（注意保护阀套，不要使阀套变形）。

②用中性清洗剂（不能具有腐蚀性）对各零件进行清洗，清洗完毕后用纱布将零件表面和内部擦拭干净；阀体腔内和阀套内部不能留存颗粒等异物。

③安装阀芯 O 形圈 10 须使用专用工具，以保证阀芯 O 形圈安装正确。

④阀芯弹簧放入阀芯顶部的孔内，应轻微拧动弹簧，使其套在孔内凸台上。

⑤将安装有阀芯弹簧的阀芯向下装入阀套内后，应转动阀芯，并按动几下阀芯，使阀芯弹簧进入阀套顶部的凹槽内；4 组阀芯、阀套组装后，应保持压板处于水平位置，外露的阀芯顶部端面应在同一水平线上。

4. 钢瓶的拆装

（1）钢瓶的拆卸

1）拆卸高压钢管。松开波纹管卡箍（图 28-8a），退下波纹管；拧松钢瓶阀与高压钢管连接的连接螺母、密封双锥，拔下高压钢管（图 28-8b）。

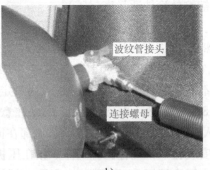

图 28-8　钢瓶的拆卸

a）松开波纹管卡箍退下波纹管　b）拔下高压钢管

2）分别拧下连接钢带和钢瓶支架连接件的两个螺栓上的螺母，取下螺栓，松开钢带，即可取出钢瓶（注意检查钢瓶与钢瓶支架和连接钢带间的柔性胶垫，必要时更换）。

> 拆卸钢瓶前必须先关闭钢瓶上的手动截止阀门，燃尽高压管路内剩余的气体燃料（见减压器拆卸部分），然后拆卸与气瓶阀门相连的高压钢管。拆卸地点及周围严禁烟火。

（2）钢瓶的安装　将钢瓶装入钢瓶支架，注意钢瓶的位置和方向；绑好钢带，用两个 M8 的螺栓紧固好钢带（紧固力矩 10N·m）。

5. CNG 燃料汽车使用维护

1）教师示范发动机起动方法和油气转换开关的使用，学生动手实践。

2）教师现场讲解 CNG 燃料汽车日常维护及其注意事项，学生动手实践。

28.1.3　实训考核与评分

1. 实训考核题目

1）正确说出捷达压缩天然气（CNG）双燃料汽车总体组成、工作原理和主要零部件。

2）正确进行减压器拆装。

3）正确进行高频电磁阀组的拆装。

4）正确进行钢瓶的拆装。

5）正确进行压缩天然气（CNG）燃料汽车使用维护。

2. 实训成绩评定（表 28-2）

表 28-2　实训考核与成绩评定

序号	考核内容	配分	评分标准
1	正确说出捷达压缩天然气（CNG）双燃料汽车总体组成、工作原理和主要零部件	10	错误每项扣 2 分
2	正确拆装减压器	25	拆装错误每项扣 3 分
3	正确拆装高频电磁阀组	25	拆装错误每次扣 3 分
4	正确拆装钢瓶	15	拆装错误每项扣 2 分
5	正确进行压缩天然气（CNG）燃料汽车使用维护	15	错误每项扣 2 分
6	操作规范、有序、不超时	10	操作欠规范或超时每项扣 2 分
7	遵守安全规范，无人身、设备事故		出现人身、设备事故的，此次实训按 0 分计算
8	分数统计	100	

项目 28.2　液化石油气（LPG）汽车燃料供给系统结构认识与拆装

28.2.1　实训内容、要求与安排（表 28-3）

表 28-3　实训内容、要求与安排

实训内容与要求	主要实训条件	实训安排
1. 熟悉液化石油气（LPG）汽车燃料供给系统的基本组成与结构原理 2. 能够进行液化石油气（LPG）汽车燃料供给系统的拆装 3. 能够进行液化石油气（LPG）燃料汽车的使用维护	1. 液化石油气（LPG）燃料汽车 1 台/组 2. 液化石油气（LPG）燃料汽车发动机实验台 1 台 3. 液化石油气（LPG）汽车发动机燃料系统零部件 1 套/组 4. 拆装工具 1 套/组 5. 用具盘、清洗盘、抹布 1 套/组 6. 多媒体教室 1 间，相关的教具、录像片和教学挂图	1. 实训课时：2 学时 2. 组织安排：每 3～5 人/组，老师指导，学生动手

28.2.2　实训方法步骤【视频见配套资源项目 28.2】

1. 燃气汽车结构原理认识

结合《汽车构造与原理 下册》教材第 28 章内容学习。本项目实训以大众桑塔纳 3000 的液化石油气（LPG）双燃料汽车为例（图 28-9）。

2. 高压气管拆装

1）关闭点火开关，断开蓄电池搭铁线。

2）起动发动机，将高压管路及减压器内残存的液化石油气（LPG）燃料使用完毕直至发动机自然熄火。

3）拆卸高压气管与储气罐组合阀接头螺钉和与截止阀接头螺钉（图 28-10），取下高压气管。

4）拆卸高压气管与截止阀接头螺钉（图 28-11a）和与减压蒸发器接头螺钉（图 28-11b），取下高压气管，拆卸截止阀，可进一步分解截止阀。

5）安装顺序与拆卸顺序相反。

图 28-9　桑塔纳 3000 双燃料汽车

图 28-10　储气罐高压气管拆装

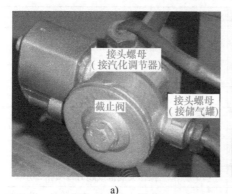

a) b)

图 28-11 截止阀-汽化调节器高压气管拆装
a）截止阀 b）汽化调节器

3. 拆卸减压蒸发器

1）拆卸减压蒸发器上的真空管、低压气管和进出水管；

2）拆卸减压蒸发器固定螺钉，取下减压蒸发器，可进一步分解减压蒸发器。

3）安装顺序与拆卸顺序相反。

4. 拆卸 LPG 燃气喷嘴（图 28-12）

1）拆卸燃气分配室进气管和出气管。

2）拆卸 LPG 燃气喷嘴电磁阀线圈插座。

3）拆卸燃气分配室各固定螺钉，取下燃气分配室和各燃气喷嘴。

4）安装顺序与拆卸顺序相反。

5. LPG 燃料汽车使用维护

1）教师示范发动机起动方法和油气转换开关的使用，学生动手实践。

图 28-12 拆卸 LPG 燃气喷嘴

2）教师现场讲解 LPG 燃料汽车日常维护及其注意事项。

28.2.3 实训考核与评分

1. 实训考核题目

1）正确说出液化石油气（LPG）燃料汽车总体组成、工作原理和主要零部件。

2）正确进行高压气管拆装。

3）正确进行减压蒸发器的拆装。

4）正确进行液化石油气（LPG）燃气喷嘴的拆装。

5）正确进行液化石油气（LPG）燃料汽车使用维护。

2. 实训成绩评定（表 28-4）

表 28-4　实训考核与成绩评定

序号	考核内容	配分	评分标准
1	正确说出液化石油气（LPG）燃料汽车总体组成、工作原理和主要零部件	10	错误每项扣 2 分
2	正确拆装高压气管	25	拆装错误每项扣 3 分
3	正确拆装减压蒸发器	25	拆装错误每次扣 3 分
4	正确拆装液化石油气（LPG）燃气喷嘴	15	拆装错误每项扣 2 分
5	正确进行液化石油气（LPG）燃料汽车使用维护	15	拆装错误每项扣 2 分
6	操作规范、有序、不超时	10	操作欠规范或超时每项扣 2 分
7	遵守安全规范，无人身、设备事故		出现人身、设备事故的，此次实训按 0 分计算
8	分数统计	100	

第 ㉙ 章

其他新能源汽车实训

项目 29　其他新能源汽车结构认识

29.1.1　实训内容、要求与安排（表29-1）

表 29-1　实训内容、要求与安排

实训内容与要求	主要实训条件	实训安排
1. 熟悉太阳能汽车的基本组成与结构原理 2. 熟悉醇燃料汽车的基本组成与结构原理	1. 比亚迪 F3DM 汽车 1 辆 2. 醇燃料汽车 1 辆 3. 太阳能汽车、醇燃料汽车零部件 1 批 4. 多媒体教室 1 间，相关的教具、录像片和教学挂图	1. 实训课时：2 学时 2. 组织安排：每 3～5 人/组，老师指导，学生动手

29.1.2　实训方法步骤【视频见配套资源项目29】

1. 太阳能汽车结构原理认识与检测

（1）太阳能汽车结构原理认识　目前达到全太阳能驱动的实用汽车较少，大部分是作为辅助装置，用在电动汽车上，如比亚迪 F3DM 汽车顶就是一块太阳能板（图 29-1），其工作原理与太阳能汽车一样，可以结合《汽车构造与原理 下册》教材第 28 章内容学习实践，观察太阳能发电的基本组成和原理，学生可以自己检测太阳电池所产生的电压和电流，也可以从仪表板上直接读出太阳能发电情况。

太阳能板

图 29-1　比亚迪 F3DM 汽车太阳能板

（2）太阳电池组的检测　采用万用表作一般检测，主要检测参数有开路电压（没有电流时的电池电压）、短路电流（负载电阻为零时从电池流出的电流）、输出电压（有电流时的电池电压）、输出电流（负载时的电流）以及最大功率输出（电池产生最大电压和电流时的功率）。

2. 醇燃料汽车结构原理认识与使用

（1）醇燃料汽车结构原理认识　醇燃料汽车国内已有量产，如吉利汽车集团生产的英伦 SC7 甲醇燃料汽车，奇瑞汽车集团生产的旗云甲醇燃料汽车（图 29-2）等，其与传统汽车的不同之处主要在燃料供给及其控制系统。可以结合《汽车构造与原理 下册》教材第 28 章内容学习实践，

（2）醇燃料汽车的使用维护　通过指导教师示范，起动发动机后进行燃料切换，观察发动机的运行情况。

图 29-2　旗云甲醇燃料汽车

29.1.3　实训考核与评分

1. 实训考核题目

1）正确说出太阳能汽车和醇燃料汽车的基本组成和工作原理。

2）正确进行太阳能汽车电池组的检测。

3）正确进行醇燃料汽车的使用维护。

2. 实训成绩评定（表 29-2）

表 29-2　实训考核与成绩评定

序号	考核内容	配分	评分标准
1	叙述太阳能汽车和醇燃料汽车的基本组成和工作原理	30	错误每项扣 5 分
2	太阳能汽车电池组的检测	30	检测错误每项扣 5 分
3	醇燃料汽车的使用维护	30	错误每次扣 5 分
4	操作规范，有序、不超时	10	操作欠规范或超时每项扣 2 分
5	遵守安全规范，无人身、设备事故		出现人身、设备事故的，此次实训按 0 分计算
6	分数统计	100	

参 考 文 献

[1] 祁晖. 动态车载导航系统关键技术研究 [D]. 长春：吉林大学，2015.

[2] 李建文. 不同物理媒介对车载 CAN 总线通信特性影响的试验研究 [J]. 汽车技术，2015（8）：37-42.

[3] 蔡兴旺. 新能源汽车结构与维修 [M]. 北京：机械工业出版社，2014.

[4] 蔡兴旺. 汽车构造与原理实训 [M]. 3 版. 北京：机械工业出版社，2014.

[5] 于京诺. 汽车电子控制技术 [M]. 北京：机械工业出版社，2014.

[6] 黄程. 汽车前照灯系统智能化控制技术研究 [J]. 今日电子，2014（7）：61-63.

[7] 张西振. 汽车发动机电控技术 [M]. 2 版. 北京：机械工业出版社，2011.

[8] 陈社会. 混合动力汽车构造与维修 [M]. 北京：中国劳动社会保障出版社，2013.

[9] 王海林，蔡兴旺. 汽车构造与原理（上册 发动机）[M]. 3 版. 北京：机械工业出版社，2013.

[10] 刘仁鑫，蔡兴旺. 汽车构造与原理（中册 底盘、车身）[M]. 3 版. 北京：机械工业出版社，2013.

[11] 彭樟林，蔡兴旺. 汽车构造与原理（下册 电气设备）[M]. 3 版. 北京：机械工业出版社，2013.

[12] 贺展开. 汽车装配技术 [M]. 北京：机械工业出版社，2012.

[13] 朱国梁. 汽车车身构造与维修 [M]. 北京：机械工业出版社，2012.

[14] 明光星，孙宝明. 汽车电器设备原理与维修实务 [M]. 北京：北京大学出版社，2011.

[15] 陈开考. 汽车构造与拆装（下）[M]. 北京：机械工业出版社，2012.

[16] 凌永成，李淑英. 汽车电气设备 [M]. 2 版. 北京：北京大学出版社，2010.

参考文献

[1] 王洪陵，等. 中国制造2025解读之 [M]. 北京: 中国工信出版社, 机械工业出版社, 2015.

[2] 张曙. 从智能制造到工业4.0和智能制造 [J]. 机械设计与制造工程 [J]. 机械工程学报, 2015 (8): 1-10.

[3] 李义, 等. 中国制造业的困境与转型升级 [M]. 北京: 机械工业出版社, 2014.

[4] 吴良杰, 等. 智能制造装备工程 [M]. 北京: 机械工业出版社, 2016.

[5] 李杰, 等. 工业大数据 [M]. 北京: 机械工业出版社, 2014.

[6] 科技部. 中国制造2025蓝皮书与智能制造实施 [M]. 北京: 中国经济出版社, 2016.

[7] 谭建荣, 等. 智能制造: 关键技术与企业应用 [M]. 北京: 机械工业出版社, 2017.

[8] 王喜文. 工业4.0: 最后一次工业革命 [M]. 北京: 电子工业出版社, 2015.

[9] 周济. 智能制造——中国制造2025的主攻方向 [J]. 中国机械工程, 2015 (17): 2273-2284.

[10] 周济, 等. 走向新一代智能制造 [J]. Engineering, 2018 (1): 11-20, 及电子工业出版社, 2018.

[11] 王天然, 等. 智能制造系统架构 [M]. 北京: 机械工业出版社, 2018.

[12] 刘强, 等. 智能制造导论 [M]. 北京: 机械工业出版社, 2019.

[13] 张曙, 等. 制造装备及其自动化技术 [M]. 北京: 机械工业出版社, 2019.

[14] 李培根, 等. 智能制造概论 [M]. 北京: 清华大学出版社, 2018.